认识
ORGANIZATIONAL
BEHAVIOR

组织行为

成为高效
管|理|者

忻 榕
[美] 琼·皮尔斯 著
Jone L. Pearce

机械工业出版社
China Machine Press

图书在版编目（CIP）数据

认识组织行为：成为高效管理者 /（美）忻榕，（美）琼·皮尔斯（Jone L. Pearce）著 . —北京：机械工业出版社，2020.9（2021.6 重印）

ISBN 978-7-111-66384-3

I. 认… II. ① 忻… ② 琼… III. 组织行为学 IV. C936

中国版本图书馆 CIP 数据核字（2020）第 166022 号

本书版权登记号：图字 01-2020-3403

这是一本与众不同的组织行为学教科书。本书旨在揭示组织行为学领域的学术研究如何帮助管理者应对现实中常见的组织问题与挑战。作者通过对组织行为学系统性研究的解读，指出哪些组织行为和实践是有效的，哪些是无效的，为管理者理解和控制组织提供了参考依据。

认识组织行为：成为高效管理者

出版发行：机械工业出版社（北京市西城区百万庄大街 22 号 邮政编码：100037）

责任编辑：孟宪勐　　　　　　　　　　　　责任校对：殷　虹

印　　刷：北京文昌阁彩色印刷有限责任公司　版　　次：2021 年 6 月第 1 版第 3 次印刷

开　　本：170mm×230mm　1/16　　　　　印　　张：19

书　　号：ISBN 978-7-111-66384-3　　　　定　　价：99.00 元

客服电话：（010）88361066　88379833　68326294　　投稿热线：（010）88379007

华章网站：www.hzbook.com　　　　　　　读者信箱：hzjg@hzbook.com

这是一本写给企业家与管理者、可以应用于各种工作场景的组织行为学系统读本，它的最大特色是理论与实践相结合，注重实用性。本书研究管理者在组织中遇到的实际问题，通过对组织行为学经典理论的系统性解读，并配以中国企业实践的最新案例分析，鉴别出哪些组织行为和实践是有效的，哪些是无效的。本书的两位作者——中欧国际工商学院的忻榕教授和美国加州大学的琼·皮尔斯（Jone L. Pearce）教授拥有丰富的教学、研究与咨询经验，加上中西融合的视角，使本书在更为广阔、深远的视野下，兼具扎实的理论基础和务实的鲜明特色。

目前，国内现有的组织行为学图书，多半是翻译自国外的，往往难以作为管理者解决实际问题的参考，或未能与中国企业的实践相结合。由于缺失管理场景，这些著作对于读者更好地理解和应用相关管理理论帮助不大。

美国是最早开展工商管理硕士（MBA）教育的国家，哈佛大学推出的MBA项目距今已有100多年历史。北美最早的组织行为学理论同样诞生于20世纪初，但美国的组织行为学专家发现，目前美国排名前50的MBA课程中，有 80% 在组织行为学课上不使用教科书，主要有三个原因：

- ◤ 美国现有的一部分组织行为学教科书主要针对大学本科学生，这些学生几乎没有组织方面的实践经验。教科书也不需要解决实际的管理问题。
- ◤ 另一些教科书的理论同质化严重且颇受质疑，其中比较诚实的会注明这些理论是"有争议的"。既然有争议，是否应该让读者看到争议另一方的意见？这种以偏概全的著述方式不仅误导学生，也是对那些致力于研究工作并提出新知识理论的学者的不尊重。
- ◤ 还有一些教科书通过讨论流行话题来吸引年轻读者，内容缺乏与组织行为学的相关性；一些教科书内容虽然包含实操性建议，但这些建议通常并不是在研究的基础上提出的，而是来自其他畅销的管理类图书。

中国国内组织行为学研究起步较晚。尽管目前相关研究已涉及该学科的不同领域，但也存在一些局限性，其中一个关键的问题在于，未能将西方的理论框架与中国的特殊国情相结合。

随着国内越来越多富有实践经验的管理者参加高级管理人员工商管理硕士（EMBA）和高级管理人员培训课程，企业对组织行为学的需求与日俱增，这门学科应该为管理者提供实践指导。我们撰写本书，正是希望它能弥补这方面的空白，满足企业管理的实践应用需求。

本书对企业的日常管理实践具有现实的指导意义，它不但适合在校学生作为课本使用，也适合未进入商学院学习而又渴望更有效地解决日常管理难题的企业各级管理者使用。它可以成为管理者案头的"秘籍"、随身携带的"应用宝典"，管理者遇到现实问题可以随时查阅相关内容，从书中找到解决问题的一些方式、方法以及建议。

与那些注重解读概念的管理图书不同，**本书不仅阐述了管理者会遇到的实际组织问题，而且提出了相应的建议**，这些建议基于大量严谨的研究成果，具有现实意义。本书的每一章都研究了管理者会遇到的一个组织问题或挑战，例如：

◤ 如何成为既高效又成功的管理者？（第 2 章）

◤ 如何招聘到优秀的员工？（第 3 章）

◤ 提高组织绩效的最有效方法是什么？（第 5 章）

◤ 如何在激励方面做得更好？（第 6 章）

◤ 如何创建高效的团队？（第 8 章）

◤ 如何创建高绩效的企业文化？（第 9 章）

◤ 管理者如何修炼领导力？（第 11 章）

....

在研究特定实际问题的每一章，各部分内容均以一个判断题引出，这些判断题都是管理者在日常工作中常见或是需要思考的具体问题。例如，"高效管理者的工作是计划、组织、协调、控制""精准评估员工绩效，只需要一个更好的绩效衡量体系""外在奖励会降低员工从工作中获得的内在奖励"等。另外，每部分内容的结尾都有应用指南，为管理者解决实际问题提供参考思路。

本书得到了许多专业人士的帮助，其中中欧国际工商学院的张菱、仲进、樊劼和机械工业出版社华章公司的张竞余协助我们做了大量的中文编辑工作，在此我们向他们致以诚挚的感谢！

目　录

前言

第 1 章　为什么需要认识组织行为　/1

深入了解组织是一种挑战　/2

检验我们的管理观念　/3

为什么需要组织行为学　/4

把组织理论付诸实践　/6

┊ 组织诊断的重要性　/6

┊ 应用：组织诊断　/6

┊ 理解成功的驱动力　/7

┊ 应用：诊断你的员工是否对组织的成功至关重要　/8

┊ 了解非理性　/9

┊ 应用：他们为什么这样做　/10

┊ 了解组织　/10

第 2 章　为什么需要管理者　/ 13

组织的要求　/ 14

⋮绩效压力　/ 14

⋮分工　/ 15

⋮相互依存　/ 15

管理者的职责　/ 16

⋮持续及时的沟通　/ 16

⋮永无休止的工作　/ 16

⋮纷繁杂乱的任务　/ 17

⋮应对之策　/ 18

⋮应用：你是否喜欢做个管理者　/ 18

高效的管理者做些什么　/ 19

⋮应用：成为更高效的管理者　/ 22

成功的管理者做些什么　/ 22

⋮社交　/ 23

⋮社交和权力　/ 23

既高效又成功　/ 24

组织高效和管理成功的要求　/ 24

⋮应用：高效的绩效管理在你的组织中受重视吗　/ 26

一种常见的管理误解　/ 26

⋮危机管理的重要性　/ 26

⋮应用：更有效的危机管理　/ 27

⋮工作的重要性　/ 28

⋮应用：管理你花在员工身上的时间　/ 29

⋮问责制的重要性　/ 29

⋮管理工作有利于身体健康　/ 30

应用：给管理者的建议　/ 31

第 3 章　如何有效招聘　/ 33

找到最适合的人员　/ 34

招聘与组织匹配的人员　/ 35

招聘性格合适的人员　/ 35

案例：招聘理念相合、有"自驱力"的人员　/ 37

招聘拥有所需技能的人员　/ 38

应用：编制岗位描述　/ 38

案例：人尽其才　/ 39

招聘最聪明的人员　/ 39

避免人际感知错误　/ 40

内隐人格论　/ 41

归因理论　/ 42

　　基本归因错误　/ 43

　　相似吸引偏误　/ 43

　　第一印象错误　/ 43

更高效的招聘　/ 44

更有效地利用证明人　/ 44

应用：从他人那里获得对候选人的真实评价　/ 45

更有效地利用面试　/ 46

应用：从面试中获取更准确的信息　/ 47

应用：管理者的评估中心速成法　/ 47

吸引最好的员工　/ 48

应用：有吸引力但很现实的面试　/ 49

第 4 章　了解工作中的情绪 / 51

了解情绪 / 53

影响他人的情绪 / 54

情商 / 55

情商与绩效 / 56

应用：了解情绪 / 57

员工快乐感与组织绩效 / 58

了解绩效 / 58

积极情绪与绩效 / 59

积极个性与绩效 / 59

工作满意度与绩效 / 60

情绪导致的行为 / 61

缺勤与员工流失 / 61

情绪、态度与组织绩效 / 62

哪些因素令员工快乐 / 63

应用：让员工快乐 / 63

恐惧与工作绩效 / 64

应用：降低员工压力 / 65

案例：客户哪里不满意，员工哪里不满意 / 66

应用：给管理者的建议 / 67

第 5 章　管理绩效 / 69

员工积极性 / 70

诊断员工积极性 / 71

应用：了解积极性方面的问题 / 72

┆ 提升员工自信心 / 73

┆ 应用：通过培训使员工具有高自我效能 / 74

建立问责制 / 74

┆ 目标设定 / 75

┆ 应用：设定清晰的目标 / 78

┆ 有反馈的问责制 / 78

┆ 应用：给予有效的绩效反馈 / 81

┆ 案例：绩效"帮扶制度" / 82

衡量你真正期望的绩效 / 83

┆ 衡量质量 / 83

┆ 应用：对质量绩效负责 / 84

┆ 案例：卖卡 vs. 卖服务 / 84

┆ 衡量创新 / 85

┆ 最重要的绩效会随时间而改变 / 86

管理绩效评估体系 / 87

┆ 评估的准确性 / 88

┆ 更有效地利用绩效评估 / 88

┆ 把员工绩效变成数字 / 89

┆ 自我评估 / 89

┆ 应用：让绩效评估体系变得有效 / 90

┆ 案例：用数字技术提升绩效考核的效率 / 92

问责制与自主性 / 93

┆ 案例："小组制"的责、权、利 / 94

第 6 章　激励体系设计 / 97

明确组织奖励的是什么 / 98

组织期待的员工行为 / 99

应用：缺勤是容易解决的问题 / 99

员工做贡献的意愿 / 100

避免高绩效者受惩罚的情形 / 100

可以事后奖励的行为 / 101

应用：重视情境绩效的理由 / 102

员工到底想要什么 / 102

内在和外在的奖励 / 102

应用：让工作提供给员工更多内在奖励 / 103

需求层次 / 103

金钱与积极性 / 104

金钱能否起到激励作用 / 105

薪酬可以与绩效挂钩吗 / 106

明确与薪酬挂钩的绩效 / 107

薪酬与组织绩效挂钩 / 109

应用：薪酬与组织绩效或部门绩效挂钩 / 109

案例："裂变式创业"的激励模式 / 110

对激励体系进行更有效的管理 / 110

就业安全 / 111

应用：就业安全激励体系 / 111

身份地位 / 112

应用：认可员工的方式 / 115

案例：基于绩效的认可 / 115

公平 / 116

案例：人人都能看到的账本 / 117

应用：改善员工对组织公平度的看法 / 118

信任 / 119

应用：员工为什么会信任你 / 119

应用：给管理者的建议 / 119

第 7 章　工作中的社交环境 / 121

他人对工作中情绪的影响 / 122

情绪和工作态度有传染性 / 122

应用：分析员工的情绪和态度 / 124

社交支持很关键 / 124

员工职业倦怠 / 124

应用：促进员工之间的社交支持 / 125

他人对我们看法的影响 / 126

员工通过他人弄清什么是重要的 / 126

应用：成为信息的重要来源 / 127

组织氛围 / 127

应用：建立更好的服务氛围 / 127

案例：为绅士和淑女服务的绅士和淑女 / 128

他人对工作绩效的影响 / 129

他人的关注影响工作绩效 / 129

应用：克服表现焦虑 / 130

工作绩效具有传染性 / 131

社会比较的力量 / 132

应用：管理工作中的社会比较 / 133

工作场所中的竞争 / 134

案例：内部"抢"人 / 135

少数服从多数 / 136

应用：高效应对反对意见 / 137

管理社交环境 / 137

建立信誉 / 137

应用：建立良好信誉 / 138

管理员工社交 / 138

应用：管理新员工的社群化 / 139

案例：员工社团：企业管理的好助手 / 139

第8章 创建和管理高效的团队 / 141

应用：高效团队对照清单 / 143

哪种团队 / 144

团队类型 / 144

应用：明确阐释团队目的 / 147

团队自主性 / 147

应用：理解团队自主性 / 148

团队如何提高组织绩效 / 149

团队将不同的知识应用于任务 / 149

应用：发现隐藏信息问题 / 150

团队能更好地创新 / 150

应用：在团队中产生创意 / 151

团队会支持授权 / 151

应用：支持有效的团队授权 / 151

团队会促进敬业 / 152

团队如何削弱组织绩效 / 152

团队可能会存在过程损失 / 152

应用：把过程损失降到最低 / 153

团队的耗时性 / 153

应用：管理好团队时间 / 154

团队成员可能会工作懒散 / 155

应用：将社会惰化降到最低程度 / 155

团队会做出更多极端决策 / 156

和谐（而非绩效）变成主要任务 / 156

团队的高效管理 / 156

合适的成员 / 157

应用：从多样化中受益 / 159

团队规模 / 159

应用：设立大型团队的结构 / 160

团队稳定性 / 160

高效的团队领导者 / 161

应用：高效团队领导对照清单 / 162

案例：PK 出来的团队领导者 / 162

从一开始就明晰 / 164

应用：有个好的开始 / 164

平衡个人目标与团队目标 / 164

应用：保持团队成员的动力 / 165

对成员互相信任有信心 / 165

应用：建立团队信任 / 165

团队效能 / 166

凝聚力 / 166

应用：提高团队凝聚力 / 167

团队挑战 / 167

团队外部关系 / 167

应用：弄清团队的外部关系 / 168

冲突 / 169

应用：防止冲突 / 171

应用：平息冲突 / 171

虚拟团队 / 171

应用：管理虚拟团队 / 172

灵活性 / 173

应用：打造团队灵活性 / 173

团队合作还是独自工作 / 174

应用：给管理者的建议 / 174

第9章 理解文化 / 177

诊断文化 / 178

文化是什么（以及不是什么）/ 178

行为准则 / 179

应用：文化诊断 / 180

仪式 / 181

应用：好好利用你的会议时间 / 182

案例：尊重，不只是口号 / 183

组织文化的稳定性 / 184

组织文化为何如此稳定 / 184

变革文化体系 / 184

应用：变革组织文化 / 185

强势文化的风险 / 186

应用：如果你的组织拥有强势文化，那么…… / 187

高绩效组织文化 / 187

应用：拥有高绩效组织文化的组织采用的做法 / 188

应用：区别保护型文化与高绩效文化 / 189

不同文化的冲突 / 189

管理不同的民族文化 / 190

普遍性 vs. 特殊性 / 190

集体主义 vs. 个人主义 / 191

权力距离 / 191

应用：在不同的民族文化中进行管理 / 192

应用：给管理者的建议 / 192

案例：企业文化的践行者 / 193

第 10 章　理解权力 / 195

关于权力 / 197

什么是（不是）权力 / 197

正式的权威 / 198

应用：建立权力来支撑你的权威 / 198

办公室政治 / 199

操纵 / 199

应用：防范操纵 / 200

办公室政治和权力会造成什么后果 / 201

权力的用处 / 202

应用：正确使用权力 / 202

组织权力的来源和办公室政治 / 203

权力来自依赖 / 203

资源稀缺导致办公室政治 / 204

冲突导致办公室政治 / 204

应用：管理意见冲突 / 205

模棱两可和不确定性导致办公室政治 / 206

集权能减少办公室政治 / 207

应用：成功的授权 / 208

有些人比别人更喜欢办公室政治 / 208

应用：诊断你所在组织的办公室政治 / 208

别人为什么会服从 / 209

完成组织的工作 / 210

受人喜爱 / 210

应用：谈话中的印象管理 / 211

为何挑衅 / 212

应用：成功的抵触 / 212

办公室政治的战略和战术 / 213

解决他人最重大的难题 / 213

应用：分析他人的重大难题 / 216

拥有宝贵的资源 / 216

应用：信息系统和办公室政治 / 217

成为专家 / 217

应用：有效利用外部咨询顾问 / 218

创造社会资本 / 219

应用：建立联盟 / 219

拥有正式的权威职位 / 220

应用：CEO 继任的办公室政治 / 221

应用：解读权力象征 / 222

制定（以及规避）规则 / 222

控制议程 / 223

应用：有效利用委员会 / 224

培养政治技能 / 225

应用：打造政治技能 / 226

使自己有吸引力 / 226

应用：高明的逢迎 / 227

说服别人 / 227

应用：在哪些情况下更有说服力　/ 228

应用：有说服力的演讲　/ 229

权力与政治的挑战　/ 229

应用：管理你的管理者　/ 229

第 11 章　领导力　/ 231

应用：管理组织中的领导渲染化　/ 232

什么是领导力　/ 233

建立愿景　/ 234

应用：建立有效的愿景　/ 235

赢得追随者的支持　/ 235

应用：促使员工支持愿景　/ 236

让他人付诸行动　/ 237

应用：把定规和关怀结合起来　/ 237

案例：总经理的家访　/ 238

成功的领导　/ 239

成功的领导者怎么做　/ 240

应用：意义建构的领导力技巧　/ 241

应用：管理信任困境　/ 243

不成功的领导者是怎样的　/ 243

应用：管理滥用权力的管理者　/ 244

哪些因素与成功领导力无关　/ 245

高效的决策　/ 246

常见错误　/ 246

应用：做出理性决策　/ 247

让下属参与决策　/ 247

⋮ 应用：你希望从参与型决策中获得什么 / 249

魅力型领导者 / 249

⋮ 应用：培养魅力 / 250

⋮ **情境领导力 / 251**

⋮ 组织环境的不稳定性 / 251

⋮ 组织性质的差别 / 251

⋮ 高管的领导力 / 252

⋮ 应用：首席执行官如何领导 / 252

⋮ 男性领导者和女性领导者 / 253

⋮ 追随者 / 253

⋮ 应用：领导年长的员工 / 253

⋮ 在不同的文化中领导 / 254

⋮ 应用：第三文化结合模式 / 254

领导者既是天生的也是后天培养的 / 255

⋮ 领导力培训 / 255

⋮ 应用：进行事后回顾 / 256

⋮ 教练辅导 / 257

⋮ 应用：好的教练做些什么 / 257

⋮ 应用：开一个好头 / 258

第 12 章 最后的困境：解雇和留人 / 259

为解雇员工做好准备 / 261

⋮ 做出解雇员工决定的基础 / 263

⋮ 分享信息 / 264

⋮ 应用：控制流言 / 266

解雇员工 / 267

不近人情的离职管理造成的代价 / 268

有效管理员工的离开过程 / 269

应用：有尊严和人情味的告别 / 271

从员工离职中吸取教训 / 271

离职谈话 / 272

了解非正式组织 / 273

应用：建立高效的非正式网络 / 273

留住最好的员工 / 274

创建有吸引力的工作环境 / 275

案例：团队大奖 / 276

为员工提供有用的推荐信 / 277

应用：对前员工进行合法且实事求是的评估 / 279

应用：给管理者的建议 / 279

第 1 章

为什么需要认识组织行为

深入了解组织是一种挑战

组织之所以需要管理，是因为组织中存在一些复杂疑难的情况，仅

判断题

管理只需常识即可。

□ 对　　　　□ 错

仅靠市场自我调节或是常识无法解决。组织的高度复杂性远远超出了常识所能应对的范围。

▼ 组织是成员间相互依赖的巨型系统，没有人能掌握组织内的所有信息。想要通过了解组织中的所有人和所有事来解决问题，只会很快让人筋疲力尽而且徒劳无功。

▼ 要对组织了如指掌，仅凭常识是远远不够的。日新月异的新技术、竞争对手的新动向、变化无常的市场和经济状况等带来的不确定性，要求组织不断变革，甚至变革为一个完全不同的组织，因此即使是在某个阶段对组织非常了解的人，也很可能在组织发展到另一阶段时手足无措。

▼ 成功的管理不仅要求管理者在技术性层面了解组织是如何运作的。组织存在的目的是完成任务，而组织中的个人对他人的看法会影响任务的完成。在组织中，有些人乐于助人，有些人聪明能干，有些人视他人为伯乐，也有些人视他人为晋升的障碍。每个人对组织中的其他人都会有不同的看法，而这些看法并非无足轻重。决策再理性，管理技巧再好，也不可能消除人们对他人的看法。

任何个人要全面深入地了解组织，都会面临挑战。组织承担着极其复杂的高难度任务，组织中的每个人都有自己的动机和好恶，都在利用组织复杂的管理系统，并且都处在持续的变革压力之下。要让组织顺利地运转起来，不能经常依靠直觉，而是需要全面深入地了解组织的属性以及它的运转方式。因此，判断题中的观念是错误的，常识远远不够。

检验我们的管理观念

没有方法可以一次性帮助人们全面深入地了解组织，因此市场上有许多关于领导力和管理的图书，提供各种各样的相关建议。读者的确能从这些图书中获得一些帮助，但这些书大多基于作者的个人经验，他们来自不同的组织，这导致他们提供的建议可能相互矛盾。例如，英国维珍集团创始人理查德·布兰森曾这样评论美国房地产大亨、美国现任总统唐纳德·特朗普："他列了一堆商业成功的重要因素，但我一条也不同意。"

每个人都或多或少有一些关于如何在组织中获得成功的经验，但即使我们掌握了一些应对组织问题的技巧，随着组织的成长、组织目标的提升，我们也会不断面临新的问题和挑战，无法依赖原有的经验和技能继续成功。深入了解组织意味着能够在各种类型的组织中获得成功。美国南加州大学马歇尔商学院组织与管理学教授摩根·麦考尔在研究中发现：那些能够晋升到企业最高层的年轻管理者有一个共同特点，那就是他们都相信，每一份新工作的要求不同，所采用的方法也应该有所不同；如果无法应对难打交道的老板，或无法适应复杂的办公室政治，就难以在组织中获得成功。

无论我们对组织有多少理性的认知，我们都会受到情感的影响，人的感性是深入理解组织的另一大挑战。焦虑、沮丧等情绪都会影响我们分析的能力以及做出谨慎决策的能力，进而对组织产生影响。一个人，不管他多么精通在组织中获得成功的理念和技能，如果他处于愤怒的情绪中，一切都会无济于事。而在组织中，让人生气的事情数不胜数，有人做事粗枝大叶，有人出的纰漏让你很难堪，有人不按时完成工作，等等。而且，我们周围的人也会发脾气、厌烦，嫉妒他人或自鸣得意。我们不得不正视这样一个现实：组织成功与否在很大程度上取决于我们管理自己情绪以及他人情绪的能力。

我们都对组织有一定的了解，掌握了一些应对组织问题的技巧，也读过一些有关领导力和管理的图书，因而都有一些关于组织的**管理观念**。管理观念是指那些我们不会质疑的假设、想法和理论。通常你会说"我以为如何如何"，但其实有一些观念并不完全正确，比如前面判断题中"管理只需常识即可"这样的观念。本书将结合过去 80 年间的组织行为学研究对最常见的管理观念进行验证。这些观念主要来自：①企业高管和有管理经验的 MBA 学生；②畅销的领导力和管理类图书。

本书所讨论的问题和挑战都是组织方面的，这不仅仅对日常运营组织的管理者有用，对作为非管理者的员工也大有裨益。每个人都希望从组织中获得些什么，组织行为方面的知识会提供相关的信息和方法，帮人们达成所愿。

为什么需要组织行为学

过去近百年间，学者们对组织中行为和实践的有效性进行了海量研究，这一社会科学的分支称为**"组织行为学"**。组织行为学的研究旨在回答诸如"人们在组织中为什么有这样或那样的行为""怎样才能更有影响力"等问题，找出哪些管理实践是最有效的，并阐释规则、情绪和文化如何影响组织的正常运行。组织行为学的研究鉴定、检验流行的管理理念，以及更为复杂的理论诠释。组织行为学使用一系列社会科学的研究方法，包括实验、问卷调查、访谈、观察及档案研究等。在过去几十年中，全球的组织行为学研究人员创建了大量有关组织的理论，这些理论具有系统性和可靠性，然而普通人要想从浩如烟海的学术文献中寻找出一些有用的东西太耗费时间，而且大多数学术论文普通读者无从获取，学术研究的初衷也并非解决某个实际问题，原因有以下几点：首先，许多组织行为学研究的受众是学术人士，非学术人士通常很难理解；其次，大量的组织行为学研究专注于找出以往研究中的错漏，学者们倾向于对事物持怀疑态度，这虽然是优点，但这些研究工作非常枯燥，需要阅读大量资料；最后，许多研究专注于学术争议，而对实际的组织挑战没有兴趣。这些争议对学者很有用，为了进行有意义的研究，他们需要就理论的来龙去脉达成一致。

在很多人看来，"这是学术性的"通常意味着"这没什么实际用处"，但组织行为学并非没有用处：成千上万的学者细心研究，花费许多时间甄选证据，以证明在组织中哪些行为是有效的，哪些是无效的，所有这些努力不可能不产生一点有价值的东西。事实上，许多研究都是有实践价值的。

当然，与所有社会科学研究一样，组织行为学研究也有其局限性。它很难帮助你完全预测特定的管理项目或实践是否会在你的组织中有效，原因在于，这些实践适用的环境可能大为不同，你也未完全知晓适用的方式。例如，一套新的绩效管理系统可能会解决一家企业的问责问题，在另一家企业却破坏了原有的问责制度。其实，组织行为学研究的价值在于设计得当的研究课题或项目，以利于我们发现和验证某个特定理论在哪些情况下可能是不适用的。这也有助于我们对那些笼统概括的组织管理观念保持批判性的思维。读了本书之后，你若能以怀疑和批评的眼光评估自己的管理观念和学到的学术理论，你就为自己在组织中的成功奠定了坚实的基础。

尽管组织行为学主要研究的是组织中哪些行为是错误的或是无效的，但它仍然能够为实际工作提供理论基础：组织管理中应关注什么，什么是可以预期的，以及什么是可以避免的。为了帮助读者对组织和自我进行积极主动的诊断，避免只关注错误与无效的做法，我们会在"应用"中列出基于研究提出的行动建议，旨在鼓励读者形成自己的思考、分析和行动，尽管核查错误观念对于学术研究至关重要，但组织要想获得成功，就需要付诸行动。

把组织理论付诸实践

组织诊断的重要性

组织行为学研究不能代替对组织状况进行仔细的分析诊断。举例来说，许多与绩效挂钩的薪酬方案带来的激励方面的问题可能比它能解决的问题还多，但这并不意味着，薪酬不应该与工作绩效挂钩，只是我们需要研究大多数这类薪酬方案的问题出在哪儿，在设计方案时如何避免这些问题（如果能够避免的话）。其中的关键是，在对企业进行组织诊断的过程中，将原有的管理观念与学术研究的成果和见解进行很好的结合及应用。

要想在任何组织中成为高效管理者，你需要对各种压力有准确的认识，并对组织中人员的复杂性有确切的了解。尽管本书将提供有关组织诊断方面的建议，但要想深入理解组织，不懈的组织诊断实践不可或缺。

| 应用 | 组织诊断

▼ 要了解你的观念并对其进行检验。

▼ 了解人们对事情的看法，不要每次都问同一批人，要多听各种不同人的看法，社会科学家称之为"三角验证法"。

▼ 采用反事实思维、反向思维："如果不像现在这样做，本来可能会……"或者为已发生的事情想出多种不同的解释。

▼ 了解理论与数据的区别：理论是事情发生的原因，而数据是事实上发生了什么。许多人在找原因时太过匆忙而忘记了数据，结果是数据并不支持他们的理论。学习区分：①你实际看到的；②别人所说的；③你认为的事情发生的原因。要做到这一点并不容易，需要多多实践。

▼ 切记，成功的管理者总是行动者。

理解成功的驱动力

今天广受媒体关注的那些"卓越"或"创新"企业，未来仍将不可避免地走向末路。哥伦比亚大学商学院管理学教授艾瑞克·亚伯拉罕观察和研究了 10 年来曾因企业管理而名噪一时的公司所经历的崛起和衰落，并撰文指出，这种看似可笑的情形反映了管理者管理工作的艰巨，以及他们对管理工作不确定性的焦虑。本书并不能使管理工作变得容易，但对组织进行持续的诊断有助于降低管理工作的不确定性。

判断题中的观念所推崇的"跟风"对组织非常有害。为了向不同的成功企业学习，管理者不断改变管理举措，一个还未完整实施，另外一个新举措即将上马，这会使员工对他们失去信心。但是这种"跟风"行为很难被纠正，人们习惯于盲目崇拜"最佳公司"或"世界 500 强企业"。

> **判断题**
> 从今天成功的企业那儿能找到成功的秘诀。
> □ 对　　　　□ 错

毕竟，大家都喜欢轻松地"追星"，而实实在在地进行组织诊断以及坚决彻底地实施一项管理举措就显得枯燥、艰巨得多了。比起对那些经过粉饰的观念一知半解，清晰认识自己所处的组织，清楚知道哪些人是组织成功的关键，这两点重要得多。

许多数据显示，人对于组织的成功的确很重要。

▼ 研究显示，那些员工认为工作氛围友好、有工作安全感、能获

得公平的报酬、有发展机会的公司，其平均利润率是标准普尔500指数中大型公司平均利润率的两倍。

▼ 对加拿大倒闭的新公司的研究发现，最常见的一个倒闭原因是管理者欠缺管理知识。

既然人对于组织的成功如此重要，那么为什么我们会看到有些组织，其中的员工工作得很痛苦，但它们仍能获得成功？我们会发现，在一些情形下，判断题中的观念未必正确。那我们该怎样解释这些矛盾呢？

判断题

在竞争中获得成功需要通过人来实现。

□ 对　　　　□ 错

这是因为，组织不只是简单的人的集合体，它还向客户提供产品和服务。有时候，某个组织是某种产品或服务唯一的供应商，不管产品或服务质量多么不尽如人意，用户都别无选择。某些组织的产品供不应求，员工流失率高不仅不会对组织有太大影响，还能吸引那些冲着较高薪水而来的员工。许多对冲基金和杠杆收购公司专门寻找这类产品或服务有吸引力但管理较差的公司，通过帮助其改善管理来提升其价值。有时候，在某个地区的某行业中只有一家公司，员工不得不忍受其欠佳的待遇，因为别无去处。另外，大型组织的衰落是一个很漫长的过程。

| 应用 |　诊断你的员工是否对组织的成功至关重要

▼ 是否大部分岗位的岗位培训都很容易，员工可以换岗？这种情况在低薪国家的许多工厂里较为普遍。在这样的组织里，人对于成功并不重要。

▼ 组织的成功是否取决于外部因素（含人员）？很多政府性质的组织就是如此，它们的任务、目标和预算都是为政治服务的。

如果大部分员工可以换岗，或者你组织的成功取决于外部因素，同时你的组织拥有资源，业内又没什么强大的对手，你大可继续你的业务。但是，如果此时你的组织面临资金方面的问题，竞争对手更有话语权，而你又希望把精力用于有成效的事情上，那么你应该选择离开这个行业。

了解非理性

很多人同意判断题中的观念，但对于任何想要在组织中获得成功的人来说，这种观念都是危险的。这种观念其实是对理性和非理性相互作用的一种误解。我们都在工作中见识过一些损人不利己的行为，这让我们

```
┌─────────────────── 判断题 ─┐
│ 人是非理性的。              │
│   □  对        □  错       │
└────────────────────────────┘
```

相信，有些人就是无可救药的非理性的。但想一想，精神分析和临床心理这两大行业存在的目的就是要从看似非理性的行为中找出逻辑。在旁观者看来，当事人非理性的行为都可能是有意义的。有时候，当事人可能没有完全意识到自己的动机，也可能不愿意承认自己的动机，但这并不意味着他们的行为毫无理由。在工作中，有人可能因"非理性"地对他人无礼而断送自己的职业生涯，但他可能只是需要发泄怒气和挫折感，这种需要在那一刻爆发了出来。如果你周围有这样行为"非理性"的人，那么你应该找出他们的动机到底是什么。把某人叫作"疯子"很容易，但这对有效地控制局面毫无帮助。人们做出非理性的行为一定有原因，我们把他们称为"疯子"，意味着我们已经放弃找出其中的原因。

如何找出其中的原因？他们的行为也许不正常，他们也许受到了他人的伤害，你的这些判断也许是正确的，但这些都不重要。重要的是，如果你希望改变他们的行为，你就需要知道他们这样做的动机是什么，他们这样做能得到什么好处。

| 应用 |　他们为什么这样做

▼ 询问那个看似非理性的人他这么做的原因是什么，有时可能仅仅是因为他对做事方式的认知是错的，有时可能是因为他不清楚哪些行为是组织鼓励的，哪些行为可能受到惩罚。这样的沟通也有助于他们更多、更准确地了解组织的信息。

▼ 当然，人们往往不愿意承认做某事的原因。如果他们自己都没有意识到其中的原因，那么他们的行为就属于心理防卫，为的是避免面对更糟糕的情况。如果已经提供了有关哪些行为是组织鼓励的，哪些行为可能受到惩罚的清晰信息，而他们的防卫性、非理性行为仍然持续，那么你很可能无能为力，需要专业心理人士的介入。假如某人不肯承认自己总是在开会时对同事采取过激行为，是因为他怨恨同事平时对他的轻视，那么他的过激行为并非冲动型，而是情绪驱动的。如果你发现某人的行为带有强烈的情绪性，这就意味着他可能不存在认知错误或信息不明的问题。只有当他的情绪得到化解时，他的行为才有可能改变。

▼ 某人做出非理性行为，是因为他认为能从中得到好处，你要尽量找出他认为的好处是什么。当你听到有人把别人称为"疯子"时，他其实是在说"我不想费力去搞懂这个人到底是怎么回事"。

了解组织

┌─ 判断题 ─────────┐
│ 只要我了解组织中的人，我就 │
│ 能成功。 │
│ 　　□ 对　　　　□ 错 │
└──────────────┘

要在组织中获得成功，仅仅靠了解他人的动机、看法、期望和担心是不够的。判断题中的观念是错误的。了解组织与了解组织中的人同等重要。组织是一个错综复杂的环境，人们在其中相互依存，却并不了解相互依存的方式，这都会使组织中的人时常受挫。在组织中，即使是合理的行为也有可能产生负面结果。例如，管理者对待下属很友善，导致有些员工只干喜欢干的活儿，而忽视那些非常重要的工作。

我们在组织中的行为在很大程度上受到组织环境的影响。什么样的行为是组织鼓励的？哪些行为会受到评估或考评？组织中的哪些人负责招聘方面的事？招聘体系、激励和控制举措都旨在让人们的行为有利于组织。如果这只是个人的心理问题，那么所有的激励和控制举措就没有存在的必要了。那些心理问题严重的病人是不顾忌任何环境的，但在组织中工作的绝大多数人不会不顾忌环境，他们会对组织的期望、激励和惩罚做出反应。

组织的作用就是促使组织中的人做出组织希望看到的行为：组织挑选具有特定技能、态度和价值观的人；建立激励体系来鼓励某些行为和反对另一些行为；建立责任制和文化来确保组织中的人不会误入歧途；确保如果某人的行为达不到预期，他就会被组织放弃。组织需要精心设计和不断调整，并期望雇用的人员能对激励体系做出最佳反应。那些热衷于分析组织中每个人心理的人，如果置组织制定的招聘、考评和奖惩制度于不顾，就很难成为成功的管理者。了解他人的想法和感受固然重要，但绝不能替代对组织进行诊断。

第 2 章

为什么需要管理者

组织的要求

对于"管理者的工作职责究竟是什么"这个问题，人们心中有很多疑问和困惑，即使是一些已经从事若干年管理工作的管理者也不例外。如果弄不清楚这个问题，就很难判断管理者是否称职。

组织对我们的要求极高，很少有人能完全符合要求。判断题中的观念听起来有点道理，但对于管理者来说并非如此，一个成年人所掌握的各种常识和技能远远不足以应对管理者可能在工作中遇到的各种挑战。即使对于到了知天命年纪的人而言，要深入了解组织也并非易事。组织的复杂性决定了它的要求并不总是那么显而易见。以下简要列出了管理者必须应对的组织的关键要求。

绩效压力

组织存在的意义在于创造价值，因此必然有绩效压力。美好的愿望和正确的做法并不能消除绩效压力。即使每个人都清楚地知道要求，并且就哪些是必须完成的任务达成了一致，同时怀着最好的意愿去工作，也不能改变组织任务的艰巨性。当处在压力之下时，人更容易变得急躁、粗鲁且易怒，绩效反而可能不佳。大家可以用各自的方式应对绩效压力，但必须通力合作，才能获得让组织生存下去所需的绩效。

分工

分工为组织带来更高的效率，也给组织带来挑战。所有的组织都存在分工，分工让每个人都能发挥自己的专长并因此获得更好的绩效，分工也使资源的使用更有效并因此降低成本。但同时，分工意味着每个人获取的信息可能不那么全面，对目标和优先级任务的看法也有所不同。分工越来越细的趋势导致人们的动机越来越多样化，并最终导致文化分歧。

相互依存

分工的另一个结果是系统性的相互依存。在没有分工的情况下，每个人都独立工作，即使有一些人完不成任务，也不会影响其他人和组织完成任务。但当一项任务在组织之中进行分工后，人员之间相互依存，任何一个人完不成任务，都会使组织（或系统）失败的概率上升。举例来说，一组程序员一起开发一款新软件，如果每个人都能找出漏洞，就能降低该团队对任何一名程序员的依赖。但如果每名程序员只负责一部分，当个别程序员离开时，整个项目就会受到很大影响。组织发展壮大，就能享受到规模效益和市场支配的好处，也使组织的分工细化、专业化增强，导致系统性的相互依存度上升。正因如此，管理好相互依存的元素对于组织的生存至关重要。

恰当的组织架构设计有助于降低分工导致的信息不全面，以及目标、动机和文化的分歧，但是组织架构不可能一成不变。为了应对各种不确定性（竞争对手的产品更有吸引力或利率提高等）并不断调整，组织需要管理者。有了管理者，组织的"左手"才能确切地知道"右手"在做什么。要在分工细致、专业化强，又有绩效压力的组织中管理好人员，成年人了解的各种常识和技能是远远不够的。

管理者的职责

管理者负责所在团队或组织的绩效以及与其他团队或组织的合作，确保组织能应对技术、市场和政策的变化，维持组织的持续运营和生产。

> **判断题**
> 管理者不做任何实质性的工作。
> □ 对　　　　□ 错

因此，判断题中的观念是错误的，也就是说，管理工作是非常有实质内涵的。管理工作可能不像钉钉子、删除附件或发行债券那么具体，但如果没有管理者的创建和维护，具体的工作就很难完成。管理者究竟是如何做到这一点的？有关人员数十年的研究提供了答案。

持续及时的沟通

管理者如何保证组织不四分五裂？管理者将大部分时间花在与他人进行面对面的沟通上。对不同国家、不同行业管理者的管理活动所做的研究表明，管理者更倾向于即时沟通，而不是等到以后再说；管理者更倾向于面对面沟通，而不是通过电话或书面报告。如果管理者要去做协调工作，他们就需要听取别人汇报正在发生的情况，收集来源不同的即时信息；如果管理者要确保组织能对快速变化的事件做出预期和反应，他们就需要不断监控出现的情况。在正式书面报告中出现的任何突发或重大事件，都应该在公布之前就已经在组织内部进行过沟通了。

永无休止的工作

加拿大麦吉尔大学管理学院管理研究克雷格·霍恩讲席教授亨利·明茨伯格指出，管理者的工作是无止境的。明茨伯格教授要强调的并非管理者的工作时间有多长，而是管理者的工作内容之多之杂、速度要求之高，并且一项接一项没完没了。即使是主要规划长远战略的首席执行官（CEO），也从来没有休息的时间：正式会议前的片刻，往往用来进行非正式的信息交流；偶尔几次没有任何安排，空出来的时间也被下级管理者报告的问题和危机所占据。他们总是有收集不完的信息，总是有见不完的人，总是有救不完的"火"。管理者的工作永无休止，他们习惯了挤时间，以便多参加一个会，多见一个人，或者多回一封邮件。

纷繁杂乱的任务

　　管理工作涵盖成百上千项不同类型的任务，每项任务所需的时间也许不是特别长，但所有任务从早到晚没有任何规律地出现，等待着管理者去完成。研究发现，工厂领班每天的任务从 237 项至 1073 项不等。明茨伯格教授的研究数据显示，CEO 每个电话仅持续 6 分钟，事先未安排的会议时间为 20 分钟，近一半的任务都在不到 9 分钟内完成。管理者可能刚结束了一场艰难的预算战役，马上又要出席一个老员工退休的感谢会，在会上又被两名下级管理者拉走，听他们汇报最新情况或新发现的问题。管理者有责任了解任何可能影响组织的情况，因而他们很难界定自己的职责范围。而且，管理者即时收集到的信息有可能具有战略性意义或影响到同僚及员工，因此管理者不仅需要收集许多即时信息，也需要把这些信息传递给组织里的其他人。

　　不同行业领域、不同层级的管理者，他们的工作职责可能略有不同。研究表明，组织规模越大，CEO 花在运营控制等正式管理活动上的时间就越少，而花在非正式会议及与外部联系人开展社交活动上的时间就越多。这是由于大型组织的 CEO 离运营和销售责任更远，他们更多的是通过与手下的管理者开会来实现对组织的控制。另外，由于大型组织的知名度更高，其 CEO 不得不更注重社交和政治事宜，无论他们是否喜欢。同样，政府机构的管理人员面对来自各种利益集团的压力，他们做决策时必须非常谨慎。这意味着，与企业管理者相比，政府机构的管理人员必须在外部事务上花更多时间。

应对之策

尽管在某些方面略有不同，但所有管理工作都显得纷繁杂乱。许许多多的新管理者认为，之所以发生工作时间支离破碎、工作节奏错乱以及手头的事总是被打断等状况，是因为管理方法有问题或工作没安排好。他们以为，只要把工作安排得更好，将工作职责描述得更清晰，或周围的人更有原则性，这些状况就会消失，他们就能着手做一些更实质性的工作。这些新管理者有挫折感和精疲力竭感可以理解，但他们对问题的诊断是非常错误的。

管理者存在的意义是收集信息并根据信息对组织做出调整。管理者的工作就是与上司、同僚、下属及外部人士沟通，以获取信息。他们需要花很多时间与人开会或谈话，有时还要做一些看起来并非实质性，却能获得关键信息的工作。这些工作可能显得无序，但这并不意味着管理者不胜任或做事不周到。

如果把管理工作比作一幅拼图，那么它的碎片都是模糊不清且时常变化的。这样的工作要求管理者不断集中注意力，从他人那里获取的信息也可能是不完整、有倾向性或混乱的。而一旦有意外情况出现，例如关键员工辞职，新产品带来突发的财务预算压力，或者为大客户（占到你公司销售收入的 60%）生产的一款产品不能如期交货等，管理者就不得不放下手里的所有其他事务去化解危机。

当然，有些意外情况也许可以避免，管理者需要不断寻找系统性或政策性的解决方案，把这些能够常规化的任务常规化。除了收集信息，管理者的另一项工作就是管理突发情况，因为没有任何系统或计划能够完全消除突发情况。

| 应用 | 你是否喜欢做个管理者

▼ 工作中总是被人或事打断和干扰，这是否会让你抓狂？管理者的职责之一就是应对突发情况和紧急事件，因此管理者事实上很难计划自

己的工作。

▼ 你是否喜欢与人打交道？管理者需要收集和传递那些不会出现在书面报告中的非正式信息，为此，管理者不得不花大部分时间与许多人建立联系。别人会感觉到你对与人打交道感到不耐烦。这并不意味着管理者一定要善于交际，真诚才是建立信任最重要的因素，即使社交技巧一般甚至略显笨拙，只要你的行为是善意的，你的领导魅力就会增强。

▼ 每个人都喜欢你，这一点对你来说是否重要？那些需要归属感或喜欢在充满友谊的环境中工作的人，很难成为成功的管理者。管理者对组织的绩效负责，有时需要以不那么愉快的方式对待绩效欠佳的员工。这对任何人来说都有难度，对那些特别喜欢充满善意的环境的人来说尤其不容易。

▼ 你是否喜欢成就感？任务未完成是否很困扰你？针对成功管理者的性格所做的研究发现，那些有强烈成就感需求的管理者反而不那么成功。对非常需要成就感的人来说，管理工作太繁杂、太具未知性，又很难量化，这都不能让他们感到满意。

▼ 你是否喜欢掌控一切？强烈的权力欲是成功管理者的重要标记之一。要完成任务，管理者必须能够影响他人。喜欢掌控一切的人，才会喜欢管理工作。

▼ 你能否控制自己的脾气？研究发现，最成功的管理者都有很强的自我控制力。管理者需要代表团队或组织，这一工作性质决定了管理者会与人发生冲突。成功的管理者既能控制自己的脾气，又能帮助他人稳定情绪并改变行为。

高效的管理者做些什么

以下判断题中的管理观念是亨利·法约尔在 1916 年提出来的，自此之后，无数图书在此基础上对管理任务做出了微调——增加或减少管理者的工作内容。但这只是对管理工作目标的大致描述，如何定义这些任务务也有待解释。事实上，这些任务并没有说明高效管理者究竟做了些什

么，其实用性并不强。例如，管理者当然要进行控制，也就是确保团队或组织能如期提供产品或服务，但要做到这一点，方法各不相同，其中一些方法比其他方法更高效。管理者应该

要求下属每天汇报，还是每小时汇报？管理者应该亲自检查工作吗？管理者应该每周召开员工会议吗？管理者应该维持非正式沟通渠道吗？……这些都是管理者常用的管理控制手段，管理者也可以根据任务性质和人员情况进行灵活高效的组合。从实践的角度看，管理者并不需要对其任务进行归类命名，他们只需要知道，为了高效他们应该做些什么。

在对美国制造业、零售业、医疗业、金融业和政府的数百家组织进行深入研究后，内布拉斯加大学林肯分校管理系的乔治·霍尔莫斯教席教授弗雷德·卢桑斯发现了高效管理者与普通管理者工作内容的区别。这一研究把高效管理者的任务分为12大类，如下表所示。

高效管理者的任务（重要性由高到低）

活　动	举　例
1. 交换例行信息	每星期与下属召开例会，交流分享，主持讨论新的工作方法和流程
2. 处理文书工作	准备每日、每周及每月报告，包括成本报告以及与过往绩效及活动的比较
3. 激励/强化	当下属很好地化解了非常恼火的客户的情绪并解决了问题时，应该立即给予赞赏
4. 纪律/惩罚	员工犯错误时，写一封批评邮件给他，同时抄送人事部门，并以此类信息作为决定员工年度加薪的重要依据
5. 管理冲突	当两名员工的工作职责有重叠，且其中一人认为自己未得到公平待遇时，认真听取双方的意见并弄清事实情况
6. 人员配置	有岗位空缺时考虑内部提拔，同时也面试外部候选人，充分审视后做出选择

（续）

活　　动	举　　例
7. 培训和人才开发	在工作流程方面给予员工辅导，安排流程演示，让员工参与实践培训练习
8. 计划	制定目标，然后与员工面对面沟通，给出指令、回顾日期和任务期限等
9. 决策	出现问题时，了解相关信息，并与相关人员讨论
10. 控制	定期去各部门走走看看，检查工作进展情况，将工作汇报或员工表现与工作标准进行对照比较
11. 与外部人士互动	维护客户关系，参加一些对组织绩效有帮助的俱乐部，与俱乐部成员保持良好关系
12. 社交／政治	通过休闲娱乐，如打网球或钓鱼等活动，与组织中高层管理者保持良好关系

　　这个表中的活动内容是高效管理者任务的重要性从高到低来排列的。可以看到，高效管理者最典型的工作任务是与员工交换例行信息，其次是处理文书工作，这些工作对组织的控制和问责体系至关重要，接下来依次为激励／强化、纪律／惩罚、管理冲突、人员配置、培训和人才开发。计划、决策、控制以及与外部人士互动、社交／政治，是高效管理者最不典型的工作任务。

　　管理者必须用碎片拼出一幅完整的拼图，应对突发事件或危机，收集可能导致其组织发生变化的信息，因此高效管理者花大量时间与人进行信息沟通是理所应当的，在信息的收集和传播方面花更多时间和精力的管理者也理所当然地比其他管理者更高效。同样，由于管理者必须管理突发事件并对组织进行调整以提高绩效，故而他们需要在以下这些事情上花更多时间：确保员工清楚地知道绩效目标，空缺职位能迅速得到填补，并且在不可避免的冲突演变成危机前解决问题。高效管理意味着，花时间和精力对组织进行必要的调整，以保证在一些问题发展成为摧毁组织的灾难之前解决它们。

| 应用 | 成为更高效的管理者

◥ 留出固定的时间进行非正式的信息交流，可以是午餐或下午茶时间，但必须是定期的，而且频率要足够高，这样每个人都乐意对你畅所欲言。

◥ 留出固定的时间进行正式的信息交流（员工会议或项目会议等）。如果在组织中，那些有可能影响其他人工作的信息以及影响优先级任务的信息产生得较快，正式信息交流的频率就应该更高。发生快速变革的组织可能需要每天召开会议，即使是变化最少的组织一年也应该进行几次正式的信息交流。

◥ 按时完成书面报告。由于书面报告往往为别人所做，因此它看上去像是浪费时间。但报告是组织控制系统的一部分，也是一名管理者在组织中的其他重要人员面前亮相的唯一途径。任何对你的老板和员工重要的事务都应该是你的优先任务。高效管理者懂得，加大别人工作的难度是无法赢得朋友的。请谨记：书面报告对高层级管理者很重要，书面报告的可信度和完整度是判断管理者是否合格的重要指标。

成功的管理者做些什么

卢桑斯教授的研究最有价值的地方在于，它将高效管理者（那些下属很尽职、创造了良好组织绩效的管理者）的工作内容与成功管理者（那些升迁更快的管理者）的工作内容进行了比较，发现判断题中的这个观念虽然被很多人认同，却是对成功管理者的一种误读，成功管理者分配时间的方式与高效管理者并不相同，这主要体现在社交时间分配上。

┌─ 判断题 ─────────
│ 对成功的管理者来说，迎合上
│ 司比做出成绩更重要。
│   □ 对   □ 错
└──────────────

社交

　　高效管理者在与外部人士开展社交活动方面花的时间最少，社交却是成功管理者的最主要活动。最成功的管理者把 48% 的时间花在社交活动上，而最高效的管理者花在与外部人士、同僚及老板交际上的时间只占 11%。这是否意味着，对成功管理者来说，迎合上司的确比做出绩效更重要？

　　答案是不一定。我们先来看看这些社交活动是什么：聊天、讲笑话，讨论一下谣传，抱怨，以及试图影响他人。也就是说，社交活动旨在培养与他人的人际关系。当这个"他人"在组织中很重要时，那么社交活动可能也很重要，它对管理者有所帮助。这是管理者收集非正式信息（例如即将进行的变革、那些重要人物喜欢或不喜欢什么等）的途径。在对组织进行调整时，这类信息可能相当有价值，举例来说，部门管理者从非正式渠道听说公司预算将削减 4%，他就能提前对部门预算进行分析，并提出对其部门绩效影响最小的预算削减方案。

社交和权力

　　另外，这类非正式互动有助于建立权力。管理者需要权力来保护自己的团队或组织，来获得完成任务所需的资源，并保护团队或组织不受不合理要求的影响。权力对成功管理者极为重要，管理者的层级越高，建立权力和非正式影响力越有可能成为其主要的管理活动。也正因为如此，建立和运用权力的能力成为管理者升迁时考量的重要技能之一。管理者层级越高，他的工作越需要他具备说服和影响客户、银行家、政客等各种人员的能力。如果一名管理者能胜任监管技术性的工作，但没有能力与组织内部人士建立联盟，也没有能力获得外部人士的信任，他就难以完成更高一级职位所需完成的管理任务。当然，社交和政治可能被某些人用来扩张自己的权势而伤害到组织或他人，但由于这一管理技能对达成组织绩效来说必不可少，因此展示出这种能力的人更容易获得晋升。

既高效又成功

管理者能做到既高效又成功吗？在卢桑斯教授的研究中，只有8%的管理者可归类为既高效又成功。高效的管理者与成功的管理者在优先级工作上很不一样，那么这8%的管理者是怎样做到的呢？卢桑斯教授的研究显示，这些管理者是两种类型的混合体，他们在交换信息、管理下属和社交活动之间平均分配时间。只有这么少的管理者能做到既高效又成功，情况真这么糟糕吗？虽说社交活动对于管理者的管理效果非常重要，但是否所有的公司都不重视管理者的信息交换和员工管理工作？对这些问题的回答取决于不同组织对管理者职责的要求。

组织高效和管理成功的要求

令大型组织的高层管理者尤其感到头疼的问题是：该如何分辨哪些社交管理者是高效的，哪些是不那么高效的？该如何解释他们对更高效的管理者的忽视？对于非高效的管理者得到提拔重用，有一些流行的解释。这里有两个例子：约翰·德罗宁在《晴日里又见通用汽车》（*On a Clear Day You Can See General Motors*: *John Z. DeLorean's Look inside the Automotive Giant*）一书中对他20世纪70年代在通用汽车时的上司的描述，以及《门口的野蛮人》[⊖]（*Barbarians at the Gate*）一书对雷诺兹－纳贝斯克（RJR Nabisco Inc.，一家美国烟草公司）CEO罗斯·约翰逊于1988年失去公司控制权的经历的描述。在《晴日里又见通用汽车》

　　⊖　本书中文版已由机械工业出版社出版。

中，约翰·德罗宁写道，在这个组织中，获得晋升的总是"绩效最不明显的"（旁观者能轻易说出比被提拔的管理者更合格的候选人）。德罗宁指出，这是因为那些"绩效明显的"（更高效的管理者）会认为，他们的绩效是靠自己努力得来的，因此不会对谁感恩戴德。而那些"绩效最不明显的"管理者知道他们的成功该归功于谁，因此会对提拔他们的人俯首称臣。德罗宁写道，在通用汽车，很少有高效管理者获得晋升。同样，在《门口的野蛮人》中，罗斯·约翰逊花了很多时间和精力来让他的上司以及直接下属高兴，他频繁地搞各种社交活动，包括用公司的直升机接送他们去打高尔夫球等。他对于自己的社交技能极为自信，却未能认识到自己在竞争性杠杆收购业务中的低效，这一低效使他丢掉了 CEO 的饭碗。

在通用汽车和雷诺兹 – 纳贝斯克的案例中，高效对于职业成功如此不重要的原因是什么？一个显而易见的原因是，这两家公司都没有很大的竞争压力。两家公司当时都是超级寡头垄断者，也就是说，它们所处的行业需求旺盛，它们的消费者要么在必要的交通运输方面没有太多选择，要么有严重的烟瘾，且行业中的竞争对手也并不多。寡头垄断行业中的企业不需要彼此激烈竞争，因为通过非直接的合作，大家都能分得丰厚的利润。另外，这两家公司的股权都极为分散，没有单一股东的权力能超过管理层，因而股东无法敦促管理层将股东利益最大化。如果没有人强烈要求组织高效竞争或将利益最大化，就不可能期望管理者或者其他任何人自愿让自己承受提高效率的压力。在绩效压力不大的组织中，组织重视的东西有所不同——可能是取悦和保护上司的能力（如当年的通用汽车和雷诺兹 – 纳贝斯克），也可能是对客户或员工过分慷慨。无论哪种情况，只要组织一天没有绩效压力，就不可能看到管理方面的高效。组织的要求各有不同，对组织的要求进行准确的诊断将有助于我们看清应该重视哪些管理活动。

| 应用 | 高效的绩效管理在你的组织中受重视吗

所有组织的所有管理者都认为自己承受着绩效压力，但这种压力其实只是程度问题。以下是一些信号，说明在一些组织中，高效的绩效管理可能并非优先级任务。

▼ 客户需要排长队等候，需要等待延迟交货的产品。例如，政府机构的客户服务总是比较差，因为官员喜欢承诺太多，但事实上很多承诺并不能兑现。他们总是找机会将此归咎于"低效的官僚作风"。

▼ 费用过高。例如，上市公司购买直升机，冬天在加勒比海度假地召开会议，或者用昂贵的艺术品来装饰办公室墙面。如果你的公司有这类情况，且认为这是必要的激励物，请去参观一下那些产品生命周期仅为 18 个月的科技公司。你会发现许多优秀人才动力十足地挤在开放式办公室里加班。

▼ 管理者觉得围绕问题员工或部门开展工作比解决绩效问题更容易。冗员及部门的增加不像公司购买直升机之类的事情有意思，但同样是一种浪费。

一种常见的管理误解

一种常见的管理误解是区分管理者与领导者。人们往往把正面的东西都归功于领导者，认为他们是有远见的，而把负面的东西都归咎于管理者，认为他们是短视的。这种区分和对比有害无益。

危机管理的重要性

管理者需要管理意外情况，因而有效的危机管理成为管理者的重要职责之一。以下判断题中的观念间接地贬低了管理者，认为管理者只对眼前的压力做出反应。这是玩文字游戏：领导者有远见、鼓舞人心，而管理者只专注于运营。那么，对于管理者考虑问题是否有远见，你了解多少？

　　管理者考虑问题是否有远见，因其所处层级而异。研究表明，管理者在组织中所处的层级越高，考虑问题越长远，较低层级的管理者则在维持组织工作流程方面责任较大。所谓"CEO 谈判收购事宜，一线管理者谈判交割日期"就是这个意思。然而，在那些规模较小或处于快速增长行业中的公司，即使是层级较低的管理者也承担了较多的战略责任，这意味着，他们也会站在较为长远的角度上思考问题。归根结底，具有较长远的思维是一部分管理者的工作职责。

```
┌─ 判断题 ─────────────┐
│  领导者更具远见。      │
│    □  对      □  错   │
└──────────────────────┘
```

　　所有管理者都会面临各种状况一起发生的情形，所有管理者都不得不放下手里的事去解决可能事关组织生存的危机。20 世纪 80 年代，强生公司 CEO 因妥善应对泰诺危机而广受称赞，这一事件至今仍被商学院作为教学案例。担当"救火员"是管理者对于组织的最大贡献，没有人"救火"，再美好的愿景也永远只是愿景。

| 应用 |　更有效的危机管理

▼ 制订危机预案，以便快速决策，与受影响的部门迅速沟通。

▼ 不要试图大事化小，与其让坏消息一点一点持续传出来，不如一次性沟通所有坏消息。

▼ 定期进行自检，找出容易出问题的环节。将你所处组织的管理实践与同行进行对比。

▼ 如果危机看起来是反复出现的，例如某个员工的工作效率始终很低，那就是绩效问题，必须解决。

▼ 如果危机看起来是反复出现的，原因是组织中其他人员未考虑到其行动对团队的影响，那就是管理不够的问题。

工作的重要性

管理者最重要的工作是获得和传递有关组织绩效的准确信息，并对组织的绩效负责。判断题中的观念只是员工一厢情愿的美好愿望。当员工缺少完成工作所需的资源时，管理者最重要的工作是确保能从有资源的人那里拿到资源。有研究发现，比起管理者是否考虑员工的需求和感受，管理者在组织中的影响力更能影响员工的满意度，这并不意味着员工喜欢不顾别人需求和感受的管理者，而是表明员工更喜欢那些能帮助他们获得完成工作所需资源，还能保护他们不受不合理要求影响的上司。对员工来说，管理者是他们与组织其他部分衔接的唯一合法接口，没有人把只会对员工表示同情，只会与员工一起抱怨其他部门，而无力从其他部门获得工作所需资源的管理者视为朋友。

> **判断题**
> 管理者最重要的工作是对员工的需求保持敏感。
> □ 对   □ 错

管理者为所在团队或组织获取资源的能力至关重要，因为权力动机在预测一个管理者能否成功方面有着很重要的参考作用。一项针对美国电话电报公司管理者、历时 16 年的追踪研究发现，持续对权力有较高需求的管理者的绩效超过其他管理者。如果管理者最重要的任务之一是从其他人那里获取资源和支持，那么那些喜欢影响他人的管理者会更乐意接受这样的任务。美国哈佛大学教授戴维·麦克利兰研究发现，员工更欣赏有影响力的管理者，在与对权力有更高需求的管理者一起工作时，员工的团队精神更强，对组织要求也有更明晰的了解。

对员工需求太敏感可能会分散管理者的注意力，使其无法专注于优先级更高的工作。每个人都有提升身份的需求，都喜欢与有身份的人互动。总是有一些员工喜欢向别人抱怨日常工作中的所有问题，尤其是当别人是有身份的人时。如果管理者把应对员工需求作为重要的工作内容，那么他们就会常常难以区分员工的需求是与工作相关的，还是与身份需求或关注需求有关的。满足后一种需求的管理者可能花了大量宝贵时间，却无助于团队或组织的绩效。**角色超负荷（负责太多工作）及其产生的压力和疲劳对管理者非常有害。**管理者花了许多时间倾听员工的抱怨并想满足他们个人及职业的需求，可能就没有足够的时间和精力与关键人物开展社交活动，而组织的绩效依赖于这些关键人物。尽管建立信任和信心需要管理者花时间与他人闲聊，倾听他人的抱怨和八卦，但如果这耗费了太多时间且有损于绩效，就应该考虑进行调整。以下几点建议也许有助于管理者以较少的时间维持与员工的关系。

| 应用 |　管理你花在员工身上的时间

- 留出时间用来聊天，倾听他人的抱怨和八卦，最好是在具有社交性背景的场合。日本的管理者把下班后的饮酒聚会作为倾听反馈和抱怨的场合。这样的场合为管理者提供了灵活性，在需要时即可离开。

- 如果应邀参加公司的欢送会、生日会等，可以露个脸表示欢送或祝贺，这样，花一点点时间就能给予员工尊重和敬意，又方便短暂停留后离开。

- 在办公室客人座位后面的墙上挂一只钟，以便你能看到。如果员工开始长篇大论地抱怨，你就向他致歉，表示你在此刻约了人开会。

- 当你倾听某人说话时，请全神贯注。与其花很多时间与人谈话，但又坐立不安、不停地看表或以其他形式表现出你对他说的事情毫无兴趣，还不如全神贯注地听这个人说几分钟。在工作之中，更重要的是时间的质量而不是数量。

问责制的重要性

员工需要对工作负责，但许多管理者认为，让员工有责任心的唯一方法就是密切监督他们。事实与以下判断题中的观念恰好相反，密切监督会导致员工越来越敷衍了事、心怀怨恨和敌意。研究表明，寄予员工成功的期望会让员工有更大的动力，并获得更好的绩效，而那些认为员工绩效较差的管理者会使员工的绩效比他们预想的更糟糕。如果我们认识到，管理者把更多时间花在监督员工上意味着他们没有更多时间用来交流、社交等，而这些工作本可以带来

> **判断题**
>
> 如果不监督员工，他们就会偷懒。
>
> □ 对　　　□ 错

高效和成功，那么我们就能看到密切监督员工的代价多么巨大。

监督和问责有很大的区别。在组织中，每个人必须有责任心，必须有工具衡量绩效。这一切都不需要以监督的形式来达成。员工更乐意通过非个人的方式（如报告）获得有关其工作绩效的反馈。管理者的确有控制的责任，但大型组织的职业经理人以更高效的方式控制——通过电子邮件把跟踪报告、现状报告或工作绩效报告等发给员工，而不是简单地监督员工的一言一行。

管理工作有利于身体健康

到目前为止，本章讨论的内容与管理工作的挑战性、速度要求、无休止的突发事件、危机以及挫折有关，现在告诉大家一点儿好消息：对很多人来说，管理责任的确会带来压力，但情况与判断题中的观念相反，

> **判断题**
>
> 管理压力会导致心脏病。
>
> □ 对　　　□ 错

管理工作其实有利于健康。对许多不同国家、不同行业的研究发现，管理者在组织中的层级越高，身体健康状况越好：主管比一线员工健康和长寿，中层管理者比主管长寿，CEO 最长寿。这并非由于高管能获得更好的医疗保健服务，而是因为他们对自己的工作、生活有更大的自主权和控制权。显然，管理责任越大、越有身份，就越受到尊敬，健康状况更好，从而更长寿。管理工作的确具有挑战性，但你一旦掌握了要领，

就能有更大空间以自己喜欢的方式选择任务和完成工作，并享受一切伴随身份地位而来的优势。因此，深刻了解组织不仅有助于你达成事业目标，对你的健康也大有益处。

| 应用 |　给管理者的建议

◥ 管理者工作超负荷而且时间宝贵，因此，与你的上司交谈时，要尽量控制时间，并注意抓住重点。

◥ 当你把问题反映给上司时，也要带去一两个可行的解决方案。当然，由于你缺少关键信息，你的解决方案可能不是最好的，却能引发有关问题解决的讨论。而且，你不会有向上推卸责任的过错。

◥ 即使上司没有要求你提交有关工作的重要进展或已达成目标的书面报告，你也应该每年至少提交一次。这能提醒你自己已取得的成绩，同时，假如你与上司在你的工作目标方面的看法不一致，这也能让你们双方早些知道这种不一致。

◥ 如果你所在的组织要求提交有关工作重要进展或已达成目标的正式书面报告，那么你提交的报告中的目标应与绩效考核的目标一致。否则，你会被视为未能完成指定目标或企图逃避绩效不佳的责任，错失澄清误解的机会。

◥ 许多管理者有很强的行使权力的欲望。别让你的权力欲抢走你上司不多的快乐感。不时创造机会让上司指导你的工作，这不会让你后悔。

第 3 章

如何有效招聘

任何招聘过错误人员的管理者都深知，招聘决策是管理者所做的决策中最重要的一种。选错人可能会是一场灾难：可能使该员工的职业生涯偏离轨道；因为要额外做该员工的工作，其同事可能心生怨恨；因为需要做很多工作来让这个错误的人离开并收拾烂摊子，管理者也会很受挫。

找到正确的人是管理者最重要的工作之一，但也是最容易被管理者忽视的工作之一。由于找到正确的人需要花很多时间，而许多管理者忙于应对各种其他工作，因此他们往往会选择第一个能接受的人选，这就是所谓的**满意法**——花最少的时间和精力完成任务，而不是**优化法**——尽可能达成最佳结果。

找到最适合的人员

我们都希望招聘最优秀的人才，问题在于：哪方面最优秀？从理论上讲，判断题中的观念听起来不错，但在现实中可操作性不强。有些成功的企业（如微软）宣称，它们希望招聘最聪明的人，而有些公司（如美国西南航空）的理念是招聘价值观和态度与公司文化一致的人，也有企业表示，它们的主要招聘依据是所需的工作技能……有关究竟招聘什么样的员工，各种理论众说纷纭，系统的组织行为学研究能帮助我们厘清思路。

> **判断题**
> 企业需要招聘最优秀的人才。
> □ 对　　　　□ 错

招聘与组织匹配的人员

与组织匹配（有相同的价值观和态度）的员工在工作中更快乐，这类员工的离职率比根据其他标准招聘的员工低，因为对大多数人来说，与看法及经历相似的人一起工作更加愉快。但这并不意味着，这些较快乐的员工的绩效一定比其他员工更好。因此，在招聘管理者时，以匹配作为关键因素是有风险的。

招聘性格合适的人员

如果匹配不是绩效的决定因素，那么我们在招聘时能否找到一些绩效出色者所共有的性格特征？负责招聘的管理者都会说，他们的确很关注候选人的个性特征，试图寻找"愿意努力工作""具有团队精神"或"态度积极"的人员，但这些都不是描述个性差异的正式词语。是否有一些个性特征，能让我们找到绩效出色的人员？要回答这个问题，我们需要一些更精确的词语。

个性是指一个人特有且较稳定的行为、思想和情感模式。无论外界环境如何，一个人的个性在很大程度上是不变的，但也不绝对如此。例如，一个性格活跃的人在大多数环境下都喜欢说话并与人打交道，但因为长时间旅行倒时差而精疲力竭或正在面对一项艰巨的新任务，他可能就会默不作声。人的个性在不同的情形下的确可能有所不同，有许多研究试图找到绩效出色者共有的个性特征。根据过去几十年的无数研究，人的个性可分成五个较为稳定和可靠的维度。

五大个性维度

（每个维度按从弱到强排列相应表现）

责任心（强弱程度）

懒散、无条理、不可靠————努力、很有条理、可靠、坚持不懈

情绪稳定（强弱程度）

不稳定、焦虑、消沉、情绪化————————————自信、镇定、稳定

随和（强弱程度）

冷淡、好斗————————————————————温和、合作

外向（强弱程度）

保守、害羞、安静————————————————合群、自信、爱交际

开放性（强弱程度）

实用主义、兴趣面狭窄————————————有创意、好奇心强、有修养

　　研究表明，责任心强的员工绩效较高，因为责任心强的员工工作努力、坚持不懈、可靠而且希望有所成就，这些特征使他们能付出更多努力，也能更为坚持不懈地努力，因而能获得出色的绩效。情绪稳定的员工绩效也较高，虽然这个维度作为高绩效预测指标的准确性比责任心的准确性要略低一点。镇定和自信的员工更擅长应对工作中不可避免的各种危机和困难。因此，想要招聘到绩效出色的员工，最实际的问题是如何准确地评估候选人的责任心和情绪稳定性。有一些比较可靠的书面测试，但并非所有管理者都能说服人力资源部门在招聘中使用这样的测试。那么，管理者要怎样招聘到有责任心而且情绪稳定的员工？显然，所有管理者都希望招聘到努力、有条理、可靠、坚持、镇定而且自信的员工，但有多少管理者认真考虑过：要怎样了解候选人是否拥有这些个性特征？推荐信和面试都是途径。

　　除了上述五大个性维度，另一个个性特征也能作为高绩效预测指标——对待周围世界的情感倾向是积极的还是消极的。**积极情感者**在各种情形下都更倾向于以积极的情感应对；**消极情感者**则更倾向于以消极的情感应对。积极情感者以积极的态度看待事物，对事态把握得更准确；消极情感者以消极的态度看待事物、他人和自身，会有更多悲伤或愤怒

等消极情绪。因此，消极情感者的工作绩效较差，也更倾向于认为自己在工作中受苦受累；积极情感者则更愿意想办法解决问题，在各种工作中都是高绩效者。

| 案例 | 招聘理念相合、有"自驱力"的人员

北京宴禧餐饮管理有限公司（以下简称北京宴）是一家高端餐饮企业，荣膺餐饮行业最高等级——国家白金五钻酒家称号。公司创始人兼总经理杨秀龙说："我对员工的判断基于'人之初，性本善'，改变人是很难的，要想让员工保持工作热情，首先不能把他当工具，否则员工会产生逆反心理，而是要让员工发自内心地喜爱自己的工作，要让员工明白工作是为了实现自身的梦想，是为了创造个人价值，是在书写个人的未来而不是为别人工作。"在杨秀龙看来，只有通过自驱而不是他驱，才能让员工成为发动机而不是齿轮。

因此，北京宴在招聘员工时不只看学历和经验，更着重看理念是否相合。北京宴招聘时，所有员工（包括洗碗工）都要经杨秀龙亲自面试，杨秀龙面试员工时不考察业务能力，而是主要问三个问题：你来自哪里？你要到哪里去？你要成为谁？不怕"一张白纸"，关键看是否热爱服务行业，是否认可北京宴的事业，是否勤奋好学。"员工工作干不好的原因很多，但所有的原因都可以归结为两个，一个是不想干，另一个是不会干。很显然，首先要解决的是员工想干的问题。"杨秀龙说。北京宴的面试重点就是要筛选出理念一致、有发动机潜力的人。杨秀龙面试管理人员时，会先演讲 20 分钟左右，从服务行业的发展，到北京宴的愿景等，后续的三个步骤决定了员工是否被录用，第一步是看面试者的眼神，眼神不放光的不要，眼神放光的进入第二步——握手，手心不出汗的不要，手心出汗的进入第三步——工资减半，不答应的或三秒内没有反应的不要，毫不犹豫答应的留下。

原来在一家五星级酒店任职的蔡文轩，来面试时被杨秀龙描述的愿景深深打动。杨秀龙回忆说，蔡文轩听得两眼放光，临别时握手，他的手心里全是汗。回去之后，蔡文轩又给杨秀龙发了短信说，从业这么多年，从未听过这样的理念，一定要跟随你！蔡文轩有二十多年的烟龄，每天抽两包烟。杨秀龙在面试时闻到他身上有烟味，就问，我们是餐饮企业，你能不能戒烟？蔡文轩说，我尽力。之后，蔡文轩在入职的第四天就彻底戒了烟。现在，蔡文轩担任北京宴的运营总监，成为杨秀龙的得力副手。

招聘拥有所需技能的人员

毫无疑问，高效的员工必须具备所从事的工作要求的知识、技术和能力，但许多管理者在招聘前并不非常清楚某个职位要求的知识、技术和能力。了解这些情况无须花很多时间，却非常重要。

假如你不清楚自己需要什么，你就不可能得到所需要的。事先对某个职位所需的知识、技术和能力做仔细分析及描述是非常有用的。管理成熟的公司都会有**岗位描述**，也就是对特定工作岗位的目的、在组织中与其他岗位的关系（如汇报层级等）、主要职责、需要完成的任务，以及要求的学历或职业资质等的书面描述。岗位描述有助于管理者在招聘时对候选人拥有的知识和技能等做出判断。岗位描述也有助于管理者制定招聘标准，如要求的资质、知识、技能和能力等。招聘标准应与工作相关，因此不应该包括身高和体重这样的要求，除非这些因素与工作的高绩效直接相关。

| 应用 | 编制岗位描述

▼ 了解岗位描述的用途。岗位描述可用在许多方面：制定招聘人员的标准、薪酬水平的标准以及绩效评估标准。成功的管理者懂得如何通过岗位描述来吸引、留住和奖励最优秀的员工，他们不会把这个重要的工作推给人力资源部门。

▼ 如果组织没有正式地编制岗位描述的流程，那么管理者自己编制也很有益处，因为这能让管理者在招聘和管理员工绩效时全面考虑与工作相关的标准。

▼ 如果没有人力资源部门的人员帮助你编制岗位描述，可借鉴以前的岗位描述，但请记住：岗位描述有许多用途，尽量不要使用与岗位所需知识、技术和能力无关的官僚用语。

| 案例 | **人尽其才**

地尔汉宇生产家用电器排水泵，销售量占全球市场份额的 30%，位列第一；净利润率达到 20%，而行业平均不足 10%。公司董事长认为："人的缺点往往很难改掉，但我们可以把个人的长处无限地发挥出来，这样就可以盖住他的缺点。就像太阳黑子很难消除，可太阳的光芒足以把黑子盖住。"

地尔汉宇有一名软件工程师，成天跟电脑打交道，人际交往能力比较差，几个部门的经理都拒绝"收留"他，人力资源部不得已将他"寄存"到了水泵业务的技术部。恰巧那一年水泵中的控制软件出现了问题，每 1000 个水泵中就会有几个出故障。当时公司动用了内外部很多资源，也没有解决这一问题，没想到这个工程师竟然把问题解决了。后来，地尔汉宇将这款水泵卖给美国惠而浦，刚开始只占惠而浦全部订单量的 30%。后来 3 个月下来，地尔汉宇的水泵没有出现一个质量问题，而一家意大利竞争对手供应的水泵每天都出现"两大筐"问题产品，惠而浦就将地尔汉宇的订单量增加到了 50%。又过了 3 个月，意大利"厂商"的问题产品减少到每天"一大筐"，而地尔汉宇的产品仍旧没有出现质量问题，于是惠而浦最终将地尔汉宇变成了独家供应商。

招聘最聪明的人员

招聘最聪明的人员是用"聪明"（或现今更流行的说法"认知能力"）

这个容易衡量的个性特征作为绩效预测指标的。所谓认知能力，是指理解抽象概念和理念，准确推理并解决问题的能力，也有人将其概括为学习的能力。研究表明，对许多工作岗位而言，认知能力都是最好的绩效预测指标，它比最好的个性特征预测指标——责任心的准确率还要高。而且，岗位越重要（管理职位越高或专业要求越高），认知能力这个绩效预测指标就越准确。要做好任何工作，员工都需要有能力评估新的信息并做出判断，如果不需要判断能力，那么我们的许多工作都可以由机器代为完成。一个岗位对员工评估信息、做出判断的能力，及其准确分析内容模棱两可的报告的能力要求越高，这一岗位上认知能力较高的员工的绩效就越好。

测量候选人的认知能力也很容易，有些公司开发了专门的测试，候选人只需花十几分钟就能完成。还有更容易的，那就是依据在校时的学习成绩。尽管学习成绩不是完美的指标，但作为绩效预测指标，它比面试时招聘人员的直觉准确得多。

既然认知能力是很好的绩效预测指标，并且易于使用，那么为什么很多公司没有使用呢？原因在于，许多企业的人力资源管理人士不喜欢这样的测试，至少在美国，许多人对高智商者有偏见，认为高智商者不切实际、不善应酬、傲慢，而且这类人偶尔绩效出色，大部分时间的绩效并不理想。很多人不愿意相信，在几乎所有的岗位中，高智商的人绩效更好，但研究的确证明了这一点。这并不意味着认知能力是完美的绩效预测指标，没有任何绩效预测指标是完美的。激励和绩效管理体系很重要，责任心、情绪稳定性以及岗位要求的知识、技能和能力也很重要。

避免人际感知错误

误解他人是常有的事，以下判断题中的观念显然是错误的，尤其在招聘人员时。在招聘中，管理者需要根据很有限的信息做出重要决策，减少决策错误的方法之一就是避免对他人的感知错误。虽然说眼见为实，但根据人际感知理论，我们相信的东西往往会决定我们看到的。我们对他人的感知都会产生错误，这种错误会对我们的工作绩效产生很大的影响。管理者要对他人的言行进行分析并做出判断，因此了解管理者在人际感知方面的偏向性非常重要。招聘决策通常是根据短暂的印象性信息做出的，人际感知错误可能会导致非常糟糕的招聘决策。

> **判断题**
>
> 管理者只需看一眼就知道这个人是怎样的。
>
> □　对　　　　　□　错

内隐人格论

　　我们都会对他人的行为做出判断，并形成对某人的印象，这种印象又会影响我们对他人的预判。我们对他人的推论常常基于非常有限的信息，例如我们倾向于推断，外表有吸引力的人拥有积极的个性特征，但事实上，长得漂亮并不代表智商更高或更善良。许多内隐人格论的理论并不正确。根据**内隐人格论**，我们会根据别人的某些特征推断出他们拥有某些别的特征，例如如果我们发现某人非常健谈，就会倾向于认为，这个人待人友好而且很受人欢迎。知道一个人为什么做某件事，给我们判断这个人未来的行为提供了依据，使我们能迅速做出推论。例如，老板在开会时对你的一位同事发脾气，你会很想了解其中的原因。是因为老板脾气不好或情绪多变吗？如果是的话，你会对老板可能在什么情况下发脾气有所预期并做好应对准备。或者，是因为同事犯了错误，导致整个部门受到影响，而老板刚知道这件事？如果是这样，你会想了解同事犯了怎样的错误，以免重蹈覆辙。那么，你该怎么判断究竟是哪种情况呢？美国社会心理学家哈罗德·凯利的**归因理论**会对你有所帮助。

归因理论

哈罗德·凯利的归因理论认为，我们会把他人的行为归因于**内因**或**外因**，内因是我们能控制的因素，包括动机（老板对你的同事发脾气是引起这个同事注意的一种方式）、个性（脾气不好或情绪多变）等，外因是我们不能控制的环境因素。我们在判断和评估一个人新的行为信息时，是从内因角度去看，还是从外因角度去看，结果是完全不一样的。在判断究竟是内因还是外因时，我们会问以下三个问题。

▼ 这个人在别的情况下也会这么做吗？这是考虑行为的**一致性**。一致性越高的人，我们判断为内因的可能性越大。

▼ 这个人在别的地方也会这么做吗？如果这一行为只在这个地方出现，那就是特别的行为。**特别性**越高的行为，我们判断为外因的可能性越大。

▼ 其他人也会这么做吗？如果答案是肯定的，那就是**普遍性**情况，我们很可能判断为外因。

如果你的老板倾向于在开会时对员工发脾气（高一致性、低特别性），你很可能将老板的这一行为归为内因，例如脾气不好或情绪多变；如果你的老板说话一向轻声细语，而且会议结束后所有管理者都显得不安（低一致性、高特别性和高普遍性），你很可能将老板发脾气归为外因，例如老板在开会时得知了某些坏消息。

那么，这一切与招聘人员有什么关系呢？在上述老板发脾气的例子中，你一直与老板一起工作，有很多时间和机会来判断老板行为的一致性、特别性和普遍性，但在招聘中，你几乎不可能判断候选人行为的一致性、特别性和普遍性。我们都希望能准确判断他人行为的内因或外因，因而了解归因理论有助于防止错误归因。

常见的认知偏误有以下几种。

基本归因错误

在归因时，我们存在这样的倾向性：对他人的行为更多地归因为内因，对自己的行为更多地归因为外因。出现这种倾向性的原因在于，当我们把他人的行为归因为内因时，我们能更准确地预测他们未来的行为；我们了解自己的内在状态，认为自己在许多不同的情形下会有不同的行为。我们不了解他人的内在状态，更倾向于认为别人的行为是高一致性的。例如，候选人由于家人生病，面试前一个晚上休息不够，导致他在面试时反应迟缓，但这很可能被管理者归为内因（认知能力较差）。负责招聘的管理者需要尽量多地了解候选人，以避免基本归因错误。

相似吸引偏误

人都有这种倾向性：容易被与自己相似的人吸引，对与自己相似的人更容易有正面的看法。负责招聘的管理者往往会给那些与自己有相似之处的候选人更高评分，不管是为了创造下属与自己之间更好的工作气氛，还是因为无意识地将自我关注投射到与自己相似的人身上，这种倾向性是被广为接受的。然而，没有任何研究表明，与招聘决策者相似的人的绩效一定非常出色。招聘中的相似吸引偏误显然是不公平的，应该尽量避免。

第一印象错误

我们遇到一个人时，会迅速对这个人的个性特征形成一个整体的看法，以后我们接收到的有关这个人的新信息，就会受到偏向性的第一印象的影响。研究显示，那些履历更吸引人或在招聘测试中得分较高的候选人获得的初步印象更好，因而在整个应聘过程中获得的待遇更好。例如，面试时需要回答的问题更简单，或者受到的礼遇更友好，而这样的待遇使他们能够更加放松并以更积极的情感作为回应。虽说从应聘者的角度看，这项研究证明，第一印象的确很重要，但负责招聘的管理者应该警惕不要让第一印象影响到有关候选人的新信息。

更高效的招聘

更有效地利用证明人

最好的绩效预测指标是员工过去的绩效。在以前的工作中上班常迟到的员工，在未来工作中严格遵守时间规定的可能性很小；在前两份工作中常常与同事发生冲突的员工，你可以预计他在新工作中也会如此。判断题中的观念是相当普遍的做法，却未必正确。候选人过去的工作绩效是他未来工作情况的最好预测指标。谁最了解候选人过去的绩效？答案是证明人。在通常情况下，证明人也就是候选人过去的雇主。证明人或证明信对负责招聘的管理者来说是很有价值的工具，因此不利用这一工具可能是管理者所犯的最大错误之一。

> 判断题
>
> 当管理者准备录用某个候选人时，才给证明人打电话。
>
> □ 对　　　□ 错

管理者能从证明人那儿获得有关候选人的非常关键的信息，因此不应该等到准备录用时才想起来给证明人打电话。当你准备录用一个人时，你已经形成了对这个人的整体印象。我们都存在**确认偏向**，即当我们已经对某人形成正面或负面的印象后，我们会倾向于关注能证明我们最初印象的信息。已经决定录用某人时才对其进行背景调查，会导致对证明人提供的信息的敏感度大为下降。

大多数证明人还是比较委婉的，如果候选人（他们的前员工）有绩效问题，他们会提供一些微妙的暗示，他们在电话中可能停顿很长时间，像背台词一样重复某些说法，或者使用类似于"我相信他在你们公司会做得很好，我们公司要求太高"等婉转的措辞。负责招聘的管理者需要对证明人犹豫谨慎的措辞高度敏感，才能发现有关候选人过去工作绩效的重要信息。

同样出于这个原因，负责招聘的管理者也不应该把对候选人的背景调查工作交给第三方招聘机构或人力资源部门，后者只会把背景调查作为一种走过场的形式，不会在意那些停顿或婉转的措辞，因为如果从中发现问题，只会增加他们的工作量，而招错人是你的问题，不是他们的问题。当然，他们会确认教育背景、资质、工作经历和薪酬等是否属实，但你要对招聘工作负责，所以必须自己与证明人沟通。

许多人对于陌生人（例如候选人的前雇主）是否愿意提供真实的评价表示怀疑，因此很多人是通过私人关系获得工作的。一些非常看重招聘的管理者认识到，招错人可能需要付出巨大代价。但他们认为很难获得候选人以前工作绩效的准确信息，因而不愿招聘陌生人，他们会通过熟人推荐或内部提升等方式来招聘员工。

| 应用 |　从他人那里获得对候选人的真实评价

▼ 警惕确认偏向：在与证明人联系前提醒自己第一印象可能是错误的，招错人的成本会非常高。

▼ 在决定面试哪些人之前就联系证明人。如果候选人不希望其当前的雇主知道他们在找工作，可以联系候选人以前公司的证明人，或候选人相信能帮他们保守在找工作这一秘密的人。

▼ 请证明人描述候选人的行为，而非个性特征。你需要的是准确的描述，而非不妥当的结论。

▼ 提出的问题尽量与候选人能否达成工作目标有关。例如，某某是否有过不如期完成工作的情况？某某是否会加班完成重要的工作？某某是否有不兑现承诺的情况？请证明人给出具体的例子。

▼ 请证明人推荐其他曾与候选人一起工作并能对候选人的绩效做出评价的人。与更多证明人联系，有助于获得更多有关候选人绩效的信息。

▼ 如果候选人拒绝提供证明人信息或不希望你联系多个证明人，那就告知候选人这可能使他失去机会，并让他知道，在决定面试哪些人时，你需要用候选人的证明材料作为过往绩效的参考资料。优秀员工

对你希望了解的情况会很自信，而你也能事前剔除不理想的候选人，以免浪费时间进行面试等。

更有效地利用面试

鉴于上述认知偏误，面试并不能准确预测候选人未来的工作绩效。负责招聘的管理者往往要对候选人的个性、情绪和认知能力迅速做出判断，以发现候选人过去绩效的内因。

> **判断题**
> 面试是挑选员工的最佳方式。
> □ 对   □ 错

一方面，管理者需要根据非常有限的信息做出重要的招聘决策；另一方面，填补职位空缺的压力使管理者希望尽快招聘到人员。综合所有这些因素，在专业的组织行为学专家看来，面试在招聘中的作用非常小，判断题中的观念是错误的。

尽管如此，没有哪个组织会放弃面试，为什么？原因之一是，面试让负责招聘的管理者有机会评估候选人的个性特征——认知能力、责任心、情绪稳定性和积极情感等，因为我们都相信，拥有这些个性特征的候选人的绩效更高，而且更愿意与同事合作。面试也让管理者能评估候选人与工作相关的其他个性特征，如控制自己的情绪并能妥善应对恶意批评的能力。面试有助于澄清一些简历中模糊不清的信息，如工作经历和学历背景等。面试让候选人有机会展示工作样本，这一般适用于工作内容较简单的职位，如测试打字员的打字速度；对于工作内容复杂的职位，管理者可在面试中通过模拟工作样本来评估候选人，如管理者可能会说："请描述最近一次你遇到生气的客户时的情形。"

最后一点，对员工绩效预测指标进行系统性的研究，需要准确的绩效评测，但这种评测在许多人看来太过狭隘。直到近几年，学者才开发出更好的衡量行为的指标，但这些新指标对衡量生产率之类的指标并没有什么用。新指标包括帮助他人、提出建设性意见以及努力在期限内完成工作等。一些关于员工全面绩效指标（包括以上这些新指标在内）的研究显示，面试有助于做出更准确的招聘决定。

　　管理者参加相关的面试官培训有助于改进面试效果，但需要经过很多面试实操，并给他们一些反馈，这样的培训才能起作用。借助从其他渠道获取的信息，并让多个接受过面试官培训的人员一起参与面试也能改善面试效果。

｜应用｜　从面试中获取更准确的信息

◣ 制定准确的岗位描述，并根据岗位描述准备面试问题。

◣ 列出需要讨论的所有话题，以确保面试时不遗漏任何问题。但是最好不要对所有候选人问完全相同的问题。

◣ 面试时做要点记录，这有助于之后对面试情况进行准确的复盘。

◣ 防止通常会出现的面试偏误，如倾向于面试时健谈的候选人，在面试的最初几分钟就做出决定，或者倾向于相貌较好或与自己有较多相似之处的候选人。

　　即使你尽了最大努力，面试也总会有各种偏误。**评估中心**能帮助管理者做好招聘工作。在评估中心，候选人需要完成多项评估测试、团队任务和个人任务，数位受过专业培训的评估人会对候选人完成的所有测试和任务打分。研究显示，评估中心对候选人的评分是很准确的员工绩效和晋升的预测指标，因为评估中心能提供不同情形下候选人的行为样本，对候选人的评估较为全面，因此能防止相似吸引偏误和第一印象错误等认知偏误。然而，建立评估中心成本较高，它需要专业人员来运营，并对评估人进行培训。如果管理者能模仿评估中心最有用的流程，同样能提高预测候选人绩效的准确程度。

｜应用｜　管理者的评估中心速成法

◣ 制定岗位描述。对候选人进行评估前，先确定如何了解候选人是否拥有所需的知识、技能和能力。

▼ 审视你的第一印象。在经过筛选，进入招聘的最后阶段后，审视自己对各候选人的第一印象，以避免犯第一印象错误。

▼ 审视自己是否存在相似吸引偏误，看看进入最后阶段的候选人与自己的相似之处是否与工作相关。

▼ 评估候选人的责任心。这可以通过面试来进行，但有经验的候选人懂得，他们需要在面试中表现出自己干劲十足甚至工作狂倾向，因此通过面试评估责任心可能不那么准确。候选人责任心的最好预测指标是在过去工作中的责任心，这一信息最好通过证明人来获得。

▼ 评估候选人的认知能力。认知能力的最快评估指标是读书时的学习成绩。与候选人讨论工作经历及专业问题也能对候选人的认知能力做出判断，但注意不要把认知能力与健谈混为一谈。

▼ 尽量多请一些人对最后的候选人进行评估。对候选人进行评估的这些人的背景越多样化，你就有越多机会对各人做出的评估进行对比和讨论，效果也越好。这可以通过让不同的评估者与候选人一起就餐或旅行等来完成。所有评估者都应该认真阅读岗位描述，并就如何评估需要的个性特征、知识、技能和能力达成共识。最后，召集所有评估者一起讨论。

▼ 花足够多的时间收集你需要的候选人信息。外表假象在较长时间内（例如进行两天时间的面试，与候选人一起就餐等）都很难维持。来自不同来源的信息越多，招聘到高绩效员工的可能性越大。

吸引最好的员工

经验丰富的管理者都知道，吸引最好的员工的最重要因素是最有吸引力的工作。工作有吸引力的原因包括工作本身有意思、晋升的机会多、工作地点理想及高薪等。有较多候选人让你能够更加挑剔，并更有可能招聘到高绩效员工。但即使是最挑剔的管理者也应该做到公平，并且尊重所有候选人。那些有吸引力的工作，应聘的候选人数以百计、千计，负责招聘的管理者不得不应对无数托关系推荐候选人的情况。对候选人做出迅速有礼的回复应该成为常规制度，这有助于提升组织的公关形象。当然，精明的候选人对一个职位或组织的偏好会很敏感，而认为组织的选拔流程较为公平的候选人接受职位的可能性更大。

要让最好的候选人接受所应聘的职位，需要管理者具备一定的判断力和技巧。一方面，好的候选人会有更多工作机会，你需要吸引他们接受你提供的职位；另一方面，判断题中的

> **判断题**
>
> 招聘员工时应说服候选人接受他们应聘的职位。
>
> □ 对　　　　□ 错

观念只强调让候选人看到职位好的方面，有失偏颇。研究表明，**实际工作预览**让候选人能得到有关所应聘职位的正面及负面的信息，能带来更现实的工作预期、更高的员工绩效和更低的流失率。

如果当面向候选人提供有关职位的正面和负面信息，实际工作预览的正面效果会加强，原因在于，当人们当面得到某个信息，而不是从书面材料中得到它时，人们会更加关注信息，并且更倾向于把这视为诚信的做法。当然，有些候选人在得知有关职位的负面信息后会放弃接受职位，但候选人这时候放弃，你还有其他候选人可以选择，比你雇用了他并对他进行培训之后他才离开的情况要好得多。

| 应用 |　有吸引力但很现实的面试

▼ 千万不要以负面信息开始面试，候选人对此毫无心理准备，会认为你有问题。相关负面信息应该在招聘的后期阶段或接近尾声时呈现。

▼ 准确地描述工作环境，提供适量的负面信息。

▼ 事先准备好你想要提供的信息。问问你自己，如果是你应聘，你希望了解哪些信息。还要问一问，做这项工作的员工通常会抱怨什么。然后再判断一下，这些信息对某位候选人来说是否重要。把这些信息

告知候选人能起到打预防针的效果，以免他们将来从同事那里听说时感到吃惊或失望。

◤ 请在职员工向候选人提供有关职位的正面和负面信息，对候选人来说，他们提供的信息更可靠。让在职员工和候选人面对面交谈最有效果，最好在午餐或晚餐之后进行。

◤ 切记，当你与候选人交谈时，你是在与组织外的人士沟通，因此需要小心，别泄露商业秘密或会对组织造成巨大损害的信息。

招聘高绩效人员是管理者最重要的工作职责之一，却被许多管理者所忽视，因为他们忙于应对各种工作任务。但他们忘记了一点：应对低绩效员工花的时间，比吸引高绩效人员要多得多。在招聘上花的每一分钟都是值得的。

第 4 章

了解工作中的情绪

管理者为什么要担心情绪这种说不清道不明的东西？毕竟，工作就是工作。不过，管理者不可能完全无视情绪的存在。恼怒、嫉妒或怨恨之类的情绪会使人不计得失地做出一些损人不利己的行为，组织的奖惩体系也因此失去应有的作用。人们会有喜欢和不喜欢的人或事，这类情感会让人拒绝接受意见相左的信息。我们在工作场所的行为受到情绪支配的程度，与受理性支配的程度几乎是相同的。如果我们希望了解组织中人们的行为，就不能忽视工作场所中的情绪。很多人对工作场所中的情绪怀有一种担心，因为情绪往往会与不可预测、反应激烈和烦人这样的字眼联系在一起。这种担心衍生出两种极端且低效的反应。

一种反应是，工作场所应该消除所有的情绪，把"喜欢"和"不喜欢"搁到一边。正如判断题中的文字建议的，专业的做法就是像军人那样"向制服敬礼而不是向穿制服的人敬礼"，并且在出现第一丝情绪时就离开。这正是最早的现代组织学派创始人马克斯·韦伯提出的："……官僚机构的'去人性化'程度越高，就越能彻底地消除办公室里的爱、恨，以及所有纯粹个人的、非理性和情绪化的因素。这正是'官僚机构'的特殊属性，也是'官僚机构'的特殊价值所在。"

以下这个判断题中的观念是另一种极端的反应：我们应该花大量时间来讨论和分析情绪。持这一观点的学派认为，我们应该以最大程度的

判断题

不让情绪进办公室。

□ 对　　　　□ 错

尊敬和无限的耐心来接受每个人的情绪、思想和意见。

　　尽管有一些组织采用这两种方法，但两者都不是最优方案。为了表现得专业而抹去人性化的因素，这样的做法在现实中操作性较差。情绪总是存在的，它是我们个性的一部分。有许多图书强调情感的重要性，描述了史上那些伟大的领导者引导他人情

> ──── 判断题 ────
> 员工应该在工作场所表达自己
> 的情绪。
> 　　□　对　　　　□　错

感的案例：富有人格魅力的领导者直接影响和引导追随者的情感，因而获得了非凡成就；那些不讲人情的管理者在组织中获得的成就则很有限。另一观点认为，在工作场所公开讨论情绪的做法基于一种假设，即这是防止情绪影响工作的最好方法。但是讨论情绪并不能控制情绪，而且公开讨论情绪可能引起情绪的传染、情绪被利用以及假装某种情绪。

　　情绪非常重要，它是每个人回答"我是谁"以及"我怎样看待周围的世界"等问题的核心所在，既无法压抑，也不可能消除，因此我们应该理解什么是情绪，它是怎样产生的，以及它会怎样影响组织的工作。情绪对员工的绩效、去留及团队合作态度等都有很大的影响，因此对管理者来说，理解情绪具有巨大的实践价值。

了解情绪

　　在组织中表达情绪是一个复杂的问题。首先，无论我们谈论与否，我们在工作场所有怎样的情绪，其他人都很清楚。我们大部分人不太会掩饰自己的情绪。以色列理工大学哈里·莱文斯菲尔德讲席教授阿纳特·拉菲利（Anat Rafaeli）以及斯坦福大学管理科学与工程学教授罗伯特·萨顿在研究中发现，客户能感知客服人员在工作时的不开心，而当客户感受到这种不开心时，客户会对企业的服务产生不满意。别人能感知我们的情绪并非奇怪的事，我们不都以能感知别人的情绪而自豪吗？

在我们一生中，我们都在解读别人和自己的情绪并做出反应。那么，对于情绪会怎样影响工作场所，我们又了解多少？

在很多情况下，管理者需要管理员工在工作场所表达情绪。其他人能感知我们的情绪，我们的情绪对能感知它的人来说很重要，许多组织的管理者甚至要求员工必须表达某些特定情绪。组织管理者从实践中得出结论：有些岗位的员工如果能表达自己的某些情绪，其工作效率就会更高。例如，企业培训收账人员把表达愤怒作为促使对方付账的一种手段；航空公司培训空乘人员在与乘客打交道时应表现出平静和愉悦的情绪等。这类工作称为**情绪劳动**，要求从业者表现出某种特定情绪，不管他们自身是否的确有这种情绪。长期被要求在工作中始终表现出某种正面情绪而员工本身并没有这种情绪，不仅对员工的身体有害，有时还会导致流失率上升。

影响他人的情绪

许多人认识到管理好情感和情绪的重要性：销售人员以小笑话或小礼物作为开场白，是为了营造更为正面，也更能为对方所接受的气氛和情绪；经验丰富的记者以简单直接的问题开头，是为了让被采访者更放松，回答问题时更自信，因为情绪放松的被采访者会更健谈。我们都会寻求管理自己或别人的情绪，尽管我们未必意识到自己在这么做以及为何要这么做。

我们相信营造某种情绪有助于达成目标，而且我们在工作中也会管理自己或别人的情绪，因为情绪和情感具有"传染性"。管理者的情绪会影响下属，反之亦然。**情绪感染**一直都被视为一种职场工具，这也正是那些直接与客户打交道的员工被要求表现出某种特定情绪的原因。警方审讯员假装恼怒或同情，以便影响犯罪嫌疑人的情绪；销售人员接受表现出正面情绪的培训，以期客户受到这种情绪的感染。许多工作的培训内容都包括表现某种情绪以及避免被负面情绪影响，例如警员、空乘人员和谈判专家等都会接受专业培训，帮助他们不受他人负面情绪的影响。

在某些情况下，即使工作本身不需要表现出某种情绪，人们也会非正式地、下意识地通过感染来营造和维持这种情绪。当我们发现某个同事很焦虑时，我们可能会安慰他，未必因为乐于助人，而是我们不希望自己也感染上这种焦虑情绪。情绪感染也是部门或团队士气形成的原因。但通过情绪感染来操纵他人情绪未必会有结果，因为操纵者的意图和技巧一旦被识破，操纵他人情绪就会失效。

情绪感染是普遍存在的，这意味着我们一直都在与他人进行情绪和情感的沟通，无论我们是否意识到这一点。如果人们在组织中已经能清晰地、积极地表达自己的情绪，那么提倡在工作中讨论各自的情绪意义何在？很多人认为需要更多地讨论情绪，但假如在某个组织中，公开讨论情绪非同寻常，那么硬性要求大家这么做很可能导致焦虑情绪。强烈的情绪，其传染性会使之在参与讨论者中引起更强烈的共鸣。在极端的情况下，一些较为脆弱的参与者可能会难以承受这样的讨论。工作场所不是心理诊疗室，工作场所中的人们为了晋升或获得有吸引力的工作任务而相互竞争，因此在工作场所强制要求员工公开自己的想法和情绪可能导致以下这种情况：有些人可能会恶意表达某种情绪来影响另一些情感脆弱的人。

情商

虽然我们都想解读他人的情绪和情感，但我们的技能参差不齐。解读他人情绪的能力就是现在流行的"情商"。美国新罕布什尔大学心理学教授杰克·梅耶和耶鲁大学心理学教授彼得·沙洛维将情商定义为以下四个方面的能力。

（1）**洞察情绪**：准确判断出自己和他人的情绪以及产生情绪的原因。

（2）**利用情绪**：这种做法可能简单得像利用期限（担心）来激励自己或他人完成任务，也可能更为复杂。例如，大多数处于积极情绪中的员工绩效更好，认识到这一点的员工在开始工作前可以有意识地回想那些能改善自己情绪的事情，以使自己处于积极情绪中。又如，焦虑情绪会让人更仔细、更有系统性，因此告知员工任务的重要性以引起员工特别注意，这样的做法能提高员工对细节的焦虑性关注。

（3）了解情绪：这项技能涉及了解情绪如何相互影响，情绪是如何产生的，以及如何对情绪加以改变等。

（4）管理情绪：这是一种使自己或他人产生某种情绪或强化这种情绪的技能。关于是否仅凭思维就能控制情绪以及一种情绪能否被另一种情绪所改变，一直都存在争论。因此，我们并不知道，通过说服自己进入某种情绪与通过回想过往特定的经历去引发想要的情绪，是否同样有效果。

情商与绩效

对管理者来说，洞察、理解和管理他人情绪似乎是一种重要而有价值的能力，但事实上，情商似乎并非管理效能的可靠指标，这说明以上判断题中的观念不太正确。研究人员对准确干预情绪的能力进行了广泛的研究，发现能准确判断他人情绪的人具备社交能力和同理心，能获得他人的正面评价，能做出更好的投资决策。管理工作需要与人打交道，擅长解读情绪这一能力的确有助于提高管理效能，但这只适用于女性管理者。擅长解读他人情绪的女性管理者，其绩效比那些不具备这一能力的女性管理者要好，但这项能力不是判断男性管理者工作效能的指标。纽约雪城大学惠特曼管理学院管理学教授克里斯汀·拜伦认为，这源于性别角色差异，因为通常来说，人们期望女性对人际关系更为敏感，在解读他人的非语言性行为方面比男性更出色，也就是说，人们期望女性的情商更高（至少在拜伦教授的研究中如此）。

> **判断题**
>
> 成功的管理者都拥有很高的情商。
>
> □ 对　　　　□ 错

但在美国，人们对管理者的期望是果断、坚定而且有行动力，而并非对员工的情绪敏感，这是性别角色差异产生的原因。因而，那些既果决、有行动力又擅长解读他人情绪的女性管理者，会被她们的上司和下属认为比其他女性管理者更高效。

在一些特定行业，管理者利用情绪来更好地进行管理。对有些管理者来说，擅长解读、理解和影响他人情绪的技能似乎能带来更好的绩效。尽管专业地利用情绪来提升绩效已有不短的历史，但对工作场所中情绪的系统研究仍处在初级阶段。

| 应用 | 　了解情绪

提高情商的方法之一，是能更清晰地了解一些工作情绪产生的原因。

▼ **愤怒**。愤怒是对于侮辱性冒犯的一种反应。当我们觉得自己能回击冒犯者时，我们会产生愤怒的情绪，因此愤怒会导致攻击性行为。在工作场所，愤怒情绪是由于受到侮辱性对待而产生的，大多数人会直接对激起愤怒的人表达这种情绪。

▼ **焦虑**。当我们对自己能够生存或发展的信心受到威胁时，我们会产生焦虑。由于我们的工作会定期受到评估，我们可能对自己的工作绩效不确定，因此焦虑是工作场所产生较多的一种情绪。与愤怒不同的是，焦虑不会导致直接的行为，它反映的是一种信心的缺乏和害怕，因而人们很少会向焦虑产生的源头表达这种情绪。如果表达，也是向别人，如同事或家人。

▼ **内疚**。当我们违反某些道德要求时，我们会感到内疚。我们会通过道歉或弥补过失的方式来抵消不良结果。例如，新上任的总监可能正为此苦恼：他必须以组织要求为重采取一些行动，但同时因未能善待同事而内疚。

▼ **羞愧**。当未能达到自己设定的标准时，我们会感到羞愧。内疚与普遍的道德标准有关，而羞愧与个人的要求有关。例如，贪污案中同谋

的财务人员在法庭上作证指控同伙时，他很可能会因背叛了同伴而羞愧，但不一定会因贪污行为本身而内疚。羞愧比内疚更令人痛苦，羞愧的人会隐藏不良行为，或将过错怪罪于他人。

▼ **骄傲**。骄傲是个人或团体的成就带来的喜悦感的强化，它强化了我们的个体价值感，与羞愧相对。所有人都享受骄傲的感觉，因此它常被用作提升绩效的激励工具，但它也容易使人产生优越感而去贬低别人，使别人产生愤怒的情绪。正因如此，大多数国家的文化都不提倡公开表露骄傲感，而是推崇谦逊。

▼ **嫉妒**。这种情绪出现在两个人之间，其中一个人想要得到另一个人的非公平竞争所获。职场中固有的晋升、高薪和职位竞争等都是滋生嫉妒的温床。嫉妒者往往会破坏被嫉妒者的名誉，而且嫉妒者有时还会联合起来这么做。

员工快乐感与组织绩效

有关快乐的员工是否生产力更高的研究持续了几十年，"快乐的员工生产力更高"的理论盛行存在许多原因：工会因此可以宣称，既然如此，应该提高员工的工资以使员工更快乐；人力资源管理专家和学者因此可以既不得罪公司管理层，又对工会表示支持。如果判断题中的观念是正确的，那将是一个多赢的局面。可惜，从"快乐的员工"和"生产力更高的员工"这两个定义来看，这个理论至少不完全正确。

> ┌─ 判断题 ─
> 快乐的员工生产力更高。
> □ 对   □ 错

了解绩效

生产力或任务绩效并不能代表组织对员工的所有绩效要求。关系绩效或情境绩效（contextual performance）是指员工对于他人任务绩效的支持性贡献，包括任何有助于组织达成目标的自愿行为，例如帮助同事在期限内完成工作、主动帮助组织解决意外问题，以及提出建设性意见等。关系绩效对管理工作绩效至关重要，组织对绩效的要求并不局限于被动地完成分配到的工作，而是要求员工努力投入、帮助其他同事，努力解决遇到的所有问题。

许多研究发现，狭义的任务绩效与员工快乐感之间存在很弱的相关度。无论我们相信与否，没有任何证据显示，那些所谓能让员工快乐的方式——加薪、对员工的感受更敏感或营造良好的工作氛围，能够提高员工的生产力。大多数组织提高任务绩效的手段通常包括培训、尽可能多地提供资源、绩效考核激励等，如果所有这些系统性因素运转正常，那么对狭义的任务绩效而言，员工的快乐感并不重要。对关系绩效来说，员工的快乐感非常重要。

积极情绪与绩效

如果我们把任务绩效延伸为包括各种关系绩效的广义绩效时，那么情绪与绩效之间的关联更强一些，但关联程度与快乐感的类型有关。如果将快乐感定义为积极情绪，那么情绪与绩效之间的关联有正负两方面。消极情绪会使人对细节更小心、更关注，因而有助于提升绩效。积极情绪者虽然能在工作中更有创意，但对创意质量的关注不及消极情绪者。原因在于，积极情绪让我们觉得一切都没有问题，因而对质量和细节关注不够，且倾向于依赖模式化的东西或其他简化的策略。在那些需要关注细节、需要细心地尽量避免错误的组织任务中，消极情绪者的绩效会更好。积极情绪是放松的，因此对创意性工作有益处。

积极个性与绩效

在一些专业人士和管理者中，有积极个性的人工作绩效似乎更好。在服务年限较长的员工中，积极情绪对工作绩效更重要，而只有新员工的绩效会受到消极情绪的影响。这似乎讲不通。我们都知道，有积极个性的人具有更多积极情绪，有消极个性的人有更多消极情绪，为什么消极情绪会使人更仔细、更关注细节，而积极个性者有更好的整体绩效？对绩效而言，仔细和关注细节不是很重要吗？

答案可能在于狭义的任务绩效和关系绩效的区别。消极情绪会暗示我们小心各种问题和危险，因而我们会对手头的任务更在意，我们会给自己设定一个完成任务的时间期限，这在某种程度上又使我们产生焦虑性关注。但对时间不够用、需要收集信息及与他人合作的管理者来说，积极情绪更有利，因为这更容易让他人积极地以更多的同理心看待他们。由于积极情绪者往往是令人愉快的伙伴，因此他人更乐意与他们分享信息或以其他方式合作，这种支持和合作有助于提升管理者信息交换和影响力方面的绩效。

工作满意度与绩效

以前的研究将**工作满意度**定义为工作本身及工作经历给员工带来的愉快的程度，包括情绪（愉快）和理性分析（对工作的评价）。不难看出，这样复杂的定义其实很容易产生混淆。幸好被要求评估工作满意度的员工对这些定义并不在意，因而他们对满意、不满意或介于两者之间的选择还是比较可靠的。

工作满意度是一种**态度**，是对工作的积极或消极的情绪，员工对工作本身持有积极或消极态度，也会对工作的其他方面——工资、老板、同事和管理者等持有积极或消极态度，因此对满意度的研究会涉及有关员工态度如何影响其工作中的行为的研究。

工作满意度的确与关系绩效有关，体现在员工更愿意帮助他人，更为他人着想，以及员工更少产生勉强、敷衍了事或酗酒等消极行为。有积极情绪的员工往往更愿意在工作中提供帮助和支持。但工作满意度与狭义的任务绩效没有很强的相关度，这是为什么呢？

情绪导致的行为

虽然我们每个人对工作的各方面都会有不同的情绪和态度，但未必会付诸行动。情绪最终是否会导致行为，取决于我们处在强预期环境中还是处在弱预期环境中。**强预期环境**是指有强烈行为标准预期和激励体系的环境；**弱预期环境**是指没有非常明确行为标准预期的环境。例如，当一名大学生走进教室时，他明确知道应该坐在听课席（而不是讲课席）的位子上，教授讲课时他应该停止与同学交谈，并做出专心听讲的姿态（不管他是否真的专心听讲）。大学教室就是一种强预期环境。

大多数任务绩效所处的环境是强预期环境，因为所有组织都会尽最大努力确保员工清楚地知道组织对他们的工作预期，尽最大努力精心设计问责体系以管理员工绩效。假如组织的绩效管理和激励体系运转正常，员工的情绪、个性或态度就应该不会对任务绩效有很大影响。

但关系绩效更具自发性，且无法预先规定或控制。也就是说，关系绩效往往发生在弱预期环境中，这也就是情绪能更好地预测关系绩效的原因所在。工作满意度不高的员工会对同事工作中的错误视而不见，也不会尽力帮助其他部门的同事。在弱预期环境下，人们的行为所受约束较少，因此受情绪或态度的影响就较大。

缺勤与员工流失

员工缺勤率是情绪和态度影响团队、部门或组织绩效的另一种方式。高缺勤率和员工流失率对组织来说成本很高：其他员工不得不分担缺勤者的工作；在员工流失的情况下，还需要招聘新的人员，并对新员工进行培训。不快乐的员工更倾向于以缺勤或跳槽等方式离开令其不快乐的组织；快乐的员工觉得组织对他们有吸引力，因而其缺勤率或流失率也较低。长期存在缺勤员工的组织不得不聘请临时工，以确保生产力和绩效不受影响，因而增加了成本；员工流失导致的重新招聘会产生极高的成本，这些成本包括寻找合适人选及培训的费用。有很多研究发现，流失率较高的组织利润率都较低，原因并非快乐的员工生产力更高，而是他们较少缺勤和跳槽，这些都为组织绩效做出了直接贡献。

在与员工流失有关的工作态度中，我们了解最多的是**对组织的承诺**（员工对组织的承诺程度），包括**情感承诺**（对组织目标和价值观的承诺）

判断题

承诺度高的员工是好员工。

□　对　　　　□　错

以及**继续承诺**（继续留在组织中的承诺）。两种承诺度都较低的员工更容易缺勤或跳槽，情感承诺度高的员工关系绩效更好。尤其值得注意的是，研究显示，情感承诺能抵消绩效导向体系引起的问题行为。例如，大型企业中对组织情感承诺度较高的销售助理误导潜在客户的可能性较小。对许多国家不同行业的研究都显示，情感承诺度高的员工的绩效较好，即使是临时员工也是如此。所以，判断题中的观念是正确的。

员工不仅对组织有承诺，还有许多其他承诺，对其所在的团队或同事有承诺的员工缺勤率或流失率也较低。对许多员工来说，令人愉快的工作环境比晋升更重要。好的管理者当然会对员工的情绪、态度和承诺度有敏锐而准确的判断。员工对组织、同事、新产品、客户等都会有不同的态度，所有这些态度都会影响到他们的关系绩效、出勤状况以及跳槽决定。

情绪、态度与组织绩效

员工的情绪和态度以两种方式影响组织绩效。第一种方式：关系绩效好的员工经常在工作中帮助同事，提供有用的建议等，因而有助于提升团队、部门或组织的绩效。研究显示，一个团队的平均积极情绪程度越高，团队的任务绩效越好。另一项对不同国家工厂工人的研究表明，工人的工作满意度越高，该工厂的产量和效率也越高。工作满意度高不一定意味着个体员工有好的任务绩效（因为驱动任务绩效的是组织的人才甄选、绩效管理和激励体系），组织绩效也不仅仅是指所有员工的任务绩效之和。员工满意度不一定能提升狭义的员工生产力，但对团队或组织绩效的确有提升作用。

第二种方式：情绪具有传染性。员工的情绪和态度会影响到与之一起工作的其他人，乐意帮助同事的积极情绪会营造出支持性的氛围，提升团队和组织绩效。但这样的积极情绪不一定能保证组织的高绩效。拥有热情、承诺度高的员工的组织也可能因为市场环境变化或技术迭代而失败，关系绩效并不足以拯救每个组织，但对组织有益无害。

哪些因素令员工快乐

哪些因素能让员工对组织、工作、老板及同事产生积极情绪？首先，有积极个性的员工更容易有积极情绪。其次，那些感觉工作能达到自己预期的员工满意度较高；认为工作环境比较公平、工作中有较高自主性、工作内容比较多样化的员工，也容易有积极情绪。只想在岗位上短期工作的员工更容易对工作产生消极情绪，那些希望长期或是无限期留任的员工则恰恰相反。因此，临时性工作会降低员工的满意度。

总的来说，导致员工积极或消极情绪的因素很多，薪酬只是其中之一。高薪确实对留住员工有效，那些高薪但不快乐的员工会因高薪留下，但会影响组织的绩效。这样的员工往往会在组织中传播消极的情绪和态度。

| 应用 |　让员工快乐

大多数有关员工快乐度的研究都基于对快乐的实用性认识，聚焦于员工对当前工作的评估——是否优于其他选择？那么，哪些因素使一份工作比其他选择更有吸引力呢？

▼ 薪水比同类工作高。

▼ 同类工作很少：高失业率行业的员工满意度最高。

▼ 在组织中的层级较高。

▼ 从事具有较高自主性的工作，员工能在工作中充分发挥技术和专长，并且能得到工作反馈。

▼ 工作能提供员工特别看重的某些东西，例如特别看重人际关系的员工能在人际关系和谐的环境中工作，或特别看重高薪的员工得到高薪。

▼ 公平的待遇。

▼ 有积极个性的同事（营造积极的情绪环境）。

恐惧与工作绩效

恐惧这种情绪会导致逃避的欲望，如果无法逃避或至少无法立刻逃避，人们就会产生压力，而压力可能带来各种紊乱。从许多国家和行业的情况来看，一名员工在组织中的层级越低，其压力水平越高，健康状况越糟糕。导致这种情况的原因是工作的**自主性**，一般来说，员工的层级越高，其工作自主性越高。因此，判断题中的观念是正确的。

判断题

压力具有破坏性。

□ 对   □ 错

压力的破坏性可能需要较长的时间才会显现出来，它对我们在组织中的行为有什么影响呢？当我们感觉外界环境对我们的要求超过自己的能力或对生存构成威胁时，我们会产生压力。在组织中遇到的挑战越是从未遇到过，越是模糊不清，越是有难度，时间要求越是高，员工感觉到压力的可能性就越大。而这时，自主性和自我管理感就起作用了。如果员工感到自己对整个局面有足够的控制，能让自己有足够时间来研究遇到的挑战，或有自主性，能绕开问题或把问题踢给别人，那么他承受压力的可能性就会小很多。

　　压力对员工和组织的绩效都会产生负面影响。人处在压力之下时会放弃收集新信息而依赖固有的一些习惯。一项对曼恩峡谷大火[⊖]的研究发现，在压力之下依赖固有习惯导致了不必要的人员牺牲，被困在灌木丛后的消防人员没有对当时的情形进行分析判断。在其他组织中，也能发现类似的"**威胁僵化反应**"，即人处在压力下时，会缩小选择方案的范围，导致做决策时思维僵化。如果仔细、全面的分析和谨慎的决策对工作绩效很重要，压力就会导致绩效的下滑。另外，认知能力强的人（即聪明人）在压力下的绩效会比认知能力弱的人要差一些，也就是说，聪明人只有在低压力的情况下才会如我们所预期的那样取得好的绩效。

　　那么，为什么有许多管理者相信，员工需要危机感或压力，才会取得良好绩效？如果压力具有破坏性，会导致僵化反应和绩效下滑，那么为什么许多管理者会秉持判断题中的观念？可能的解释是：这些管理者从经验中总结出，他们的员工不够聪明，因此压力对这些员工的负面影响较小。或者，有些管理者认为，他们

> ── 判断题 ──
> 员工需要危机感，否则不会有良好绩效。
> □　对　　　□　错

的员工每天面对的工作中的问题都是常规性的，不需要花费很多精力，而人们在压力之下，才会对比较熟悉的工作任务付出更多努力。

| 应用 |　降低员工压力

　　以下方法有助于降低员工的压力水平，提高员工的自主性。

▼ 减少不必要的不确定性。更改绩效考核标准或推迟信息发布等人为制造的不确定性，对激励员工没有任何益处。

▼ 如果不确定性无法避免，一定要做出解释，并告知员工发布进一步信息的时间表。例如，并购交易进行时，被收购企业应及时告知员工

⊖　美国历史上一起非常著名的火灾。

哪些岗位会因并购而被裁减、进一步裁员的流程，以及有关公告发布的时间等。

▼ 加强指导。给予员工有关绩效标准、做法及目标等的明晰指导，然后放手让员工去工作，而不再需要表面性的监督。例如，提高制造业员工自主性的一种方式是，把不同任务的绩效打包到团队绩效里，由团队自行选择团队成员及各自的工作方式。

▼ 与其他人谈论自己遇到的压力状况有助于缓解压力。交谈能有效缓解工作中的压力。

▼ 压力管理计划未必能缓解长期压力，但如果能以更正面、更可控的方式对产生压力的事件或情况进行重新评估和解读，就会有助于缓解当前的压力。

| 案例 |　客户哪里不满意，员工哪里不满意

深圳市芳子美容股份有限公司拥有 57 家直营连锁美容中心、一家皮肤科诊所和两所美容培训学校，是国内规模最大的直营连锁美容企业之一。

有一段时间，芳子美容发现客户有三个不满意：一是，不喜欢芳子美容师的推销；二是，认为项目定价高；三是，觉得服务效果不够好。这三个问题来自同一个源头，即美容行业通行的预付卡机制。正是因为厌烦强行推销，很多顾客不来了；顾客群基数减少了，必须提高定价，才能完成业绩目标；为了把高定价的项目卖出去，美容师只能给予顾客较高的承诺，顾客带着高预期接受服务，往往对服务效果不满意。

同时，员工也有两个不满意：一是，美容师们觉得学习任务太重了，由于不断有新项目引入，她们必须不停地学习新技能，而没有精力和时间将某几项技能学精、学专、学深，工作也没有成就感；二是，她们还

要完成销售任务，琢磨怎么让顾客买卡，而不是怎么专心为顾客服务。

芳子美容决定实施变革：一是砍掉多余的美容项目，为顾客提供明星项目"芳子美容三部曲"；二是改变美容师的薪酬结构，美容师原先的收入主要是"底薪＋卖卡提成"，变革之后，美容师的收入变成了"底薪＋服务提成"。美容师只需专心为客人提供服务，不再承担销售任务。

变革的目的是让美容师更好地为顾客服务，美容师收入没有减少，只是换了一种形式，所以她们欣然接受，工作重心很快转移到做好服务上。由于精简了项目，她们有更多时间研究手法、悉心服务，心理压力和时间压力都小了很多。美容师满意度提高了，服务做得越好，顾客的满意度越高，顾客的到店率就越高，美容师的服务提成也越高，这样一来，就能形成一个良性循环。

但变革也使公司陷入了财务困境。之前公司已卖出 2 亿元的预付卡，美容师的销售提成就是 2000 万元，已经分发，但这 2 亿元的服务并没有兑现，而按照新的制度，顾客每获得一次服务，公司都要再支付给美容师一笔服务提成（又是 2000 万元）。随着美容项目的减少，美容师推销预付卡的动力消失，芳子美容的现金流出现了下滑。有一部分管理人员坚持不住了，黯然离去，十几家状况不佳的门店随后也被关闭。公司创始人之子、总经理龚臣说："在整个变革过程中，我翻来覆去地审视自己的决策，方向是完全正确的。在战略方向上我们没有问题，我相信，让顾客满意，让员工满意，我们就不会倒下。"

变革持续一年多以后，芳子美容举行了一次优惠办卡活动。令人意外的是，这次活动的业绩增长了 200%。老顾客不仅自己踊跃买卡，还劝说亲朋好友一起买。年底优惠活动结束后，芳子美容一下子有了 2000 多万元的现金入账，财务状况得到了改善。

| 应用 |　给管理者的建议

▼ 如果工作需要你长期装出某种情绪，请谨慎对待，这对你的健康

有害。

▼ 正如员工很容易捕捉到管理者的情绪，管理者也很容易发觉员工的情绪。当你对工作心有抱怨时，你是否只盯着老板，而让自己成为沮丧和焦虑的传播源？

▼ 锻炼自己从非语言行为中解读情绪的能力。你手头没事可做，闲坐等待的任何时候都是提高情商的好机会。例如，会议室就是观察别人及理解情绪如何影响他人的好场所。

▼ 如果别人的情绪反应与你的预期不符，花点时间研究原因何在。

▼ 如果在工作中遇到令你不安或沮丧的情况，尽量与别人讨论。但要注意，当你遇到上述情况时，不要随意找个身边的人去谈，切忌交浅言深。

第 5 章

管理绩效

常识和大量研究成果都告诉我们，高绩效组织需要高绩效员工，因此管理者最重要的职责之一就是引导和激励员工取得高绩效。鉴于绩效管理的重要性，指导管理者如何管理绩效的各种建议纷纷涌现，而其中有些建议是相互矛盾的。所幸，我们看到大量研究聚焦于激励、引导和保持组织中员工的高绩效，这些研究在哪些绩效管理工具有效、哪些无效这两个方面提供了有益的指导，并指出了绩效管理中存在的常见陷阱等。本章内容分为四部分：员工积极性、建立问责制、衡量你真正期望的绩效，以及管理绩效评估体系。

员工积极性

　　积极性是我们努力工作的原因，是我们为了目标坚持不懈努力工作的动力，它包括强度（努力程度）、方向（目标是什么）和持续性（维持努力程度的时间）这三个维度。有些管理者担心员工没有积极性，其实不必担心，只要通过分析诊断，并将期望

> **判断题**
>
> 如果没有积极性，员工在工作中会一无所成。
>
> □　对　　　　□　错

理论、自我效能理论、目标设定理论以及归因理论运用到现实工作中，就能让员工有积极性并保持积极性。因此，判断题中的观念是对的。关键在于，要让员工坚信，他们的行为会带来他们期望的东西。

诊断员工积极性

根据期望理论，员工积极性来自员工对下列情况的分析判断：他们可以期待因自己的努力而获得什么成就，努力的成本、收益如何，如何看待可能的成本、收益，等等。在付出努力之前，员工会考虑以下三个问题。

▼ 我要付出的努力，成本、收益如何？我期望从组织获得什么样的奖励（期望理论由此得名）？我能获得提拔，还是能加薪，或者得到老板的看重和欣赏？我需要付出什么？是否需要经常加班、无法与家人共进晚餐？会不会引起同事的不满和嫉妒？换句话说，员工会权衡一个关键问题：我要付出的努力，收益是否超过成本？根据期望理论，如果答案是"否"，员工就不会付出努力，也就是没有积极性。

▼ 我如何看待可能的成本、收益？期望理论强调，无论别人的看法如何，当事人对成本、收益的看法才是最重要的。根据期望理论，如果某人认为期望的收益不值得付出那些成本，他就不会付出努力，也就是没有积极性。

▼ 如果我付出努力，我的绩效有多大可能性能达到为我带来收益的程度？如果员工觉得自己没有足够的能力或资源达成必需的绩效，他就不会付出努力。举例来说，某员工不习惯与人打交道，也不喜欢参加会议，如果他知道这些特质让他很难成为一名优秀的管理者，他就可能做出判断，认为自己成为高效管理者的可能性较低。根据期望理论，他就不会为成为一名管理者而付出努力。

如果员工预判成本高于收益，员工就不会付出努力；如果组织提供的收益不够吸引人（或成本难以接受），员工就不会付出努力；如果员工没有能力或资源把努力变成绩效，员工就不会付出努力。

　　当然，期望理论是高度理性的理论，而我们都知道，人的情感常常会战胜理性。情感会对我们的判断有所影响：具有更多正面情绪的人，更倾向于认为收益对他们有足够的吸引力，他们达成绩效从而获得收益的可能性较高，或者他们有能力和资源去获得收益。事实上，员工是否会做出理性决定并不太重要，重要的是，期望理论在诊断员工积极性方面的确大有帮助。

　　期望理论的核心是：重要的是员工的看法，而不是客观事实。总是会有人错误地评估自己的能力，错误地认为付出的努力未必会获得回报，或者错误地判断需要付出什么样的努力才能获得回报。如果是这样的，管理者就需要让这些人看清他们的期望是不准确的。

｜应用｜　了解积极性方面的问题

　　当其他人（员工、供应商、同事或你的上司）没有做你希望他们做的事情时，可能是积极性方面出了问题。你需要反省一下：为什么他没有积极性？积极性方面的问题需要仔细分析，下列问题能给你一些指导。

▼　对于你希望他做的事情，他是否拥有所需的能力和资源？假如他觉得根本不可能做到，你给他再多的激励或惩罚、威胁都无济于事。如果的确是他认为能力或资源不够，你必须确认他觉得这项任务是可行的，这样才有可能补救。在很多情况下，管理者误把积极性问题诊断为激励问题，因此你要记住先询问他人是否觉得其能力或资源不足。

▼　他是否确实认为收益超过成本？每个人对收益、成本的看法不尽相同。例如，许多人并不认为与同事关系和谐能带来大幅加薪。你认为重要的东西，别人不一定看重，你无法改变这一点。而且，别忘了，与增加一点点金钱相比，许多人更看重自主性。因此，准确的分析应该基于真正了解员工究竟看重什么，并确保把员工看重的东西作为他的激励工具。

▼　付出努力之后真的会有奖励吗？这是一个激励问题：管理者希望员工

有 A 行为，却在奖励 B 行为。你是否存在这样的情况：希望员工有团队合作精神，却只奖励个人工作绩效？此外，有些管理者认为，没有金钱就没有积极性。很多人虽然看重金钱，但金钱并非他们唯一看重的，不同的人看重的东西是不同的。

提升员工自信心

员工对自己的工作绩效没有信心怎么办？判断题中的观念认为，员工之所以没有达成管理者的期望，是因为没有严厉的惩罚措施。根据期望理论，人们一直把积极性问题视为激励问题，而事实上，有些积极性问题

```
┌─────────────────── 判断题 ─┐
│ 员工需要斥责。              │
│   □  对        □  错      │
└───────────────────────────┘
```

与激励问题有关，有些则不然。如果积极性问题的根源在于缺乏自信心，那么诱人的激励工具或严厉的惩罚措施都解决不了问题。

自我效能理论主要涉及员工的自信心。**自我效能**是指一个人自信能够达到期望的绩效，或相信能够避免达不到期望绩效的情况发生。自我效能是行动的关键，因为我们不会去做自己觉得不会成功的事情，因此自我效能对员工绩效至关重要。自我效能高的员工积极性更高，产生的创意更多，投入的努力更大，并且在遇到困难时更能坚持不懈；他们工作更努力，因而完成的工作也更多。自我效能低的员工总是怀疑自我能力，遇到困难就止步不前，并且很容易相信任何努力都是没有意义的。不过，自我效能也有弊端，它也会导致绩效问题：自我效能高的员工可能沉溺于过去的成绩而不再努力工作，或者犯过度自信的错误。自我效能高的人适合创业，许多成功的创业企业家的自我效能比普通人高。总之，自我效能高的人是行动派，也更坚持不懈，因而具有更高的绩效。

如何使员工具有高自我效能？一种方式是运用**加勒提亚效应**，这种方式能够有效提升他人取得高绩效的信心。这个效应的名字来自古希腊

神话故事：传说塞浦路斯国王皮格马利翁雕刻了一座表现他理想中的女性的雕像，取名加勒提亚。他把全部热情和希望放在少女雕像身上，加勒提亚被他的爱所感动而变成了真人。研究人员分别对企业的销售人员新手和资深专业人士做加勒提亚效应实验，结果发现，两组人员的绩效均大幅提升。这证明员工的高自我效能是能够培养的，方法是熟练体验——让不够自信的员工观察那些能熟练完成任务的同事工作，然后说服这些不自信的员工他们也能做到。

| 应用 | 通过培训使员工具有高自我效能

- ▼ 把复杂、高难度的工作分解为容易建立模型的多项小任务，并就各项小任务进行培训。例如，把新管理者的工作分解为招聘高效员工、设定绩效预期、提供绩效反馈、主持会议等，然后分别进行培训。
- ▼ 就基本规则和应对困难的策略进行培训，而不只是照本宣科地解读日常工作内容。
- ▼ 培训时使用各种应用基本规则和应对困难的策略的案例。
- ▼ 所使用的案例应与员工的工作以及可能遇到的挑战相关。
- ▼ 通过克服困难的技能和策略来培养员工的灵活性。
- ▼ 在工作中给员工提供应用所学技能的机会，并评估其有效性。

建立问责制

即便在管理出色的公司中，也会存在员工没有清晰、准确的绩效预期的情况。以下判断题中观念的问题在于，它假定员工非常清楚自己应该怎么做才能获得成功，也就是说，它假定员工有清晰、准确的绩效预期。经验丰富的管理者都知道，即使是最有积极性的员工也会把精力放在只带来短期利益的项目上，放在他们感兴趣的（而非他们应该做的）

工作上，或者放在不那么重要的项目上。如果员工不清楚组织期望他们做什么，他们当然不可能去做组织期望他们做的工作。让员工努力并不难，难的是确保员工在对的项目上努力，而不浪费自己的努力。阐明绩效预期，然后通过问责制持续地管理预期，这是员工绩效管理的重要部分。

> **判断题**
>
> 要招聘对的人，因为他们自带清晰、准确的绩效预期。
>
> □　对　　　　□　错

有各种方式可以让员工承担责任。在小型私人企业中，老板能够持续监督员工工作，可能不需要正式的绩效责任体系，因为所有人都清楚，他们的责任就是让老板高兴。但随着企业的成长，组织结构变得复杂起来，没有人能够监督所有员工，因此企业需要建立分公司、部门、小组和个人的绩效目标和标准，以便每个人都能负起责任。

目标设定

目标设定的理论研究证明了清晰的责任具有的威力。所谓**目标**，是指行为要达到的目的（而不是行为本身）。例如，"在本年度把外科手术中的导管感染率降低 80%"就是一个绩效目标；"可移动无菌医疗器械放置在外科护士站附近"是行为而不是目标，它是实现降低感染率的一个途径。作为让员工承担责任的一种方式，目标设定能有效激励员工并引导其努力的方向，但管理者必须小心管理，以避免出乎预料的后果。

根据目标设定理论，与设定容易的绩效目标或仅仅让员工"尽力而为"相比，设定具体而且有难度的绩效目标，效果要好得多。研究表明，设定具体而且有难度的绩效目标能让不同岗位的员工（从简单的操作工到研发人员）提高工作绩效，也有助于激发员工以创新的方式达成目标。与个性和积极性相比，目标能更好地预测高绩效。也许让某些读者吃惊的是，不管是否有金钱作为激励工具，具体而且有难度的目标都有效果。原因何在？原因就在于，当我们把一个目标视为自己的目标并且觉得能够达成时，达成目标本身就成为一种心理上的奖励——我们会因达成目标而获得满足感，尤其是有难度的目标。目标设定之所以起作用，是因为目标把我们的注意力和努力导向与目标相关的行动，目标赋予我们能量，使我们更加坚持不懈。

需要强调的是，只有当员工把设定的目标视为自己的目标，并且相信这个目标是可达成的时，目标设定才有效果。由于目标通常是由管理者设定的，员工不一定会把它视为自己的目标，因此管理者必须确保员工的绩效目标能被员工接受，而且员工愿意为达成这个目标付出努力。如果能做到这一点，目标设定就会对绩效问责和组织控制形成有力的支持。

要让员工愿意为具体而且有难度的目标付出努力并不难。员工在接受任务时，期望对任务绩效承担责任，期望有清晰的目标。了解明确的目标并且知道自己能够达成目标，有助于员工避免受挫感和焦虑情绪。员工乐意接受清晰的绩效目标，因为这能保护他们免受主观、多变的要求所产生的负面影响。有具体的任务目标，会让员工感觉自己更像专业人士，而不是任人驱使的仆人。总之，目标设定能调动员工的积极性，但也有前提条件，而且那些曾在设定目标上经受过挫折的员工很难再接受这种方式，或者不再会为达成设定的目标而付出努力。

在目标设定上管理不当的一种表现是**不断提高目标**，即每个绩效目标达成后，会提高下一阶段的目标。有些管理者之所以这样做，是因为他们知道目标定得越高，绩效就越高。这种情况的确会有，但有一个前提，那就是员工清楚认识到下面这一点：因为最终绩效目标不确定，所以管理者只能通过设定难度一点点提高的一系列目标来获得更多信息，以使目标设定更现实。但是，如果设定不断提高的目标基于管理者的主观臆想，那就等于向员工传达这样一个信息：达成目标会受到惩罚，惩罚就是提高绩效带来的压力。多年的研究一直表明，当员工知道管理者会不断提高绩效目标时，他们会合谋降低工作绩效，以避免绩效目标被

提高带来的压力。员工并不是笨蛋，如果管理者不断提高绩效目标，他
们就会把绩效控制在目标附近而非目标之上。这样的管理行为不仅会破
坏员工对管理者的信任感，也会降低员工的情境绩效。

目标设定能在很大程度上调动积极性，因此你必须非常谨慎地把你
真正想要奖励的绩效设为目标。在实践中，要做到这一点难度颇大，原
因如下。

- ▼ 在员工具备必需的技能时，目标设定才有效。如果员工觉得自己
  无法达成目标，那么由此带来的压力具有破坏性。
- ▼ 目标之间存在矛盾导致的后果可能比没有目标更糟糕。许多政府
  机构会面临矛盾的目标，例如海关必须阻止非法物品进入，但这
  会降低物品入关的速度，这在日益全球化的经济中代价很高，因
  为海关必须达成这两个互相矛盾的目标。与许多政府机构一样，
  海关面临来自这两个目标的跷跷板式的压力。在很多情况下，这
  种绩效要求本身自相矛盾的问题，被误读为员工不够努力或能力
  有问题。
- ▼ 在某些组织中，只有那些绩效容易衡量的工作才设有目标，这导
  致员工对其他重要的关键任务关注不够。
- ▼ 许多研究表明，假如目标难度太大，员工可能会撒谎或做出其
  他不道德的事情。当员工需要对自己根本不可能达成的绩效承担
  责任时，他可能会尽可能掩盖问题、误导潜在客户以诱使其购买
  等，而置组织的声誉和长期绩效于不顾。
- ▼ 并非任何情况都适合提前设定具体的目标。在遇到复杂的新任务
  时，设定具体而且有难度的目标会导致员工产生绩效焦虑，原因
  就在于，目标设定的关键是明确阐述希望员工达成的绩效，不确
  定性会使目标设定不具可持续性。

因此，在遇到下列情况时，设定具体而且有难度的目标，其结果反

而会比没有目标更糟：任务的各个目标之间存在矛盾、任务难度太大，以及任务需要临时性决策等。设定目标的好处在于，它能将员工关注的焦点引导到达成目标所需的行为上，因此如果目标没有把优先级高的所有任务都包括在内，那么员工对没有包括在内的任务就不会有足够的关注度。设定目标是澄清预期和明确责任的方法，但并不适用于所有工作。

| 应用 |　设定清晰的目标

▼ 首先，想清楚你需要员工承担哪些责任。如果你需要员工对你时常变化的要求和指示迅速做出反馈，那么设定具体的绩效目标只会浪费时间，并影响他们对你的信任。

▼ 把任何目标、任务、已取得的成绩和活动都记录下来，这有助于进行清晰的沟通、增进理解以及明确责任。

▼ 让员工承担责任的东西，从绩效上来说应该是看得到、能衡量而且至关重要的。

▼ 如果有职责描述，那就以此作为问责的基础。先想清楚，每一个责任的良好绩效应该是怎样的。例如，"积极主动"的良好绩效是怎样的，员工应该怎么做才是"积极主动"？在"积极主动"方面很差的绩效又是怎样的？设定的目标越具体、越清晰，建立责任就越容易。

▼ 请其他专业人士提供帮助，以确保没有遗漏任何关键的责任。

▼ 目标设定后，定期与每名员工讨论绩效。记住：问责就是让每名员工都承担责任。管理出色的组织总是定期回顾绩效，以审视是否设定了具体目标，这样的回顾还提供了机会，让管理者与员工讨论设定的绩效目标是否需要调整，并讨论如何克服当前遇到的困难。

有反馈的问责制

我们都知道，基本归因错误是指，我们在评价自己的行为时，更倾向于强调外部环境因素；在评价他人的行为时，则更倾向于强调个人因素。因此，一点都不奇怪的是，许多管理者认为，员工对自己绩效的看法与他们是一样的。那些负责绩效反馈工作的人可能希望，绩效较差的员工了解绩效问题出在哪里；管理者可能希望，判断题中的观念是正确的，但事实上，这个观念基本上是错误

> **判断题**
>
> 当自己的绩效较差时，员工通常知道。
>
> □ 对　　　　□ 错

的。大多数人的自我评价都偏正面。例如，多项研究发现，超过 80% 的员工认为自己的绩效高于平均水平，而在受过高等教育的员工（如科学家和工程师等）中，这个比例更是达到 90% 以上；有 1/3 的员工对自我的绩效评价偏高。而且，很少有员工认为，他们在绩效上得到了详细反馈。这些研究结果都表明，我们不应该假定员工对自己的绩效有准确的认识。这个问题不仅会阻碍员工发挥最大潜能，阻碍组织获得最佳绩效，而且对那些错误地认为自己工作做得不错却没有机会改进的员工而言是一种伤害。

　　管理者应确保目标明确，并提供清晰的反馈，让员工知道应该如何改进工作。反馈是对行为结果的认知，是有关绩效良好还是需要改进的信息。没有反馈，就不可能改进。许多研究结果显示，具体而清晰的绩效反馈能提升员工以后的工作绩效，同时，那些积极寻求反馈（特别是负面反馈）的员工，工作绩效会更高。对于那些职责不是非常明确的开放性管理工作，寻求绩效反馈尤其重要。清晰的绩效目标并非一蹴而就，良好的工作绩效依赖于经常性的反馈以及后续的改进行为。

　　既然员工绩效对组织绩效至关重要，而准确的反馈又能提升绩效，那为什么会有这么多员工没有获得所需的反馈呢？归因理论能解释这一点。根据该理论，当人们问为什么时，我们能借助他们自己的回答来预测他们接下来的行为。绩效为什么不尽如人意？要看我们把它归因于员工本身（内因）还是员工所处的环境（外因）。质量管理大师爱德华·戴

明最大的贡献之一就是提出了以下观点：绩效评估者只强调内因，而不关注设备缺乏、信息不充足或培训不到位等外因，这是有失偏颇的。退一步说，即便是由内因引起，那也要弄清员工的绩效不佳是暂时性的还是持续性的。如果是暂时性的，可以再做观察；如果是持续性的，则需要进行管理。

导致绩效欠佳的原因不同，管理者所需采取的行动也应有所不同。管理者与员工针对导致绩效问题的原因进行面对面的谈话，讨论如何解决问题，这样得到的绩效反馈才会有效。不过，在寻找原因方面，无论是管理者还是员工，都很难做到完全客观。员工倾向于把欠佳的绩效归因于不可控的外因，管理者则倾向于将之归因于可控的内因，因此我们常常会发现，员工对管理者给予的绩效反馈持不同意见。上司的正面评估意见对下属太重要了，因此下属有时只顾表达自己对绩效的看法，而没有倾听上司的分析。

出于以上所有原因，就欠佳的绩效与员工进行谈话对管理者来说是一件令人头疼的事，因而许多管理者尽量避免向员工提供坦诚的绩效反馈；他们给予的反馈听起来更正面，而对于某些在其他方面表现不错的员工，他们索性放弃给予真实的绩效反馈。有关管理者不提供绩效反馈的原因，人们有各种猜测。一个普遍的看法是，许多管理者认为，这么做的收益小于成本。如果管理者对于自己提供反馈的能力或员工改进绩效没有自信心，那么与员工进行充满敌意而且痛苦的谈话，并导致员工产生怨恨情绪，的确毫无意义可言。

员工把绩效问题归咎于外在不可控原因，管理者则把问题归因于员工本身，因而不提供绩效反馈，或者即使提供反馈也无助于绩效提升，结果是组织绩效受损，员工士气受挫。管理者该怎么办呢？最好的方法是，管理者提高给予绩效反馈的技能和自信心。

研究表明，与绩效反馈导致员工的敌意行为相比，管理者不知道应该如何提供绩效反馈从而使员工绩效进一步恶化的情况更多。下列建议有助于管理者向那些心怀戒备或抵触的员工提供必要的绩效反馈。

| 应用 |　给予有效的绩效反馈

▼ 反馈尽量基于客观的信息，例如周生产报告、月度收入或客户投诉等，并以如何改善这些数字的讨论和建议代替其他可能被视为批评的意见。

▼ 谈论具体的行为，而不要讨论个性。尽量说事实。

▼ 不要用屈尊俯就的语言或语气。

▼ 谈论行为的后果，例如"你这么做（描述具体行为），结果可能会是（描述会给组织带来的负面影响）……"

▼ 当你与员工就负面后果达成一致看法后，开始与员工讨论如何解决问题，例如"那我们要如何防止……"

▼ 如果员工不同意自己有你描述的行为，那就等待这一行为再次出现时再谈。不要试图说服员工。

▼ 如果员工不认为你描述的行为有什么问题，那么他们就不会改变行为，你要么容忍不良行为的存在，要么请员工离职。

▼ 如果员工承认自己有你描述的行为，但不认为会出现你分析的负面影响，你应该这样做：当负面影响是对员工个人的时，员工有抵触心理说明他的行为不会有所改变，你要么容忍不良行为的存在，要么请员工离职；当负面影响是对其他人或组织的时，问题就比较严重了，你可以直接考虑请员工离职。

▼ 如果员工在谈话期间情绪很激动，请尝试以下方法。如果员工愿意说，那就让他把想法都说出来，然后再来解决问题。不要以理性的分析打断情绪激动的员工，那只会让他们更情绪化。如果员工哭了，递张纸巾给他，等他哭完再解决问题。任何重要谈话都不应该因为有人哭泣而中断。对那些需要很长时间来控制自己情绪的员工，正式与他定好时间，第二天再谈。不要放弃，不要让情绪爆发成为逃避责任的借口。许多员工在花了一整天时间来消化坏消息后，都做好了讨论绩

效问题的心理准备。

▼ 一定要有后续措施，称赞有改进的员工，对毫无改进的员工采取必要的措施。

▼ 对于那些经验丰富、清楚地知道自己应该怎么做的员工，不必机械地给予反馈，而应该花时间跟他们一起解决问题，讨论未来的计划。

|案例|　绩效"帮扶制度"

德国卡尔蔡司集团是全球视光学和光电子工业领域中的知名跨国公司。卡尔蔡司光学是该集团的事业部之一，是全球视光学行业的领导者。卡尔蔡司光学（中国）有限公司（以下简称蔡司中国）是卡尔蔡司光学的全资子公司。

蔡司中国实施绩效管理的精益化，绩效辅导是精益化管理的四大环节[⊖]之一。基层员工在操作技能以及团队配合等方面的表现会直接影响 KPI（关键绩效指标）达成情况，为了在日常工作中实时指导员工提升技能，使之在各方面有所成长，蔡司中国全面实施"帮扶制度"：员工进入公司后，会根据工作时间和所掌握的技能由新员工逐级晋升到入门级、成长级、熟练级，直至大师级。熟练级和大师级员工可以自愿担任 2～4 名低级别员工的导师，帮助他们尽快提升操作技能等各方面的能力。

这个帮扶制度是一个员工自发项目，为了确保最终效果，师徒关系一旦确定，就会由所在班组的领班为他们制订帮扶计划，列明辅导项目和完成时限，届时由培训员考核。徒弟通过考核能拿到相关操作技能的上岗证，这样一项项技能累积下来，总有一日徒弟也能晋升到大师级。另外，为了刺激导师的积极性，新的绩效管理体系将帮扶数量等指标直接与奖金挂钩，导师不仅能拿到丰厚的物质奖励，帮扶的经历还将成为其日后晋升到管理岗位（如领班、培训员）的重要依据。

⊖　另外三个环节分别是绩效计划、绩效评估和绩效激励。

通过帮扶制度，熟练级和大师级员工数量已经占到蔡司中国一线员工总数的近 60%，这是实现持续改善的基础，并且增强了工厂应对员工离职等突发状况的能力。蔡司中国的帮扶制度不仅给予员工有效的绩效反馈，而且帮助员工不断提升绩效。

衡量你真正期望的绩效

我们都知道，被评估的东西在驱动绩效方面很有效果，但问题在于，制定衡量绩效的标准并不容易。在现实中，完美的绩效衡量标准几乎是不存在的。假如存在完美的绩效衡量标准，组织就不必聘请全职员工，只需雇用临时工就行了。因此，判断题中的观念只是一种不现实的愿望而已。我们之所以聘请全职员工，是因

> **判断题**
> 精准评估员工绩效，只需要一个更好的绩效衡量体系。
> □ 对　　　　□ 错

为我们无法事先精确地衡量我们究竟期望员工达成什么样的绩效，而且我们总是依赖员工的情境绩效，但我们又希望员工清晰地了解绩效预期，这样才能实施问责制。如果我们能够避免下列衡量绩效的障碍，或许就能走出上述困境。

衡量质量

衡量绩效的第一大挑战是，那些容易衡量或者能够衡量的行为和绩效，往往并不是我们最想要的。如果忽视组织最需要的绩效，而只衡量容易衡量的绩效，就会导致**目标错置**，严重影响组织的绩效。目标错置的形式之一是只关注**量方面的绩效**（如销量、任务期限、利润目标等），因为这类绩效容易衡量。对于大多数工作而言，这些结果都很重要，也需要衡量，但只关注这类绩效就无法全面了解工作绩效，因为这类绩效无法反映**质方面的绩效**。销量很重要，但如果是把下个月或下个季度的

订单前移带来的销量呢？任务期限很重要，但如果是为了交差而敷衍了事呢？利润目标很重要，但操纵利润对组织声誉的损害太过巨大。如果绩效出色的定义只是达成一系列数字目标，那么为了达成自己的目标，员工不会帮助客户和同事，也不会解决遇到的问题，也就是说，毫无情境绩效可言。

目标错置的问题，可通过同时衡量质方面的绩效以及情境绩效来避免。例如，销售人员的绩效标准可以包含接听客户电话数以及客户评估等。但是，对质量和行为的评估几乎无法像量的衡量标准那样可以具体说明，对工作质量以及员工努力程度的考评常常需要借助主观判断，因而需要解释，也会出现不同看法。这意味着，这类衡量标准是有争议的，不可能完全让每个人都满意。而且，这样的标准会使绩效管理变得更为复杂，而绩效管理越复杂，就越难获得清晰的预期结果。但是，如果质量绩效确实很重要，那么损失一点激励作用无论如何都优于激励错误的行为。总之，不存在完美的工作绩效衡量体系，认识到这一点至关重要。

| 应用 |　对质量绩效负责

▼ 用分析质量问题的方法制定绩效衡量标准：利用流程图和因果图示找出浪费性的工作、资源冲突和改进的方法。

▼ 面对任何绩效问题都应该先审视系统设计是否存在问题，而不应急于责备个人。

▼ 情境绩效应作为工作绩效不可或缺的一部分，应找出情境绩效的范例，并在绩效回顾时加以讨论。

▼ 员工应该有提出改进质量和设定量化绩效目标的建议的责任。

| 案例 |　卖卡 vs. 卖服务

第 4 章中有关芳子美容的案例"客户哪里不满意，员工哪里不满意"，也是很典型的关于绩效衡量标准的案例。对于一家美容服务企业来说，你所期望的美容师绩效究竟是什么？

长期以来，强行推销是美容行业普遍存在的痼疾，多数美容院给每名美容师分配了卖卡任务指标，并且采用卖卡至少提成 10% 的激励方式。在这两项举措的驱动下，美容师会不遗余力地向顾客推销各种预付卡，令顾客不胜其扰，最后干脆逃之夭夭，少来或不来美容院。而且，为了多卖卡，美容师难免会过度承诺或者夸大服务效果，导致顾客期望值过高。在服务过程中，美容师又因为将注意力放在卖卡上，很难尽心为顾客服务，服务水准大大降低，进一步拉大了顾客期望与实际服务之间的差距。此外，还有退卡的问题。顾客为预付卡支付了现金，一旦美容院经营不善，出现倒闭或者"跑路"，顾客多半很难收回预付卡里的现金。相关新闻经常见诸报端，令顾客对美容行业越来越缺乏信任。

显然，当美容师们忙于推销卡而没有时间和精力提高手艺及服务水平时，顾客会因为不满意而流失；反之，当服务导向的绩效衡量标准驱动美容师们研究技术和提高服务水平时，客户满意度自然会上升，客流量自然会增加，尽管这可能需要花一些时间。

衡量创新

专注于容易衡量的行为和绩效，会影响组织的创新。设定具体而且有难度的目标有助于员工达成这些目标，但创新的本质是不可预测，无法让人对目标负有责任。目标问责制会带来很大的评估压力，而这种压力会使员工减少试验性的工作，最终导致创新减少。在现实中，组织提倡员工创新，但从来不对创新进行衡量。几年前，美国银行推出了一个鼓励员工在新产品和客户服务方面进行创新的项目，但由于员工绩效考核仍以传统的新增客户数等为标准，结果可想而知——几乎没有获得什么创新。美国银行鼓励创新最后遭遇失败，这样的例子太多了，由于创新无法事先确定具体的目标和衡量标准，因而容易被绩效管理体系排除在外。很多组织都提倡创新，但只评估容易衡量的绩效，因此员工不可能有创新。研究结果表明，包含多重绩效衡量标准（包括创新等）的管理体系，其评估压力较低，因而不会影响员工创新。

最重要的绩效会随时间而改变

所有组织都面临变革压力，以应对客户、竞争对手、市场或监管政策的变化，而变革会持续影响现有的员工问责制体系。正如沃顿商学院管理学教授马歇尔·迈耶的**"绩效悖论"**所指出的，所有的绩效衡量体系都会过时。迈耶教授对各类企业、社会服务机构和体育机构进行了研究。他发现，一旦一个绩效衡量标准被采用，员工就会尽力提高组织衡量的那个绩效。经过一段时间后，员工要么学会了如何提高组织衡量的绩效，要么因绩效不佳而被淘汰。也就是说，绝大多数员工的绩效都不错，因此这个衡量标准就失去了区别员工绩效的能力。这意味着，绩效衡量标准会失去其有效性。这个不可避免的过程，会导致组织不断增加新的衡量标准，以便区别员工的绩效。

我们常常会看到一些奇怪而复杂的绩效衡量体系，其原因正在于"绩效悖论"：评估者总是试图找出绩效更优者，而被评估者总是努力提高被评估的绩效，随着时间的推移，绩效衡量体系就会变得极为复杂，维护成本也会越来越高；用以区别员工绩效的衡量标准越多，过时问题就越严重。这种衡量标准不断增多的情形，其实是"绩效悖论"指出的外部因素造成的，却常常被误认为是绩效评估者的个人因素造成的，而这种误解的结果是，在员工绩效并没有太大区别的情况下，以人为方式对之加以区别。例如，事先设定高绩效者和低绩效者分布的比例等。员工和进行绩效评估的管理者都批评这样的人力资源政策，认为这是专制的、不公平的。因忽视绩效衡量标准会过时而使用强制绩效分布法，这种做法太普遍了，相比这种方式，增加更多可靠的衡量标准要公平得多。

同样不可避免的是，现有的绩效评估体系会影响组织为应对外界变化所做的变革，而且现有的体系越详尽，目标越具体，影响变革的可能性就越大；现有的体系越复杂，每个人对变革的抵抗性也越强。变革后较为公平的新职责，其绩效衡量标准是什么？员工需要在这些新措施上耗费多少精力？员工是否会担心在新的未知体系中，他们的利益会受到影响？新的绩效衡量体系尚未经过正确地调整，它是否公平？而且，重新设计新的绩效衡量体系，会占用管理者和员工不少时间，可能会影响他们的正常工作。因此，实施变革的组织需要将员工问责制体系的变革也纳入整个计划之中，包括管理者重新设计员工问责制体系需要花的时间。

管理绩效评估体系

在正式的绩效评估体系之下，管理者需要把对员工的绩效评估写成书面报告，载入员工的个人档案中，并与员工当面就绩效进行讨论。绩效评

> **判断题**
>
> 绩效评估毫无用处。
>
> □ 对　　　　□ 错

估体系对各种个人特质、行为或绩效特征进行分级（例如，5 分 = 绩效优秀，4 分 = 绩效超过期望值，3 分 = 绩效达到期望值，等等）；绩效评估体系也包含职位的绩效目标，以文字方式描述员工是否达到了目标。

绩效评估体系的三个目的：①管理者不得不记录每个员工的绩效，并以此作为加薪、晋升或终止合同的依据；②确保至少每年会有一次绩效反馈，以及对员工提升绩效的辅导；③让员工看到他们的未来前景。由于绩效评估体系存在这样或那样的问题，因此有人提出了判断题中的观念，但绩效评估体系对绩效反馈和明确预期还是很有用处的。

许多管理者害怕做绩效评估，但又不得不做，这就意味着绩效评估这件事很可能做得不那么理想。因此，一些管理者索性变相取消了绩效评估——如果需要填写正式的评估表，管理者就会发邮件给员工，并要

求他们签字；如果需要面对面的交谈，管理者就会当面把评估表交给员工，其肢体语言明显表达出"交谈就免了吧"的意思。另外，由于管理者和员工对绩效评估抱有焦虑与恐惧心理，在做晋升决策时，很少有组织会真正回顾绩效评估结果。许多研究人员对绩效评估做了大量调研，提供了许多有益的建议。以下是一些总结。

评估的准确性

众所周知，绩效评估的准确度很低，大量研究证明了这一点。与管理者有更多相似点（如价值观、工作经历、年龄、种族或性别等）的员工获得的绩效评估等级较高，其他影响评估准确性的因素包括：有经验的管理者倾向于将绩效问题归咎于外在因素，而新管理者更倾向于将之归咎于员工因素；无论管理者是否精明，都会出现评估不准确的问题。但是研究也发现，如果管理者认为他人的个性和能力都具有灵活性而且容易改变，那么他所做的绩效评估的准确性相对较高。为了提高评估准确性，组织做出了一些努力，如设计出更具描述性的评估表或者开展更多评估培训，但这些努力其实都无济于事。鉴于绩效评估的准确性问题，难怪那么多组织在做人事晋升等决策时不会参考绩效评估。

更有效地利用绩效评估

绩效评估到底有多大用处，这取决于人们如何使用它。如果它根本不被使用，那么最终结果就是绩效评估的消失。如果它必须被用于加薪或提拔等决策，那么根据"绩效悖论"，员工会尽最大努力来改进绩效，进而导致评估指标不断增加，直至最终在区别员工方面失去作用。

但绩效评估对管理者和员工还是有用处的：在制定员工职业发展规划时，它能在明确预期和绩效反馈方面发挥作用；如果用作解决绩效问题的讨论资料，它能让管理者了解员工需要什么，也能让员工更清楚地理解管理者对自己的绩效预期。因此，绩效评估方面的大部分问题，其根源在于它被用来区别员工，而如果绩效评估被用来支持问责制和解决问题，那么它就是有益的。这就引出一个问题：我们一定要对员工进行比较吗？

把员工绩效变成数字

组织通常通过给员工的绩效打分来比较他们。只关注给每个员工打分，然后进行排序的做法大大降低了绩效评估的准确性，也难以提升员工绩效。组织的确需要对员工做出判断和比较，但把复杂的工作变成一个简单的数字，甚至进行绩效排名，只会使绩效评估不准确，使绩效反馈更困难。这样的数字既不能反映绩效预期，也对绩效反馈毫无帮助，因而对改进员工绩效没有益处。最后，这些数字怎么去反映员工的工作？有些员工的绩效很容易衡量，有些员工的绩效则不然。这种做法只会使那些排名靠后的员工失去动力，使管理者背上排名不合理的负担，并且要向愤怒的员工就排名做出合理解释。这种做法也使改进绩效的讨论无法进行，因为员工只会关心数字，会试图通过游说或拍马屁等方式让自己的数字更好看。这种做法实质是对绩效问责制的误解。

自我评估

不幸的是，增加员工自我评估并不能提高绩效评估的准确性，或者更有利于绩效反馈。自我评估有许多缺陷，因此判断题中的观念是错误的。自我评估比绩效评估更不准确，因为许多员工对自己的绩效估计过高。让员工自我评估会让他们左右为

> **判断题**
>
> 让员工进行自我评估能使绩效评估更加民主。
>
> □ 对　　　　□ 错

难：他们是应该把自己的绩效评估得比真实看法低一点以示谦虚，还是应该评估得与真实看法一致或更高一点但有可能显得比较不客观呢？比自我评估更糟糕的是同事互评，如果同事互评分较低，就会导致员工满

意度和团队凝聚力大幅降低，甚至在未来的互评中报复性压低其他同事的评分。但这并不代表要求员工审视自己的绩效毫无用处。当自我评估用于绩效反馈时，它能帮助管理者了解员工的自我看法，这完全不同于要求员工或同事给绩效打一个分数。

绩效评估不准确，把员工绩效变成简单数字的做法有误导性，自我评估或同事互评也问题多多，那么我们该怎么做呢？确保员工对绩效负责，要求管理者每年与员工讨论一次绩效，这些都对支持绩效问责制、提高组织绩效有利。强调明晰的预期，明确应负的责任并给予描述性反馈，则有助于进行绩效讨论。只有当员工能够发表自己的看法，并且感觉绩效讨论的重点与工作相关，或者他们有机会谈论具体的绩效改进计划时，绩效评估才会真正有效。

| 应用 |　让绩效评估体系变得有效

▼ 如果绩效评估体系中有像"开发领导力"这样含糊的要求，那么要用具体的行为来定义这些要求。例如，"开发领导力"可以定义为：定期与下属开会，讨论他们的工作对公司战略的贡献，等等。把这类含糊要求的解释性定义以书面形式尽早发给那些需要你做出评估的员工。

▼ 如果绩效评估体系中只有目标，那就要以具体的行为来描述如何达成这些目标，可以举一些关系绩效的例子。把这些描述以书面形式尽早发那些给需要你做出评估的员工。

▼ 如果你所在的组织没有绩效评估体系，可通过具体的绩效预期进行年度回顾。你不需要表格，可以通过团队讨论来建立绩效预期，然后把这些预期以书面形式尽早发给那些需要你做出评估的员工。

▼ 在开评估会之前，发邮件通知会议时间，将上述书面的预期作为邮件附件，并要求员工准备好讨论各自将如何达到绩效预期。

▼ 为评估会做准备：列出一个清单，说明达到评估标准的具体行动；

准备一个"事件文档"，记录一整年里每个下属不同时段完成工作的具体情况。这个文档有助于避免只看到近期情况，员工也会很欣赏你记得他们绩效的具体情况，因为这说明你看重他们所做的工作。

▼ 开评估会时，让员工对照每条评估标准描述自己的绩效情况。如果你同意员工自己的评估，可以从"事件文档"中找一两个事例补充一下，把更多时间用来解决问题以及制订未来的工作计划。

▼ 拿出适当的时间去谈论每名员工整体绩效的具体细节。例如，如果一名员工绩效非常出色，可以多花点时间谈谈他工作出色的具体例子，不要随便地说两句"绩效出色"之类的话，却把大部分时间用在谈论他的问题上。

▼ 如果不同意员工对绩效问题的看法，你就尽可能以描述性而非评论性的语言具体地说出自己的分析和看法。如果员工不同意你的看法，那么你们的看法不同才是需要解决的问题。

▼ 以谈论已取得的成绩作为会议的开头和结尾。

▼ 绝对不能在会议期间把完整的评估文件发给员工，那会让员工觉得你其实已经做好了评估，讨论只是走过场而已。在会议后的一星期内，把书面评估报告和书面形式的绩效预期一起交给员工，让他们签字。如果你所在的组织没有正式的绩效评估表，那就把会上讨论的概要和修改过的绩效预期以书面形式发给员工，并保留一份备用。

▼ 绝对不要把员工的绩效简化成一些数字，除非你所在的组织要求一定要这么做。这些数字唯一的用途就是对员工进行比较，没有人喜欢被打分。不要让这些无谓的数字毁了绩效讨论。

▼ 如果你不得不给员工绩效打分，那就确保你能做出合理解释，并能管理那些没有得到最高分的员工产生的失望情绪。你不要希望员工能理解，他们的绩效不错，只不过不是最出色的，几乎没有员工会这么认为，即便比较现实的员工也希望得到最高分。

▼ 绩效反馈讨论要有具体的后续行动计划，其中包括对绩效预期的调整。

| 案例 |　用数字技术提升绩效考核的效率

　　进行绩效考核需要投入人力和物力，企业会考量绩效考核的投入产出比，既希望达到激励员工完成绩效的目的，又希望控制考核成本。当企业觉得考核流程太烦琐，投入的成本超过考核本身带来的价值时，它就会简化考核流程，降低考核成本，而结果往往是达不到考核的目的。同时，在传统的做法下，绩效考核比较容易缺乏准确性，反馈也不够及时。

　　数字科技的发展能弥补所有这些缺陷。以阿里巴巴的钉钉考勤为例，它的智能移动考勤和自动汇总报表功能可以大幅降低企业考勤的相关成本。使用钉钉前，多个考勤地点的数据需要人工收集，然后手工汇总，而钉钉考勤能自动汇总全集团的考勤数据；使用钉钉前，员工请假、出差、外出等申请、审批数据需要企业 HR 手动汇总到考勤统计表中，而在钉钉里完成的申请、审批数据会自动同步到员工的考勤统计表里。

　　使用传统的考勤系统，员工一般是上下班时间"一窝蜂"排队打卡，也会存在员工忘记打卡而影响到考核成绩的情形，而阿里巴巴的钉钉考勤可以接入人工智能设备，借助人脸识别技术进行笑脸打卡，让所有员工的工作从微笑开始，不再忘记打卡，确保考勤结果的有效性，避免代打卡情况。之前需要管理人员"拍脑袋"进行定性分析的关于勤奋的考核目标，现在可以借助钉钉捕捉反映勤奋情况的行为数据进行定量分析，为考核提供精准的数据支持。

　　采用类似的智能系统或设备对员工工作过程和各时间节点的目标完成情况进行即时跟踪，对企业来说，能及时发现问题、即时分析并即时决策和反思总结；对员工来说，他们也能根据智能设备的提醒及时调整行为。这一切最终将改善整体绩效。

问责制与自主性

问责是成功地管理绩效的核心。恰当的问责制，不会影响员工在工作中的自主性。**自主性**是指员工觉得自己在如何完成工作方面拥有自主决定权。与自主性低的员工相比，自主性高的员工工作质量更高，缺勤更少，离职率也更低。问责离不开评估，但评估不一定只与狭义的目标或产出挂钩，那样只会导致目标错置，影响员工的自主性。

对于如何在不影响员工自主性的情况下让他们负责任，纽约警察局的评估做法是一个很好的例子。以前，纽约警察局各分局的年度评估指标是在街上巡逻的警车和警员数、抢劫案数量以及拘捕人员数量等。纽约警察局局长威廉·布莱顿希望大家把关注焦点转移到控制犯罪的责任上，他要求各分局每天收集汇编各种类型犯罪的数量，这些数据通过总局再反馈给各分局负责人，分局负责人定期开会，通报各自区域内的犯罪数据以及减少犯罪的计划。在这个新的评估体系中，各分局负责人对各自区域内的犯罪情况有了更准确、更及时的了解。更重要的是，现在他们非常清楚，他们对减少犯罪负有责任。结果，各分局找到了很多减少犯罪的新方法，并相互分享。这个新的评估体系使纽约的犯罪率直线下降。各分局负责人并没有减少犯罪的具体绩效目标，他们通过评估和讨论怎样解决问题来实现减少犯罪的目的。这个例子说明，只要组织的任务明确，组织就能建立能够被有效评估的责任，即使任务很复杂或绩效目标不确定。做到这一点的方法是，明确目标，并设立能反映绩效的**多重衡量标准**。需要注意的是，设立多重衡量标准与目标冲突是两回事。

一些顶级研究型大学会要求教师成为各自领域内重要的知识贡献者，这些大学以几个标准来评估这一绩效：在最权威的期刊上发表论文的数量或在最有声望的出版社出版图书的数量、引用其论文的其他大学学者的数量等，这些标准很清楚（记录在工作指南里），能够灵活地组合在一起（重要的科研发现在被许多人引用之前也能获得奖励），并且有难度（大部分达不到这些标准的教师不能留任）。要求高的研究型大学都要求教师达到这些标准，如果达不到，他们就会被解雇；如果留任后仍达不到标准，就不会加薪，并且需要承担其他行政工作。

这些大学如果只强调一个具体的目标（例如发表论文数或出版图书数），就会导致目标错置（例如在各种无名期刊上发表许多无意义的论文），从而偏离学术领先的绩效目标。责任的关键是要具有灵活性，同时需要人为判断的多重绩效衡量标准。与客观性的绩效目标相比，多重绩效衡量标准的主观性更强一些，但这并不意味着它没有清晰的目标，或绩效预期很容易达到。许多人会把这里的主观性误解为倾向性或不明确性，认为消除主观性的唯一方法是去除需要主观判断的标准。组织建立了员工、团队、部门或组织的责任，就能获得绩效，其挑战在于需要找到能真正反映出色绩效的多重衡量标准。

一些管理者把责任评估与监控混淆起来。打搅性的监控会影响员工的绩效，因为许多员工讨厌对其绩效的密切监控。密切监控员工的工作情况会降低员工的自主性感受，并最终影响员工绩效。例如，心存怨恨的员工会不怀好意地顺从，他们会根据规定和指示行动，尽管他们知道这种顺从会给绩效带来极大破坏，一个例子是空中调度员不怀好意地根据所有规定行事，导致大量航班长时间延误。

负责任和自主性并不互相排斥。CEO对公司的利润增长负责，但同时在如何获得利润方面拥有自主性。好的问责制的关键是，绩效标准体现的是真正想要的绩效而非容易衡量的绩效；问责不等同于密切监控员工。组织评估什么、奖励什么，就会收获什么。

｜案例｜ "小组制"的责、权、利

韩都衣舍是淘品牌电商企业，2016年"双十一"当天交易额达到

3.62 亿元，位列国际品牌优衣库和 ONLY 之后，是进入前十强的唯一一个互联网服饰品牌；在天猫"双十一"客服评比中，韩都衣舍位列互联网服饰品牌排行榜第一，客服指数遥遥领先于其他品牌。

韩都衣舍的使命是"成为全球最有影响力的时尚品牌孵化平台"。通过"以小组制为核心的单品全程运营体系"（以下简称"小组制"）模式，韩都衣舍打造了一个内部创业平台。在"小组制"模式下，每一款产品，从设计、生产到销售都以"产品小组"为核心。每个小组三个人，设计师（选款师）管产品研发，页面制作专员管销售，货品管理专员管库存和采购。实际上，这种方式就是把产品研发、销售管理和采购这三个核心部门的人打散成业务小组。这些产品小组负责所有非标准化的战略，所有标准化的环节由集团平台来负责和集成。

"小组制"责任：韩都衣舍每年会给每个小组制定任务指标（销售额、毛利率和库存周转率）。"小组制"权利：小组按照自己的节奏控制产品开发、新品上架、打折促销等运营环节，同时对于消费者的反馈，也有自主处理的权利，对产品不断进行修正和改进，以提升消费者的体验。"小组制"利益：业绩提成＝（销售额－费用）× 毛利率 × 提成系数 × 库存周转率（销售额完成率）；产品小组更新自动化；新小组向原小组贡献培养费（奖金的 10%）。

公司每天对小组进行排名，大家每天都能看到自己及其他小组的业绩，数据变化非常快，排名不停变化，各小组都比较紧张，效率也都比较高。这个排名构成了公司的内部竞争模式。如果一个小组的成员分裂出去，重新组成了一个新的小组，这个小组的组长要向原来的小组交纳培养费。公司的财务系统每个月会把他奖金的 10% 自动划给原来的组长，持续一年时间。公司以这种制度鼓励大家重复分裂，产生更多的小组。

到 2016 年，韩都衣舍已拥有 30 多个子品牌，每年可推出新衣 3 万多款，这主要归功于"小组制"模式。韩都衣舍创始人、董事长兼 CEO

赵迎光说："我们想在 2020 年达到销售额 100 亿元、员工 1 万人的目标，那就要去思考 100 亿元需要多少个品牌来支撑。一般来说，在互联网上做品牌有两种思路，第一种是麻雀虽小五脏俱全，每个品牌是独立的，彼此之间的关联度非常低，但是如果你想做 30 个、50 个品牌，这种方式就很难了，所以我们采取了第二种思路，即底层都是公用部门，每个品牌有限独立，只在产品端和营销端体现独立性。"

第 6 章

激励体系设计

来自不同背景的人之所以会聚到一起完成组织的任务，是因为大家相信，完成任务后会获得自己想要的东西，包括实现为出色的团队做出贡献的愿望、获得个人成就感或者公司配车等。人们之所以选择这个组织，是因为比起其他选择，他们能从这个组织中获得更多快乐、更丰富的工作经验或更高的薪酬，等等。无论是什么，员工为组织工作所获得的都是对自己的激励。

高效管理者积极管理激励体系，以协调和激励员工，使员工更有责任感，更愿意与他人合作。对组织而言，有效地管理激励体系不仅非常重要，而且很有难度。组织中所有人都抱怨激励体系，管理者和人力资源专家不断对其进行调整，试图让它变得更加完善。这项任务为何难度如此之高？理解这一点对管理者有很大帮助，因为它能让管理者找到组织受挫的主要原因。

明确组织奖励的是什么

激励体系失效的最常见原因之一是，员工不清楚哪些行为是组织鼓励和奖励的。很多时候，激励措施与组织不鼓励的行为相关，组织鼓励的行为却被忽视，甚至员工因做出这一行为而受到了惩罚。因此，理解如何管理激励体系的一个良好开端就是，分析、诊断组织中哪些行为**会获得**鼓励和奖励，而哪些行为**应该获得**鼓励和奖励。

组织期待的员工行为

依据工作内容不同，组织期待的员工行为也有很大差异，因此员工激励体系的起始点应该是组织清晰、全面地了解各个不同工作岗位的需要和期待。组织可以通过岗位描述以及将工作归类来完成这一工作。以下是组织期待的主要几大类员工行为。

▼ 正式加入组织。组织吸引员工加入，员工成为组织中的一员。

▼ 留在组织中。组织需要留住员工，员工流失的成本很高，不仅包括招聘和培训新员工的成本，也包括新员工在学习、适应工作过程中组织绩效遭受的负面影响。如果组织的薪酬福利和工作条件都比竞争对手优越，员工流失率却居高不下，那就说明员工满意度或承诺度未得到有效管理，因此管理者的最大挑战通常是制定能够留住员工的激励措施。

▼ 准时出勤。员工缺勤的成本也很高。员工出勤或缺勤的考量非常容易，与此相关的激励措施也非常直接。

▼ 任务绩效。任务绩效的衡量有时难度会较大，管理者需要清清楚楚地与员工沟通什么样的行为或结果将获得奖励，并确保组织不会奖励组织不期待的行为。

▼ 情境绩效。情境绩效无法在事前以详尽的方式加以明确，它包括员工是否尽力把工作做到最好，是否乐于提供帮助，是否自愿去解决意料之外的问题等。可以向员工提供一些情境绩效的实例，并在事后对好的例子和不好的例子进行评估。但这种事后评估的方式会产生不确定性，成为激励体系的问题之一。

| 应用 |　**缺勤是容易解决的问题**

▼ 如果员工觉得缺勤没什么问题，属于工作中的正常行为，就会出现更多缺勤。要确保员工不会有这种看法。

▼ 对工作或同事不满意的员工，会更容易缺勤。

▼ 员工有责任准时出勤。要确保员工清楚地了解这一点。

▼ 对出勤者给予物质奖励能有效降低缺勤率。

　　管理者如何做，才能确保激励体系能提升员工的任务绩效和情境绩效？我们先来看看管理者容易误解的三个理念。

员工做贡献的意愿

　　不同的员工在尽力做好本职工作上的努力程度各不相同，管理者应该有能力识别努力程度更高的人并聘用他们，因为这样的员工更能全心投入工作，并为组织提供帮助。例如，责任心强、有积极性的员工，更有可能为企业做出贡献并因此获得更高的绩效；更加慷慨地帮助别人的员工，生产力会更高。因此，应聘用那些更愿意与人合作、尽力做好工作和帮助他人的应聘者，这样的员工更有可能获得高情境绩效。

　　创造一个支持情境绩效的社交环境也很重要。在组织中，大家都会谈论最重要的是什么，激励体系通常是谈论的主要话题之一，这样的谈论会让员工对于"什么样的行为是组织所奖励的"形成一致看法。假如员工的一致看法是，努力工作或乐意帮助他人会受到惩罚，那就说明这个组织的激励体系存在问题。管理者无法完全控制员工的社交环境，但可以分析这个环境是否支持高情境绩效，如果不支持，那就需要仔细分析、诊断，找出原因，并采取行动去纠正。

避免高绩效者受惩罚的情形

　　员工之所以一致认为高情境绩效会受到惩罚，是因为组织无意中的确惩罚了付出努力的员工。问题并不在于激励体系没有起作用，而是因为有许多工作岗位，很难预期和衡量其方方面面的绩效。

　　例如，管理者虽然希望员工对一个跨部门的特别工作小组做出贡献，但员工绩效考核只与自己部门的任务绩效挂钩。在这种情况下，员工把特别工作小组的任务列为低优先级，也就不足为奇了。再如，企业对管理者的一个要求是花更多时间培训员工，使之成长，但奖惩只与任务期限以及财务目标挂钩。在这种情况下，你不可能期望管理者去做组织不奖励的事。又如，生产工人拿计件工资，如果产量超过月度生产计划 10% 以上，月度生产计划就

> **判断题**
>
> 管理者奖励什么样的行为就会看到什么样的行为。
>
> □　对　　　　　□　错

会调整，结果是计件工资降低。工人会私下合作生产，以保证所有人的产量都不会太高，这样，每个人都能拿到最高的计件工资——这就是你奖励什么样的行为你就会看到什么样的行为，判断题中的观念是正确的。

　　太多组织希望看到员工的高工作质量、创新和高情境绩效，却并不奖励能达成这些结果的行为。无论是工作质量、创新还是情境绩效，都需要时间来检验，而只与容易衡量的东西挂钩的员工激励体系，无法激励员工提高工作质量、创新或者重视情境绩效。

可以事后奖励的行为

　　提高工作质量、勇于创新和改善情境绩效都是可以事后奖励的行为，这些行为对责任更大的一些工作岗位更有价值。事实上，这些行为的结果通常是升迁到管理岗位。除了提拔之外，还有许多事后奖励的方式——表扬、认同以及给予奖金等，也有许多管理者以在绩效考核时给予高分作为奖励。关键在于激励的相对程度：如果对易于衡量的任务绩效所给的激励很大、确定且有价值，而对工作质量、创新和情境绩效的激励微不足道且不确定，那么激励体系很明确地说明了它重视和鼓励的不是提高工作质量、勇于创新和改善情境绩效。

| 应用 |　重视情境绩效的理由

◤ 如果员工相信，组织重视其所做的贡献并关心其工作情况，员工就会为组织做出更多贡献。

◤ 如果员工认为老板会为自己考虑，愿意倾听自己遇到的问题并可以信赖，员工就会有更高的情境绩效。

◤ 工作满意度高的员工做出的贡献更多。

◤ 认为组织很公平的员工更愿意帮助同事和组织。

◤ 如果高管薪酬过高、组织的业绩不佳或者看到同事被以不友好的方式解雇，员工的情境绩效就会低下。

员工到底想要什么

内在和外在的奖励

内在奖励是我们给自己的奖励，比如你动手造一艘船，努力超过销售目标 10% 以上，或者完成一个又一个项目。你这样做，完全是因为你想做这些事，而不是因为有人要奖励你什么。做这些我们喜欢做的事情，本身就是一种内在奖励。**外在奖励**是我们从他人那里获得的奖励——晋升、奖金、赞扬等。激励体系属于外在奖励。

> **判断题**
> 外在奖励会降低员工从工作中获得的内在奖励。
> □　对　　　　□　错

许多员工会为了获得别人给予的奖励而尽最大努力，也就是说，组织不能仅仅依赖于员工的内在奖励，因为那意味着组织依赖的是员工最感兴趣的东西。因此，判断题中的观念是错误的，因为工作带来的外在奖励并不会影响工作本身给员工带来的乐趣。事实上，那些对于专业或者管理工作更投入的员工，收入会更高，从工作中获得内在奖励的可能性也会更大。不错，内在奖励的确是更可靠的，因为人们会坚持做喜欢的事，而当外在奖励消失时，人们会放弃，但是组织需要外在奖励来激励和协调所有人，让他们为了组织目标而工作。

尽管管理者不会仅仅依靠内在奖励来激励员工，但研究表明，为了内在奖励而工作的员工，工作质量更高，出勤率更高，离职率更低。无论是内在奖励还是外在奖励，奖励程度越高，激励程度就越高。那么应该怎样提高员工的内在奖励呢？

| 应用 | 让工作提供给员工更多内在奖励

▼ 如果工作用到员工多方面的技能，那对员工的内在奖励更高，毕竟每天都做相同而又简单的工作是很枯燥的事。

▼ 比起只完成一项任务中的一部分、对自己所做工作的意义知之甚少的情况，从头至尾参与一项任务的内在奖励更高。

▼ 对他人影响更大的工作具有更高的内在奖励。与被人们认为很乏味的处理文件这一工作相比，如果员工的工作关系到生命安全，员工就会更自觉地关注质量。

▼ 员工对所从事的工作在计划、安排和完成上拥有更大的自主性，其内在奖励更高，因为我们都会更为重视自己负责的工作。

▼ 员工能及时获得工作反馈的工作，其内在奖励更大。如果对已完成工作的结果不了解，员工就没有机会享受检验自己技能和达成目标的快乐。

需求层次

人们工作的原因五花八门，几十年前心理学家总结出种种心理需求理论，试图对此做出解读。这些理论都是激励理论，认为人有本能的、心理的需求（食物、伙伴、自尊等），这些需求激励人们去工作。社会心理学家马斯洛提出了马斯洛需求层次理论，认为人的需求是有层次的，将需求理论的应用进一步推广。根据马斯洛需求层次理论，一种需求得到满足后，上一层的需求就被激活而成为激励人们的新动力。

> **判断题**
>
> 当薪酬达到一定水平后，金钱对员工就没有激励作用了。
>
> □ 对　　　　□ 错

马斯洛需求层次理论用来解释本能需求是行得通的，但用在组织激励方面就难说了：金钱在大多数组织中是一个重要的激励手段，但金钱满足的是较低层次的本能需求（食物等），还是较高层次的自尊需求（如买得起跑车），或者个人成长需求（如早些退休）？金钱满足的到底是哪个层次的需求？三十多年前，将需求层次理论用在组织激励方面的努力就被全盘否定了，包括判断题中的观念。看看成功投资银行家的例子：许多人在赚到足以满足本能需求的金钱后，仍然继续努力工作，力求赚取更多钱。组织激励没有优劣之分，管理者的任务就是去了解每名员工最希望从工作中获得什么，并避免歧视那些价值观不同的员工。

金钱与积极性

对于大多数组织中的大多数工作而言，判断题中的观念难以实现。几十年来的许多研究表明，无论是公司高管还是企业的普通员工，薪酬并不都与绩效直接挂钩。如果金钱是很好的激励手段，那么为何它很少直接

> **判断题**
>
> 员工报酬应与绩效挂钩。
>
> □ 对　　　　□ 错

与绩效挂钩呢？金钱到底能否起到激励作用？金钱能与绩效挂钩吗？管理者能否对支付报酬的那部分绩效进行评估？我们可以修改一下判断题中的观念，关键不在于员工报酬是否应与绩效挂钩，而在于员工报酬是否有可能与绩效挂钩。

金钱能否起到激励作用

金钱能否起到激励作用？答案是：金钱能起到激励作用。员工会说，金钱对他们不是重要的激励手段，但他们相信对其他什么人来说是。人们这么说只是不想显得自己很庸俗。许多研究发现，金钱在组织中可以起到非常大的激励作用。在其他条件差不多的情况下，足够的金钱确实能对许多员工起到激励作用。金钱作为激励手段的挑战在于，它的激励作用太大，以致它产生的激励问题多于它能解决的问题。

金钱之所以能成为非常有用的激励工具，是因为它对不同的人意味着不同的东西：它可以让热衷旅行者实现周游世界的梦想，让望子成龙的父

判断题
金钱起不到激励作用。
□ 对　　　□ 错

母给孩子聘请一流的家教，让艺术品爱好者有机会收藏更多钟爱的藏品……但这并不是说，在工作中金钱一定比其他激励手段更重要，安全感、解决问题的成就感、相处融洽的同事以及自尊等都很重要。不同的人需求不同，把金钱视为唯一重要的激励手段与认为金钱起不了激励作用一样片面。

金钱能发挥激励作用的另一个原因在于，它是能让人们与他人进行比较的一个标准。这种比较发生在组织中，也发生在整个社会里。在组织中，对某名员工而言，薪水增加 4% 或者 5% 可能差别不大，1 个百分点的差别可能激励作用有限，但如果这名员工发现，他认为比自己差的某个同事的薪水涨了 5%，而他自己只涨了 4%，他就会非常不开心。他会想知道究竟为什么他少涨了 1 个百分点，而这对那些没有以书面形式记录下这 1 个百分点差别原因的管理者来说，会是一种灾难。

另外，在社会上人们往往以金钱的多寡判断成功与否。我们不知道自己所在组织以外的某人在工作中的职责或影响有多大，也不知道他的工作是否有意思。因此，薪酬就成为代表社会地位的一种通用指标。人们喜欢拿自己的薪资与其他组织的人的薪资做比较，而这一点恰好说明，

管理者在控制金钱这种激励工具方面的能力非常有限。不管你是否喜欢人们以金钱来判断社会地位这一点，事实就是如此，不容我们否认或忽视。

综上所述，金钱是非常强大的激励工具，人们竭尽全力去获得它，为了换取所需的东西，也为了向他人证明自己的工作价值和社会地位。为了获得金钱，有人玩忽职守，有人说谎欺骗甚至盗窃。金钱的激励作用太大，管理者必须极其小心地管理这一激励工具。

薪酬可以与绩效挂钩吗

当我们说薪酬与绩效挂钩时，大家想到的就是绩效好的员工比绩效差的员工挣得更多。事实上，除了极少数情况外，员工薪酬不可能与绩效挂钩，个中原因在于，薪酬是由劳动力市场决定的劳动力价格，为了争取员工加入组织、留在组织中，组织不得不根据这个市场价格付给员工薪酬。而某些工作，由于有许多人具备所需的知识和技能，价格会因此降低，导致这类工作的薪酬很低，例如实习生工作等。不少经验丰富的管理者懂得薪酬由劳动力市场供求关系决定，但并没有仔细想过薪酬与绩效之间有什么关系。

假定某个职位的市场价格是3000元，为了吸引最佳人选，组织可能提高10%的薪酬，但如果薪酬比3000元高太多，就会造成组织资源的浪费。即便一个组织的前台接待员绩效优异，而营销部副总裁绩效一般，前台接待员的薪酬也不可能比营销部副总裁高。在这种情况下，我们说薪酬与绩效挂钩，可能意味着这名前台接待员获得加薪5%，而营销部副总裁仅加薪2%；实际情况是，由于营销部副总裁原本的薪酬高得多，因此他的2%远比前台接待员的5%要多得多。

大多数工作岗位的薪酬无法与绩效挂钩。组织能做到的，只是在劳动力市场价格的基础上，根据绩效评估做一些微小的调整。管理者应该坦诚地让员工知道这一点，否则，让员工在这个问题上产生误解有可能付出巨大代价。举例说明，某个组织为了控制成本，决定把薪酬体系改为降低基础工资比例，同时提高与绩效挂钩的浮动工资比例，而员工对此的反应是负面的，因为在新体系下员工收入普遍低于市场价格，组织绩效也并未因此而有所改善，最终管理者在招聘新员工时不得不采用原先根据市场价格制定薪酬的方式。

精确评估绩效非常困难，而员工对同事加薪幅度比自己哪怕高 1 个百分点也会不可避免地产生不满情绪，这些导致管理者没有理由以较大的薪酬涨幅来奖励高绩效员工。除了极少数情况外，组织用来奖励绩效的薪酬比例一般不会很高，因为比例太高会导致人工成本过高。而且，管理者用来区分员工绩效的加薪幅度差也不能太大，以避免需要合作的员工之间产生矛盾。薪酬与个人绩效挂钩导致的问题比它能解决的问题要多，因此对于绝大多数工作岗位，组织支付的薪酬不会完全与绩效挂钩。

明确与薪酬挂钩的绩效

薪酬与个人绩效挂钩这一做法的效果不理想，主要原因是它基于对组织的一些错误理解。薪酬与个人绩效挂钩的第一个假设前提是，组织能够事先明确地知道需要员工做什么，但实际情况是，组织不能确定哪些任务需要优先完成，并且总是会出现始料未及的变化，因此组织必须雇用全职员工，而不是把工作或服务外包出去。第二个假设前提是，员工都独自完成工作，但实际情况是，大多数员工需要从事支持性工作的同事给予帮助，在大型项目中需要相互合作以完成工作。如果只是那些绩效容易衡量和评估的员工有机会得到金钱方面的激励，那么那些提供支持性服务的员工就会产生怨恨情绪。这种内部的不公平会严重影响组织内的合作。在高科技企业中，高管团队成员之间薪酬差距越大，他们之间的合作程度就越低，公司的绩效也越差。这里的管理挑战就在于，把薪酬与组织希望激励的绩效挂钩，而组织希望激励的绩效存在不确定性，且需要合作才能达成。绩效评估或薪酬管理方面最细小的漏洞或不当，都会引起员工的密切关注与分析。

出于上述原因，那些以金钱作为主要激励手段的组织往往不得不极其明确地说明员工怎么做才能得到金钱激励。如果管理者没有阐述清楚这一点，员工就会揣测什么样的行为能获得激励，结果，管理者会发现组织在激励一些错误的行为。

在哪些情况下，员工薪酬能够真正与个人工作绩效挂钩呢？答案是：从事直接为组织带来收入的工作。在这类工作中，员工绩效与组织绩效几乎完全一致，这类岗位的薪酬是员工创造的收入乘以一个百分比数字。例如，销售人员根据销售额获得佣金；投行人员根据达成的交易额获得一定比例的报酬；对冲基金经理的收入与他管理的投资组合的收益挂钩。对于这类工作，报酬与绩效挂钩会是非常有效的激励体系。

即使在上述这些情况中，薪酬完全与个人绩效挂钩也是需要付出代价的。由于薪酬体系只奖励达成的销售或交易，员工会完全忽视与此没有直接关系的任务。这意味着，如果这些员工需要与他人合作，薪酬体系就会起阻碍作用。例如，投资公司的明星交易员跳槽后业绩大幅下降，原因在于他失去了原先公司支持团队的帮助。如果每名销售人员负责的销售区域的市场潜力差距很大，薪酬完全与绩效挂钩的激励体系就会导致管辖区域方面的争执，以及"偷客户"情况。此外，如果销售人员的绩效依赖于支持团队的服务，管理者就应该确保支持团队的员工能约束自己的行为，以防止他们产生怨恨情绪，或者不提供支持服务。另外，像销售人员那样薪酬在很大程度上与绩效挂钩的员工，其流动性较高，薪酬略微增加都能吸引他们跳槽。这种流动性使管理者不得不支付给他们更高的薪酬，以防止竞争对手"挖走"明星销售员。对于那些能在巨大压力下创造出色绩效的员工来说，薪酬与个人绩效挂钩是一种福音；对管理者来说，管理这些员工却并非易事。

薪酬与组织绩效挂钩

如何做到既能够利用金钱的激励作用，又不会对组织产生副作用呢？方法之一是，将员工薪酬与组织（或部门）的绩效挂钩。当然，在大型组织中，有些员工可能看不出自己的工作对组织绩效的贡献，那不妨就此进行一些公开讨论。这样的讨论对所有员工都有帮助，能让所有员工理解关键的里程碑和任务是什么，并尽力为此努力。举例而言，软件团队正在为重要客户即将上市的新产品编写一个程序，该程序必须在某个时间之前编写完成。人力资源部门会对软件团队提出招聘新员工的要求快速做出反应，采购部门也会确保软件团队的设备需求是最优先级任务。当员工薪酬与组织绩效挂钩时，这一激励体系会激励大家合作，并促使每个人都关注对组织绩效最重要的任务。

将员工薪酬与组织绩效挂钩的方式多种多样：股票或期权使员工的财富与组织的财富紧密相连；当组织（或部门）达到事先设定的绩效目标时，给予员工现金分红也是一种方式。这类激励计划的关键在于，所有员工（而不只是高管团队）的薪酬都基于组织绩效，这样才能保证所有员工都聚焦于组织绩效。

| 应用 |　薪酬与组织绩效或部门绩效挂钩

▼ 所有员工的薪酬都应该与组织的绩效或者部门的绩效挂钩。

▼ 绩效目标应事先设定好。组织在绩效考评前没有明确说明组织绩效考核标准，往往是为了隐藏某些员工（通常是 CXO 们）过高的薪酬。

▼ 如果做不到让员工薪酬与组织绩效挂钩，低利润分配率就不是好的借口。

▼ 如果某阶段组织绩效不尽如人意并且利润分配率低于往年，管理者要做好准备去管理员工的失望情绪。

| 案例 | **"裂变式创业"的激励模式**

芬尼克兹研发、生产热泵产品，并提供综合节能解决方案。公司主要聚焦于高端市场，60%以上的产品销往欧洲、北美、中东和澳大利亚等海外发达地区。芬尼克兹创始人兼总裁宗毅采用了把员工变成股东、内部裂变创立多家公司的方式留住骨干，拓展业务。这一做法被称为"裂变式创业"。

芬尼克兹要成立一家新公司，竞选总经理的人必须出资获得10%的股份，这位总经理会组建五六个人的创业团队，而这些高管或骨干都必须出资共同获得15%的股份，芬尼克兹的两位创始人各拿出25%的资金，加起来占50%的股份。其他裂变创立的公司的高管和员工投资分享剩余25%的股份。

如果盈利，新公司强制分红，税后利润分为50%、30%和20%三部分。50%部分按照股权结构进行分红，让每名参与投资的员工的收益与组织绩效直接挂钩；30%部分留下来作为企业的滚动发展资金，投入再生产，但所有人都占有相应权益；20%部分是管理团队的优先分红。裂变企业股权与收益明细如下表所示。

	20% 优先 分红（%）	30% 企业发展基金 （留存）(%)	50% 股份 分红（%）	各方总 收益权（%）
总经理 10% 股份	8.0	3.0	5.0	16.0
高管 / 骨干 15% 股份	12.0	4.5	7.5	24.0
集团其他入股员工 25% 股份	0.0	7.5	12.5	20.0

芬尼克兹这一模式的核心就是激励体系，以便充分调动各方的积极性。

对激励体系进行更有效的管理

金钱是成本较高的激励工具，它难以与管理者希望看到的绩效完全挂钩，并且会导致员工之间相互比较的问题。所幸的是，金钱并非组织能够提供的唯一有用的激励工具。管理者无法控制所有的组织激励工具，但他们实际控制的激励工具比自己所认为的要多。我们将讨论就业安全、身份地位这两种常常被误解的激励工具，以及员工对公平和信任的看法会对组织的激励体系有何影响。

就业安全

当今社会，已很少有人认为自己拥有**就业安全**，也几乎没有人相信，只要自己绩效出色、忠于组织，组织也会以忠诚回报自己。就业不安全已经蔓延到管理工作或专业性工作中，而这些工作曾经都保证终身就业。

就业安全能把员工的命运与组织联系在一起，并形成组织承诺度，因而一直都是诸如工作质量、创新和情境绩效等提升组织绩效因素的主要激励工具。向员工提供就业安全的组织会对员工进行更多培训，因为这些组织不担心他们的资深员工跳槽，因此在这类组织中员工的素质提升得更快。那些相信组织会提供就业安全的员工，工作绩效、情境绩效会更高，在情感上对组织的承诺度也更高；而那些预期得不到就业安全的员工，在工作中的人际社交圈较小，他们需要帮助时能施以援手的同事较少，工作绩效也较差。而且，缺乏就业安全感的员工对组织变革的抵触更大。就业安全感的降低使管理者完成某些工作的难度增大，这些工作包括确保员工工作质量、创新，以及确保问题出现时员工能积极想办法解决。管理者该如何重建就业安全这一重要的激励体系呢？

| 应用 |　就业安全激励体系

对于把提供就业安全作为激励工具，许多管理者感到紧张，因为就业安全往往与低效的官僚机构联系在一起。事实上，就业安全与严格的绩效责任制相结合，会是非常有效的激励体系。

▼ 即使你无法承诺就业安全，也应该让员工知道你会努力让高绩效员工获得就业安全。

▼ 就业安全必须与绩效责任制相结合。

▼ 就业安全激励体系需要与之匹配的招聘体系，以降低招聘低绩效或不合作员工的可能性。

▼ 在高绩效、聚焦客户和结果导向的企业文化中，就业安全的激励作用最有效。

▼ 虽然在大多数竞争环境中组织无法承诺就业安全，但应该向员工坦承有关组织未来的信息，应明确告知高绩效员工与就业安全有关的计划。

▼ 要清楚认识到：员工需要考虑自身的长期福利，有更好的选择时他们会离开。

身份地位

工作场所也是一种社会环境，人们在这里攀比薪酬、获得朋友、树敌，或者为了身份地位不择手段。在组织中，**身份地位**一直都被用作激励工具：许多对项目经理工作本身毫无兴趣的人对项目经理办公室垂涎三尺；工程师的身份地位来自获得专利的数量；律师的身份地位来自打赢了多少场官司，等等。许多员工投入大量时间和精力为组织赢得或保持专业地位。

毫无疑问，身份地位会带来很多我们想要的东西。地位更高的人身体更健康，能获得比我们高得多的奖励，对他人的影响力更大；地位更高的人不需要像我们这样卖命工作，但比我们挣得更多，能得到更多他们想要的东西，更长寿且更享受生活……以激励作用衡量，身份地位可能是与金钱不相上下的激励工具。对诸多组织的研究发现，许许多多的人努力奋斗，就是为了获得身份地位。

显然，在许多情形下，身份地位被用作员工激励工具。例如，管理者的工作其实难度非常大，他们承受来自上级和下属的压力，个人成就感会减弱，甚至在某些组织中管理者的收入并不比普通员工高多少……就许多管理职位而言，主要的激励工具是更高的身份地位。值得注意的是，在那些员工（大学里的教授或医院里的医生）的身份地位已经较高的组织之中，招聘管理人员（系主任或科室主任）会遇到困难。身份地位是组织用来招聘管理人员的主要激励工具。

那么，这是否意味着判断题中的观念是错误的？这个观念并不错，只是它会导致一点点误解。提倡工作场所平等的人反对把身份地位作为激励工具，他们的理由是身份地位没有与

工作绩效挂钩，而且专享的用餐室、盥洗室等特意打造的层级身份标志，对于信息交流以及合作氛围毫无帮助。员工对身份地位本身的关注不可避免，如果所有员工都相信，身份地位来自对组织绩效的贡献而非资历或层级，那么组织效率就能提升。

管理者可通过两种途径把身份地位用作激励工具。一种是将自己的身份地位作为激励工具。福特公司前 CEO 唐纳德·彼得森就是一个例子。当时福特推出了一个新的质量改进项目，彼得森希望生产厂的经理们都把这个项目作为优先级工作任务。他的方法之一是，在定期视察这些生产厂期间，花大部分时间与各厂负责质量改进项目的人员交流。起初，各厂都把质量改进项目交给层级较低的人员负责，但当经理们意识到，如果他们自己负责，就能有机会与 CEO 进行更多沟通时，他们都开始自己负责这一项目。各厂管理者亲自负责，福特质量改进项目的成功率大大提高。

另一种途径是**认可**。判断题中的观念反映了一个事实：许多管理者忽视了认可的激励作用。认可，可以是月度优秀员工称号、公司晚宴时颁发的证书，或者内部刊物上的赞扬文章等。**社会认可没有那么正式。**

认可和社会认可都是非常有用的激励工具，管理者的挑战在于不要使两者之间产生冲突。

毫无疑问，很多人都看重自尊、身份地位，以及得到有地位或受人尊敬之人的认可。针对制造业和服务业的企业进行的一项问卷调查显示，与分别把认可和员工绩效反馈单独作为激励工具相比，当管理者把两者结合起来时，员工绩效的提升幅度更大：在制造业企业中，两者结合的激励作用与金钱的激励作用差不多；在服务业企业中，其作用是金钱的两倍。问卷调查中有一项是"过去七天内，我因工作出色而获得认可或称赞"，选择此项的员工更多的那些组织，在客户满意度、忠诚度、生产力和利润率等方面都表现得更好。认可是非常有用的激励工具，而且它几乎没有成本。

与其他激励工具一样，认可也会导致管理不当的问题，即为了认可而认可。例如，每月都要评选出月度优秀员工的规定会使这种认可贬值，因为最初评选出的优秀员工的确值得赞赏，但每个月都要评选，评选的标准就可能有所降低。又如，由于认可是免费的，所以可能造成认可泛滥，频繁的称赞会变成笑话。正式的认可应该基于所有人都重视的绩效。

对许多员工来说，自尊以及同事的尊重是非常有用的激励工具，因此这种组织激励工具无论如何都不应该被忽视。有意思的是，上司的非正式认可可能比公司的正式认可更具激励作用，因为管理者控制着许多对员工来说很重要的东西，而且拥有身份地位，在大多数情况下还是行业专家，所以他们的赞赏很重要。请记住：那些深受员工尊敬的人，其认可是员工最为看重的。

当你需要激励员工学习时，认可会是特别有效的激励工具。学习对组织来说至关重要，它能让员工获得新的技能，使用新的技术，理解潜在客户的需求以及其他各种能让组织适应环境变化的新东西。在组织中，能直接激励员工学习的工具并不多，因为学习会涉及一系列行动和尝试，把任何激励工具直接与这一系列行为挂钩相当麻烦。让金钱与学习者不熟悉的东西而不是他们熟知的东西挂钩，会使他们产生很大的受挫感。认可和称赞却能与学习的每一个步骤挂钩，并有助于维持员工的学习动力。

| 应用 |　认可员工的方式

◤ 将认可与成绩相匹配。完成一项关键任务所获得的认可，应该比因帮助同事而得到的认可多。

◤ 使用多种不同的认可方式，因为不同的人所看重的东西不同。

◤ 非正式认可也很重要，但不应该是唯一的认可方式。纳尔逊激励公司的创始人、激励专家鲍勃·纳尔逊的经验法则是，每四次非正式认可（例如"谢谢"）之后就应该有一次较正式的认可（例如在员工会上的赞赏），每四次较正式的认可之后就应该有一次更正式的认可（例如在公司大会上的表彰）。

◤ 正式的认可计划应该公开，以反映组织的战略和价值观，而且应该经常改进，以避免僵化。

◤ 空泛地认可所有人等于没有认可任何人。应该对具体的成就表示认可，并说明这些成就对组织的重要性。

| 案例 |　基于绩效的认可

为了认可员工的贡献，北京宴依据绩效考评设立了许多奖项，包括周奖（用心做事奖、快速反馈奖、争得荣誉奖、拾金不昧奖、标兵宿舍奖、命名案例奖）、月度奖（金银铜奖、优秀员工奖、优秀团队奖、优秀管理人员奖）等奖项。对于评选出的月度、季度和年度优秀员工，表彰形式多样：请员工在酒店吃大餐，感受服务；请员工父母到酒店参观，并由高管陪同吃饭；组织优秀员工及其父母与管理人员外出旅游等。

除了这些"事后奖励"之外，北京宴还有一项"现场奖励"制度——即时表扬卡，由公司根据管理人员职务级别的不同，给每人每月发放数量不等的卡片，助理每月5张，经理每月10张，总监每月15张，总经理每月20张，对员工的表现进行现场奖励。管理人员在使用此卡时，需注明被表扬人员的姓名、所属班组以及表扬原因。至于表扬原因，可以是仪容、仪表端庄，可以是说话亲切动听，可以是对客户服务的技能高，也可以是得到了顾客的好评等，每月员工可以根据自己所得卡片的数量领取不同的奖励。北京宴以奖励形式做出的所有认可，在激励员工方面起到了不小的作用。

公平

如果员工认为激励体系有失公平，就会严重影响工作绩效，导致流失率上升。有许多研究结果都支持判断题中的观念。被员工视为公平的激励体系，容易被员工接受，激励效果更好，而且有助于留住员工。如果员工相信自己得到了公平对待，他们对组织的承诺度就会更高，组织的客户满意度也就更高，组织绩效也会更好。相反，如果员工感觉未被公平对待，尤其是当组织未兑现承诺或者员工感到被出卖时，他们就会做出极端的负面反应，如采取激进行为或报复。感觉被出卖会带来特别强烈的消极情绪，如蔑视、愤怒等，而且会持续很长时间。因此，管理者应该尽力公平对待员工。同样重要的是，管理者应该确保员工感受到自己被公平对待。

公平对待员工并非易事，管理者认为正确的做法未必是公平的，一个人认为公平的做法在另一个人看来未必公平。因此，弄清分配公正和

> ┌─ 判断题 ─
> 对员工的奖励应该公平。
> □ 对　　　□ 错

程序公正的区别，有助于应对这一挑战。在分配任务、激励体系和提拔方面的公正叫作**分配公正**。由于员工倾向于认为偏向自己的分配是公平的，因此他们自然而然会认为组织是不公平的。例如，蓝领员工认为，公司在制定薪酬水平时应该更多地考虑他们不利的工作环境；白领员工则认为，所受教育程度和责任应该对薪酬水平的制定起更多作用。这就意味着，对这群员工来说公平的薪酬制度在另一群员工看来却可能是不公平的。

组织不可能平均分配一切有价值的东西，不可能给每个人都分配最好的任务，蓝领员工的薪酬水平不可能与白领一样，而且他们几乎得不到晋升机会。这对管理者来说是一个挑战：未分配到最好工作、未得到最高薪酬或未获得晋升的员工可能会认为未被公平对待，而这可能是一大批员工的想法。怎样避免这种情况呢？

组织资源通常不是平均分配的，因此组织行为研究人员试图通过另一种公正来解决问题，那就是**程序公正**。程序公正的含义是，人们相信，虽然在分配过程中自己未能获得想要的，但分配决策（程序）是公正的。如果员工相信，管理者在做出决策的过程中倾听了他们的意见，他们对过程有一定程度的控制，决策基于准确的信息或出现问题时会及时纠正，那么他们就会认为决策是程序公正的。近年来，针对工作场所公平问题的研究已延伸至**人际互动公正**（员工感觉他们被尊重和关心）。对员工来说，在管理决策中被尊重、被关心可能比得到想要的东西更为重要。小心谨慎地管理员工对程序公正和人际互动公正的看法，可以让管理者不必在激励上平均分配，而又不会损害员工对组织公平的信任。

| 案例 | 人人都能看到的账本

王品是中国台湾地区第一大餐饮连锁集团，拥有王品、西堤牛排和陶板屋等十多个知名品牌。在王品，绩效考核结果、薪资、红利和资金都是公开的，所有员工都能在公司内网上看到自己和别人的薪资。每家店的收入、支出和盈余，也都发布在公司内网上。

王品相信，如果总是不碰薪资这个话题，猜忌迟早会出现。薪资公开之后，员工就会明白，某人看起来是主管的亲信，但他的薪资并不会因此多 500 元；绩效考评得优的人，一定会比得良的人多得 2000 元。每一次加薪和奖励都有凭有据，很公平，员工就会服气。每家王品都会从营业利润中拨出 23% 在下一个月发给员工。如果账目不公开，员工心里难免会胡思乱想："老板肯定赚得盆满钵满，我每个月快累趴下了，薪水却只有一点点。"当员工能看到每月的盈余，看清公司的钱是如何赚来的，自己的表现能如何影响公司时，他们怎么会不好好干呢？

在王品，人人都能看到账本，这既让员工看到了企业的公平，也让员工体会到了公司的信任，起到了非常好的激励作用。

| 应用 | 改善员工对组织公平度的看法

- ▼ 对决策原因（做出解释必须是事实性原因）。
- ▼ 必须解释你认为员工应该与谁比较，以及其中的原因；公正的判断基于与他人的比较。
- ▼ 做出决策前给员工发表意见的机会；必须以真诚的态度这么做。
- ▼ 给未获得提升的绩效优秀者提供有吸引力的其他东西，比如更有趣的工作或者加薪。
- ▼ 创造纠正错误的机会。人都会犯错，建立一个申请和纠错的体系能让员工觉得组织是公平的。
- ▼ 总是尊重和关心员工的感受。
- ▼ 如果决策不在你的控制范围内，请坦承。
- ▼ 一定要假定诸如不同加薪幅度以及私下交易等信息会被其他员工知道。这类信息关乎员工在多大程度上受到公平对待，员工有很大动力去弄清楚别人得到了多少。如果你无法向所有员工解释自己的决策，那么还是不要做这个决策为好。

信任

在组织中，当我们采取某种行动时，我们相信别人会以我们预期的方式做出回应。管理者招聘了某名员工，相信他陈述的经历是诚实可信的；员工在别人需要帮助时施以援手，相信别人会感激这种帮助；高管人员相信组织里的其他人在工作时尽力了。如果管理者要监督员工，核查其他部门的工作质量如何，那么组织的工作就会受到影响。

信任是组织的基石。员工对管理者、组织和其他员工的信任度越高，组织越高效。如果没有信任，组织就需要建立覆盖面广而成本高的监视和控制系统，而这会削弱组织应对变革时的灵活性。员工越信任同事和管理者，组织中的官僚程度就越低，灵活性就越强。

激励体系是组织奖励绩效的工具，因此它既能支持信任度，也会破坏信任度。被员工视为不公平的激励体系，会降低员工对组织的信任度。行动胜过语言，激励体系就是组织对待员工的行动。如果激励体系并不真正奖励团队合作，管理者却口口声声说这是组织所倡导的，那就会导致员工产生消极情绪。如果管理者说的话明显与事实不符，那就等于在说"别相信我说的或我做的"。许多研究帮助我们找到了一些建立信任的方法。

|应用|　员工为什么会信任你

- 员工信任那些他们非常了解而且经常见到的人。
- 员工信任那些公平对待他们的人。
- 员工信任那些总是把他们视为团队一员的人。
- 员工信任那些与他们共享重要信息的人。
- 员工信任那些信任他们的人。
- 员工信任那些不凭借地位和权力利用他们的人。

|应用|　给管理者的建议

- 如果你想赚更多钱，最好的方法是拥有市场非常看重的能力。不要期望薪酬与绩效挂钩会让你得到比相应市场价格高得多的收入。

▼ 如果组织要求你给员工不同的加薪幅度，你应该尽力阻止这一破坏组织的公正性和合作度的做法。如果做出这个决策的人意识不到这一点，管理者还是可以有所作为：每年让不同的人得到较高的加薪幅度，也就是说，今年加薪幅度高于平均水平的员工下一年的加薪幅度低于平均水平，这样，总的来说大家的加薪幅度相同。

▼ 如果你的组织不激励情境绩效，那么请你注意：管理者总是需要员工的情境绩效，你也依赖你的上司做许多事情。你必须充分意识到存在两套平行而矛盾的激励体系：一套是组织的激励体系，一套是你上司的。

▼ 假如你认为自己的薪酬待遇不够公平该怎么办？首先，需要确定情况是否的确如此，因为我们都会偏向性地认为自己应该得到更多。然后，向你的上司询问你的薪酬待遇的制定依据（注意语气），倾听上司的说法，不要轻易表示反对，让上司尽可能详细地解释。如果你依然觉得自己的薪酬待遇不够公平，你能在其他公司获得更高的薪酬，那么你应该辞职去其他公司。请记住一点：你的服务价值由劳动力市场决定，而不是由抽象的与绩效挂钩的激励体系、技能、职责或生活成本等决定。不要为此耿耿于怀，那对你的健康不利。

第 7 章

工作中的社交环境

组织把人们聚集在一起工作，这就形成了一种影响组织行为的社交环境，而员工在这种环境中很少是孤立的。我们在工作中经常开展人际互动，这种互动构成了**组织的社交环境**。与组织架构、政策、绩效评估标准和激励体系相比，组织的社交环境受管理制约的程度更低。有些管理者错误地忽视组织的社交环境，他们情愿进行重组或改变激励体系，因为他们可以迅速采取这些行动，但他们不愿花时间去诊断组织的社交环境是支持还是破坏了激励体系，以及是如何支持或破坏激励体系的。但事实上，组织的社交环境对个人绩效和组织绩效的影响非常大，不容我们忽视。组织的社交环境为何会影响个人绩效和激励体系？管理者又该如何应对？本章将解答这些问题。

他人对工作中情绪的影响

情绪和工作态度有传染性

我们的情绪和态度在很大程度上会受同事的情绪和态度的影响，快乐、恐惧和嫉妒等情绪会在一起工作的人当中传播。长期在一起工作的人会形成一种有特色的群体情绪。我们在前面的章节中已经谈到，受情绪影响的因素有很多，包括对细节的关注、创新、员工的情境绩效、出勤率和流失率。这意味着，一起工作的人会相互影响情绪，而这会直接对组织的行为和绩效产生影响。

态度也有传染性，美国纽约圣路加罗斯福医学中心的塞摩·利伯曼博士对工作中态度变化的最新研究证明了这一点。这项研究对一家美国工厂中加入工会的工人进行了问卷调查，调查他们对管理层的态度。其中，23 名工人刚晋升为主管，35 名工人刚被选为工会代表。这些新主管和新工会代表对管理层的态度与其他工人没有什么差别，但一年后，晋升到主管职位的那些工人的态度已明显倾向于管理层，新工会代表对管理层的支持态度则明显减弱。在这一年里，这些新主管花了大量时间与其他管理人员一起开会，接收到更多有关管理层及其辛勤努力的正面信息，那些工会代表则花了许多时间与其他工会负责人一起，听到了许多关于管理层在自己的工作场所以及其他地方虚情假意的行为。新的职位要求这两组人分别代表管理层和工会，因而他们的态度也变得与其他相同职位的人更加一致。两年后，利伯曼博士再次回到这家工厂进行研究，升为主管的 23 人中有 8 人因大规模裁员而降职，35 名工会代表中有 14 人不再从事工会工作。在这次问卷调查中，这些人的态度都回归到最初作为普通工人时的态度。他们应该并没有忘记在管理层会议和工会会议上听到的东西，但他们显然在很大程度上受到了工人同事态度的影响。由此不难看出，相比组织试图对员工态度施加的影响，同事对员工态度的影响要大得多。

这个例子的实际意义是，相比员工自己的态度，根据同事的态度能更加准确地预测一名员工在工

判断题

人们通常自己做出决定。

☐ 对　　　☐ 错

作中的行为。员工知道自己的一举一动都受到同事的关注，员工希望同事保持对自己的良好印象，因此判断题中的观念是错误的。员工会弄清同事们对一件事的看法，并让同事的看法成为自己行动的指南。

| 应用 |　分析员工的情绪和态度

▼ 你在工作场所中的情绪有何特点？考虑一下这个问题：总的来说，目前员工对_____的看法如何？

▼ 在分析员工态度时，询问员工对同事态度的看法，而不是询问他们自己的态度。例如，大多数同事喜欢还是不喜欢_____？

▼ 与谈及自己的情绪和态度相比，许多员工会更乐意描述同事的总体情绪和共同态度，这有利于更准确地分析员工态度。

社交支持很关键

组织中的社交过程能给员工及其工作绩效提供情感上的支持，这对于那些最困难或有压力的工作场所来说尤其重要。**社交支持**是指表达理解、愿意倾听他人的忧虑，并给予他人实际的帮助。组织的处境风险

> **判断题**
>
> 员工可以靠自己完成工作。
>
> □ 对　　　　□ 错

越大或工作压力越大，社交支持对员工及其绩效就越重要。同事的支持能缓解焦虑感，给乏味或有压力的工作场所增加一些吸引力。来自管理者的社交支持益处更多。相反，**社交破坏**是指有意对他人无礼、伤害或妨碍他人。社交破坏会给组织带来压力，降低工作满意度和员工承诺度。不难看出，判断题中的观念是错误的。员工不可能在没有同事和管理者的社交支持的情况下，完全靠自己完成复杂、有难度的工作。

员工职业倦怠

长期从事高压力工作的人会出现职业倦怠。**职业倦怠**是指员工情感透支导致参与度、自信心、工作绩效和承诺度降低，变得愤世嫉俗，并且出现健康问题。在这种岗位上的员工如果能在组织中获得社交支持，

那么出现职业倦怠的可能性就会小很多。一些组织变革遭遇失败，就是因为干扰了对这种岗位的社交支持，社交支持对这种岗位的重要性不言而喻。例如，采矿企业引进了新的采矿技术，员工分开作业，这就影响了员工之间的社交支持，导致事故数量增加，员工情绪低落。非正式的社交支持对从事危险或有压力工作的员工来说非常重要，如果这种支持受到损害，组织就可能出现大问题。

组织中的社交支持是如何形成的呢？当员工认为他们有共同身份时，相互之间就会提供更多社交支持。共同身份是指，感觉与他人同属于一个有共同特点或面临共同挑战的团体。研究发现，在从事高危职业的人（如拆弹专家）中，共同身份感较高者互相的社交支持更多，压力感更低。感觉自己并非孤单一人，而是有理解自己的人在身边，这有助这类人完成任务。鉴于现在大多数工作都容易让人产生挫折感，在组织中鼓励社交支持很重要。

| 应用 | 促进员工之间的社交支持

▼ 通过共同经历和共同面对的挑战营造员工之间的共同身份感，称赞员工们一起完成的出色任务。

▼ 社交支持对员工很重要，只要有机会与做相同工作的同事互动，员工通常会自发形成社交支持。

▼ 定期召开会议、让员工相互分享高效的工作方法有助于员工之间形成社交支持。需要注意的是，这样的会议应该是公开讨论型的，而非单向演讲型的。

▼ 可以在员工中分享应对挑战的成功方法，并以此作为讨论话题。

▼ 如果员工之间缺乏社交支持，需要进行仔细的诊断。员工在一起自由聊天的时间是否太少？是否存在某些非正式的期望，从而阻碍员工表露自己的脆弱？员工是否害怕在怀有敌意或不支持自己的人面前表达自己的想法？

▼ 不要忘记员工对管理者的社交支持也很重要，应避免来自员工的社交破坏。

他人对我们看法的影响

周围的人对我们的影响并不局限于情绪的传染作用、他们的工作态度，或者是否愿意倾听我们的问题，来自他人的信息也会影响我们对工作场所的看法。员工不仅会留意同事的行为，也会关注同事的工作、同事的工作方式是否有效等。研究表明，社交环境对员工缺勤率的影响较大，也就是说，员工对管理者选拔、绩效管理或激励体系的看法不会是没有依据的，所有看法都是通过在组织的社交环境中进行讨论、分析形成的。

员工通过他人弄清什么是重要的

为什么同事的态度、看法和预期对员工如此重要？情况越是不明朗，我们似乎越是受别人看法的影响。在组织中，许多重要问题都是不那么明晰的，例如怎样才能获得晋升？哪些任务是最高优先级的？价格低廉的供应商可以信任吗？对于诸如此类以及其他的重要问题，员工会借助他人的看法找到答案。

许多研究能证明社交信息处理的重要性。**社交信息处理**是指员工借助周围的人（而非客观现实）形成自己的看法和信念。工作越重要、责任越大，其明晰程度往往越低。当我们不清楚该怎么做时，他人的观点、直觉和理论会指引我们的行动。

管理者需要清楚地了解员工的共同看法，工作越是要求管理者对不明晰的环境做出判断，管理者就越需要了解其他人对事情的看法。虽然没有人能完全控制组织社交环境中的共同看法，但研究表明，对员工来说，管理者通常是组织信息的重要来源，而太多管理者忽视了这一事实。

|应用|　成为信息的重要来源

▼ 大胆说出你对员工工作的看法：什么是最重要的？工作能给员工提供什么样的满足感和机会？

▼ 坚持不懈。不要只说一次，重复很有必要。

▼ 对那些在员工社交环境中发表相反看法者，公开表示不认同。沉默常常会被视为认同。

▼ 管理者发出的信号只在缺乏客观信息、形势不明朗的情况下才有效。

组织氛围

能影响员工看法的不只是一起工作的同事。只要员工之间经常互动，无论是否在一个工作小组或一个部门，都能形成共同看法。这种在整个组织里形成的共同看法称为**组织氛围**。组织氛围并不总是与员工的个人看法一致，当两者不一致时，大部分员工能清楚地看到这一点。

从员工对组织氛围的看法能预测员工的行为，因此组织氛围对个人和组织绩效都非常重要。美国马里兰大学心理学教授本杰明·施奈德进行了一项高效服务氛围的研究，**服务氛围**是指对待客户的氛围。施奈德教授的研究发现，组织的服务氛围越好，员工压力越小，客户忠诚度越高，组织的收费和市场份额也越高。所有这些好处，都源于员工对于如何向客户提供优质服务拥有共同看法。

|应用|　建立更好的服务氛围

▼ 请善待员工，因为受到善待的员工才会善待客户。

▼ 评估客户对服务质量的看法，并基于数据进行改进。

▼ 确保服务人员的素质及数量。

▼ 确保不存在职责不清的岗位、相互冲突的目标、能被员工感知到的偏袒，以及不知道该如何完成工作的员工。

◥ 加强服务质量方面的正式培训。

◥ 提供良好的设施、设备和技术，因为这些对员工来说是一种信号，
表明组织把服务质量看得很重要。

| 案例 |　为绅士和淑女服务的绅士和淑女

北京宴的顾客群体是高端人士，这就要求员工的品位不能低，因此
北京宴的服务理念是，所有员工都是为绅士和淑女服务的绅士和淑女。
如何让员工做到这一点，并从心里喜爱自己的工作呢？北京宴总经理杨
秀龙的答案是，把员工当家人；当员工把公司当成家时，他们就不会再
机械刻板地服务顾客了，而是会把顾客当作亲人，用心、用情关照顾客，
让他们满意。那么，怎样才能让员工感到自己被公司当作了家人呢？

北京宴在酒店六楼，公司拿出 1200 多平方米的营业面积，投入 500
多万元，打造温馨的"员工之家"，可同时容纳 500 人住宿。从成本计
算的角度来看，这些场地面积本可以打造成 9 间标准包房，每月可贡献
31 万元收入。北京宴在员工生活的各个方面都很讲究。北京宴给每位员
工配备两套不同颜色的床上用品，枕芯是荞麦皮的，被褥、床单、枕套、
被套一律是纯棉质地，统一清洗和更换。员工宿舍配有中央空调，可随
时洗热水澡，可以免费上网。北京宴还给员工开辟了专门的娱乐和休闲
区域，包括小卖部、员工理发室、健身房、乒乓球室、台球室等。员工
食堂每餐给员工提供四个热菜、六个凉菜、两种主食、两种汤类，定期
更换品种，员工可以根据自己的口味选择。员工过生日时，北京宴会为
员工发放生日礼物和生日贺卡，并准备生日餐。

春节期间餐饮业一般不放假，因为这时正是生意火爆的时候。北京
宴却每年让员工过两个团圆节：一是中秋节，在北京宴过；二是春节放
假 10 天，让员工跟家人团聚。但员工回家期间要做三件事：一是去原
来打工的企业找曾经最崇拜的上级聊天，看崇拜程度是加深还是降低了；

二是找当地最好的饭店、当年想进去却不敢进去的饭店吃上一顿饭，看自己是不是进步了；三是梳理自己父辈曾达到过的人生高度，然后做一件对自己家族的未来有意义的事情，比如促进家族融合，或者给父母洗脚、感恩父母等。宴会六部的服务员徐宁宁说，以前北京本地的亲戚来家里时，总觉得他们有事业、地位，自己和他们没有共同语言，而在北京宴工作一段时间后，她再也没有了这种社交恐惧症，现在能和他们平等相处，对答如流，自信满满。

如果你是北京宴的顾客，你会感受到明显不同：北京宴的服务员比其他餐馆的服务员更亲切、更热情、更自信，也更有激情。北京宴无微不至的服务背后，是员工的高昂士气和饱满激情，是他们对自己和企业未来的信心。这一切的背后，则是北京宴着力打造的"家和文化"——视员工为家人，把顾客当亲人，视社会为恩人，把供应商当朋友，视股东为兄弟。

他人对工作绩效的影响

社交环境中的其他人会影响员工绩效，即便他们没有试图去发挥这种影响力。导致这个结果的三个原因是：当员工绩效受到他人关注时，他人的绩效对员工绩效有影响；社会比较的威力；相互之间的竞争。下面将对此做详细阐述。

他人的关注影响工作绩效

与单独工作相比，员工在有他人在场时会更加努力工作，即使双方没有任何交谈或他人没有发挥影响力的意图，但这种情况有两个前提条件：员工对任务非常了解；在场的人没有敌意。如果员工有评估之虑，他人在场会适得其反：有挑战性任务的

判断题

员工可以不受他人关注的影响，继续工作。

□ 对　　　　□ 错

绩效表现会降低。这称为表现焦虑。**表现焦虑**是指在观众面前表现时变得焦虑和害怕。如果我们觉得观看我们表现的人可能会对我们有负面的看法，那么我们完成新任务或挑战性任务的绩效就会较差；如果我们觉得他人对我们有正面的看法，绩效就会较好。因此，判断题中的观念是错误的。他人的关注会影响我们的绩效，在某些情况下绩效会更好，在某些情况下绩效会更差。

就容易完成的任务而言，善意的观众有激励作用。因此，对于从事简单、重复性工作的员工来说，让他们与其他人一起工作能提高效率，而且他人的陪伴能使单调的工作变得更有趣、更有吸引力。

就具有挑战性的工作（演讲等）而言，不怯场很有必要。所有管理者都必须做演讲，而且管理者越是成功，他们就越要在公众面前演讲、接受媒体采访。表现焦虑是可以克服的。表现焦虑来源于将自己在观众面前的表现视为一种威胁。当我们感觉受到了威胁时，肾上腺素会上升，血液会分流到主要的肌肉群，心率会提高，这些生理现象会干扰我们演讲。许多人因为害怕而逃避做公开演讲，他们并不知道，表现焦虑其实是可以克服的。

| 应用 | 　克服表现焦虑

▼ 第一步，把上述生理现象视为完成任务的宝贵能量。在面对许多观众之前感到紧张是正常的，把这种紧张看成让你的观众保持专注的能量。

▼ 第二步，专注于手头的任务而不是你自己。观众是来听你演讲的，你需要给他们提供信息、说服他们。其实，观众并不关注你看上去怎么样。你越是关注你需要完成的任务，你就能越快地放松下来。记住：演讲的中心是你要传达的信息和你要达成的目标而不是你自己。

▼ 与观众进行眼神交流会有所帮助。挑选一两位座位靠后的观众，与

他们进行眼神交流。由于多数人与一两个人交流时不会紧张，因此这样做会使你放松下来。如果可能，你可以向观众提一个问题，这能帮助你专注于他们及其反应。

◣ 最后，多做演讲、发言和交谈。你做的演讲越多，演讲就越会成为普通的、日常的事情。

工作绩效具有传染性

同事的绩效具有传染性。当我们与他人（尤其是具备非凡才能的人）一起工作时，我们会更加努力地工作，更加坚持不懈。这意味着，当员工与他们认为绩效出色的同事一起工作时，员工会更加努力、更加执着，并获得更好的绩效，只要他们相信这

> **判断题**
>
> 与最优秀的人一起工作可以提高绩效。
>
> □ 对　　　　□ 错

些绩效出色的同事对他们没有负面看法。研究表明，这样的绩效提升出现在各行各业：与高绩效同事一起工作使销售人员的销售量增加，学者出版更多书，高尔夫选手打出更高的分。因此，判断题中的观念是正确的。与绩效最优者一起工作能提升你的绩效，反过来，低绩效者会对你的绩效产生负面影响。

绩效的传染性源于两个方面：第一，同事的绩效是一种信号，高绩效者无形中为其他人设定了一个更高的标准，而低绩效者传达的信息是没有必要努力去改善绩效；第二，研究表明，当一名员工与低绩效者有交往时，他也会被视为低绩效者。

许多员工都意识到，当他们的同事是高绩效者时，他们自身的绩效也会提高。哈佛商学院组织行为学教授鲍里斯·格鲁斯伯格研究发现，如果拥有更加能干的同事，明星投资分析师离开所在组织的可能性就更小。留住明星员工最有效的方法之一就是，让其他高绩效员工与他们一起工作。低绩效者会影响整个团队的绩效，这也是管理者不应该对低绩

效员工视而不见的一个原因。

社会比较的力量

社会比较会影响到组织行为的方方面面。**社会比较**是指员工把自己的工作努力程度、绩效、奖励及工作条件等与他人进行比较。对员工来说，这是获得信息的一个重要方式。社会比较能回答的问题包括：我应该先完成哪项任务，为什么别人获得晋升而我没有，等等。我们在前面章节已经提到，员工对于自己是否得到公平待遇的看法，对于他们的组织行为非常重要。当员工觉得自己受到了不公平的待遇时，他会非常恼火，管理者绝不应低估其后果。而员工判断自己是否得到公平待遇的主要方法就是与他人进行比较。

事实上，员工选择谁作为自己的比较对象，对他们的期望值、看法、态度和动机至关重要。如果员工选择薪资较低的同事作为比较对象，那么他会觉得自己的薪资还不错；如果员工选择拥有宽敞办公室的管理者作为比较对象，那么他会觉得自己的办公室太寒酸。管理者面临的挑战是，要去弄清员工究竟选择谁作为比较对象。研究表明：

- ◥ 员工倾向于选择情况与自己相似的同事作为比较对象。在职位、年龄、任务等方面越接近的同事，越容易成为比较对象。
- ◥ 员工倾向于选择与自己有较多互动，因而也有较多共识的人作为比较对象。
- ◥ 员工倾向于把自己喜欢的或最有吸引力的同事作为榜样。由于在大多数组织中绩效最优者都更有吸引力，因此他们更容易成为比较对象。

在并购之后的企业以及全球化团队中，背景千差万别的员工要在一起工作。一夜之间，员工们开始比较薪酬、福利、假期、办公设施和出差政策等。有些员工可能会感到更加满意，但这种满足感只是暂时的，因为这些高薪员工很快会找到薪资更高的同事作为比较对象。员工从比较中获得的快感转瞬即逝，由此产生的不满却会持续很长时间，因为认为自己未得到公平待遇的员工不会找其他人进行比较，他们只会觉得不快乐。像判断题中说的那样，告诉员工选择谁作为比较对象是不现实的。

> **判断题**
> 员工需要选择特定的对象进行比较。
> □ 对　　　　□ 错

不仅员工的看法、态度和行为会受到比较的影响，管理者在评估员工绩效时也会受到比较的影响。例如，情境绩效高的员工与情境绩效低的员工一起工作，管理者会倾向于给前者较高的绩效评分；一名情境绩效高的员工与另一名情境绩效高的员工一起工作，管理者却未必给予前者很高的绩效评分。管理者需要对此格外小心，以避免引发不必要的消极情绪。

| 应用 |　管理工作中的社会比较

▼ 从仔细诊断员工的比较对象入手：员工在判断怎样的绩效算是好的绩效时，他们的比较对象是谁？在判断怎样做算是努力工作时，比较对象是谁？在判断工作是否有挑战性或枯燥时，比较对象是谁？

▼ 管理者应尽最大努力让大家都知道谁是绩效最优者，并创造机会让其他员工与绩效最优者进行非正式互动，这有助于减弱距离感。

▼ 抱怨者喜欢有听众，他们会积极从同事中寻找听众。员工与什么样的人打交道，员工把哪些人视为自己的“同类”，这些都会因变革而改变，管理者和高绩效者应尽量避免因忙于工作没有时间与其他员工沟通，而让抱怨者的情绪主导组织的社交环境。

▼ 组织变革会使员工重新选择比较对象，要意识到变革对员工选择与其打交道的对象和被其视为类似的对象造成了怎样的影响。在并购、重组和有新团队加入时，都应该从一开始就解释清楚任何可能发生的变化。

工作场所中的竞争

组织中的一种社会比较常常被误解。员工之间的**竞争**是指员工努力工作以使自己的绩效超过他人；员工未必聚焦于某个绩效目标，而是要在某一衡量指标上超过同事。竞争的确有激励作用。当员工与同事竞争时，他们会更努力地工作，并获得更好的绩效。判断题中的观念援引自《经济学人》杂志上一篇有关投资银行

> **判断题**
>
> 金钱并不像许多外部人士想象的那么重要——对许多业内人士来说，想比同事做得更出色是更大的激励因素。
>
> □ 对　　　　□ 错

家薪酬问题的文章，其他许多行业的情况同样如此。但同事之间的竞争是一把双刃剑，因为许多人认为，竞争可能降低同事之间的合作程度。在很多案例中，竞争的确导致了员工的破坏性行为以及员工互相不信任和憎恨。对于达成组织绩效必需的灵活性以及相互支持而言，合作会非常重要，因此许多人认为应该尽力消除同事间的竞争。但美国佩珀代因大学格拉齐亚迪奥商学院的教授史蒂夫·索默研究发现，在某些特定情形下，竞争不仅不会影响未来的合作，还会使竞争者之间产生更多的信任感和更高的情境绩效。同事之间的竞争要带来积极的作用，必须具备下列条件。

- 决定胜负的规则非常清楚。
- 大家都相信这个规则是公平的。
- 赢很有吸引力，但并不重要。

许多读者可能已经意识到，这些正是游戏的特点，我们与家人或朋友玩游戏，并不会影响未来我们之间的合作。

|案例|　内部"抢"人

在韩都衣舍办公楼的楼道里，常常可见如下招聘海报。

A：你造吗？尼班诗有童装啦～

B：啊～叫啥？

A：honeypig 正在招人呢！怎么样，去试试？

B：转部门，不好吧～

A：有啥不好的，不想当选款师的制作不是好运营！新品牌，多有挑战性～

B：行，去试试～都有什么岗位？

A：我截图给你哈～

A：招聘岗位……

B：怎么联系啊？

A：就在 12 楼 NB 事业部哦，可以联系山葫芦，QQ……

这则招聘海报看似寻常，实际上折射出韩都衣舍内部小组（参见第 5 章案例"小组制的责、权、利"）之间的竞争非常激烈。与许多公司重视外部劳动力市场不同的是，韩都衣舍非常看重内部劳动力市场，鼓励员工在不同部门、岗位之间相对自由、轻松地流动。韩都衣舍并没有设置淘汰机制，小组的新陈代谢是自然实现的，公司每天都会排出"每日销售排名"，小组间"比学赶超"的氛围就会很浓，同时又在激励上向业绩优秀的小组倾斜。这样，做得好的小组形成示范效应，同时也会有组员提出要独立出来单干，而做得差的小组中的组员就会跟过去，小组间形成了自由组合。尽管这种内部流动会在一定程度上伤及和气，但也已成为小组制文化的一个组成部分，反过来又形成了倒逼机制，每个部门都要想办法好好发展，才能把人留住。从企业成长、人才成长的角度来看，这显然是好事。为了避免"教会徒弟饿死师傅"的情况发生，防止不必要的"细胞裂变"，韩都衣舍还规定，新小组要向原小组贡献培养费，金额是奖金的 10%。

少数服从多数

没有一家组织的所有人员在所有问题上都意见一致，尤其是身处如今这个瞬息万变的世界。当我们需要对一个复杂问题做出判断时，意见不一致几乎是不可避免的。当意见不一致时，多数派更容易说服大家接受他们的意见。但多数派不一定总是那么有影响力，当有三个反对派出现时，多数派就会失去主导地位，即使只有一个反对派也会降低所有人服从多数派意见的可能性。这就是使用唱反调法的主要原因。

> **判断题**
>
> 避免糟糕决策的最好方法是使用唱反调法。
>
> □ 对　　　　□ 错

不幸的是，在实践中安排一个人唱反调并不能阻止一致意见的达成，因此判断题中的观念是不正确的。**唱反调**是指安排一个人在其他人即将做出决策时提出质疑和表示不同意，目的在于确保大家在考虑到所有相关信息后再做出决策。但这种方法显然并不高效，因为大家都知道这不过是走个过场。只有当大家都认为反对者真正坚信自己的意见，大家才会考虑反对者提出的意见。

持反对意见会有风险。当反对者发表意见时，他们会引起很多人的关注，因为大家都试图说服他们。如果讨论聚焦于产生有用的信息或发现隐含的信息，那反对者将会对做出更好的决策有所助益，但如果多数派认为所有相关讨论都已经完成，继续讨论就会使他们恼火，因为持反对意见者既不能带来新的有用信息，又可能危及已经达成的共识，使工作无法进展下去。在这种情况下，多数派会对持反对意见者产生敌意，如果可能，他们会想办法把持反对意见者排除在外或回避他们。指派人员唱反调的方法，旨在为反对派带来安全感（"这是我的角色的意见，并非我自己的意见"），但也意味着，未必要将反对意见当真。

| 应用 |　高效应对反对意见

▼ 反对意见和讨论备选方案有助于做出更好的决策，也能帮助员工预见问题。但必须让每个人都相信，他们可以自由发表意见，不会因提出反对意见而受到惩罚。

▼ 公开讨论达成共识的必要性，尽力把反对意见的相关信息与已达成共识的方面区分开。

▼ 在使用唱反调法时，认真对待反对意见包含的信息。书面记录下来，并花时间逐一考虑。

▼ 如果你扮演持反对意见者这一角色，请勿一再重复你的意见。重复只会降低你的意见被采纳的可能性。

管理社交环境

建立信誉

信誉是他人对一个人、一个团队或一个组织的共同评估。对个人来说，信誉可以是对技能、工作绩效、是否乐于助人、能力、可依赖度或可信度等的评估。团队、部门、组织和行业也会有信誉。如果我们没有与某

判断题
人生的秘诀是诚实和公平交易。
□ 对　　　　□ 错

些人一起工作过，信誉就是我们是否愿意与他们一起工作的判断依据。在现代社会中，我们都要与陌生人做交易，因而信誉是所有业务的基础。拥有良好信誉能让个人更有影响力、更加高效，也能让组织盈利更多。

判断题中的观念是正确的，没有人愿意与有不诚实或不公平交易等不良信誉的人合作。如何建立良好的信誉呢？研究表明，自尊心强、给人很努力的印象、高薪、获得多次晋升和高绩效等被认为是带来良好信誉的因素。闲聊在建立信誉方面也能起到重要作用。**闲聊**是指在一小群

人当中进行的非正式的、私下的评估信息分享。闲聊是人们对社交环境中的人员施加控制的主要方式，社交环境范围越小、越与外界隔离，闲聊就越多，作用也越大。闲聊对员工和管理者都很重要：员工需要通过闲聊来建立个人的信誉，管理者则会担心闲聊和信誉的影响力与组织的绩效评估及激励体系背道而驰。

| 应用 |　**建立良好信誉**

◤ 兑现承诺。人们总是到处说什么人冤枉了他们。

◤ 与拥有良好信誉的人交往。拥有良好信誉的人则应保护自己的信誉，不要与信誉不佳的人交往。

◤ 找工作时，选择有吸引力或社会地位高的行业或组织。

管理员工社交

对组织的社交环境施加影响的最佳时机是员工刚加入组织时。人们在工作变迁时通常会产生焦虑。新员工会努力去了解，他们该怎么做才能在新的组织中获得成功。新员工最初了解到的东西会对他们很长一段时间内的看法和预期产生很大影响，因此

> **判断题**
>
> 对待新员工的最好方式是任他们自由发展。
>
> □ 对　　　　□ 错

管理者应该对新员工最初会了解到什么施加影响。许多管理者的做法却跟判断题中的观念一样，把塑造新员工看法、态度和预期这一重要任务拱手让给他人。那些对工作不满意的人喜欢把新员工当作他们抱怨的听众，而新员工与不满意的同事接触得多，他们自己也会变得不满意。因此，管理者要建立清晰的绩效预期，并促成以绩效为导向的社交环境，花时间与新员工沟通是一种非常重要的手段。

新员工了解新组织的各种情况的过程，称为**社群化**。新员工的社群

化过程越正式、越个体化，他们就越有可能摆脱以前的态度和观点，并采取组织所推崇的态度和观点。**正式社群化**是指把新员工与其他员工区分开，给他们一个正式的新来者身份，如"新人"或"培训生"等。区分程度越高，新员工就越容易被视为能力欠缺者，新员工也就越有动力去获得资深员工的地位，并接受告诉他们该怎么做的各种信息。另外，有些新员工的社群化过程是个体化的，有些则是团体化的。社群化过程团体化的新员工，会形成一套与同事不同的看法，并抗拒组织传达的信息；社群化过程个体化的员工，则没有什么社交支持使他们形成对立的看法。

| 应用 |　管理新员工的社群化

▼ 什么样的态度、看法和预期最有利于新员工的成功？不要简单地回答"努力工作"，如果这个答案不正确就不要这样回答。如果新员工觉得你提供了错误的信息，你就会丧失信誉。

▼ 确保在新员工加入的第一周内你有机会向其解释，你认为成功的秘诀是什么。一定要挤出时间。你可以与新员工一起吃午餐或喝杯咖啡。准确、及时的信息会对他们解读以后的信息产生很大影响。

▼ 是否有老员工花较多时间与新员工进行非正式的交往？如果你不希望这样的情况出现，在第一周与新员工谈话时，应该给新员工"打预防针"，告诉他们可能从老员工那里听到什么话，以及你为什么不同意他们的说法。

▼ 在新员工加入的最初六个月中，安排时间定期与他们见面。让他们提问题，确保你的回答能够帮助他们正确理解他们在工作中的所见所闻。这样，新员工会认为你考虑周到、支持他们的工作，而且他们对组织的初步印象能给你提供有用的诊断信息。

| 案例 |　员工社团：企业管理的好助手

在北京宴，有 10 个员工社团——形象北京宴、礼仪北京宴、茶艺北京宴、糖化北京宴、印象北京宴、艺术北京宴、感动北京宴、话说北京宴、养生北京宴和生活北京宴。这些社团最初是员工自发创立的，员工们根据自己的兴趣组织成立了这些社团。所有社长均由普通员工担任，助理级以上管理人员只能担任副社长和秘书长一职，为大家提供基础服务和保障。社长自己发展成员，壮大队伍，每个社团少则10人，多则不限。10个社团都编有自己的社团手册，每月组织一次本社团的活动，每年组织一次全员的集体活动。社团活动使员工的业余生活非常丰富，并且能够将所学专长应用到工作中，给员工提供展示自我的舞台。

例如，话说北京宴社团由一批爱好演讲并在酒店演讲比赛中脱颖而出的员工组成，最初希望达到"我口说我心"的目的，后来发展出全酒店各岗位的服务用语、酒店介绍、菜品话术介绍和员工话术指南四大板块，全面增强员工的语言表达能力，提升员工素质。话说北京宴社团的成员可以在客人用餐时提供手语操表演，他们会根据不同的客人、不同的主题写好不同的台词，然后用手语表演给顾客看，这已经成了北京宴的一道风景。这既锻炼了员工的表达、策划能力，又提高了北京宴的服务价值。

再如，生活北京宴社团是代表总经理给员工送温暖的社团，全面表达员工的心声，从吃穿住行各方面提出合理的意见和建议，及时反馈和解决员工的各种困难，像工会一样做员工的代言人。在生活北京宴社团的推动下，北京宴开设了无人看守的小卖部，设立员工洗衣登记制度，并在宿舍和员工餐厅建立总经理信箱，公布总经理手机号，员工可以随时随地将自己的心声无障碍地传达给总经理。他们还为新员工编写了《生活北京宴手册》，全面介绍了北京宴的设施设备，小到洗手间的位置、如何购买手机充值卡，大到各部门的岗位职责、公司的规章制度等，力求帮助每位新人以最快速度融入北京宴。对于生活北京宴社团的成员来说，他们已经不单单是员工，还是人力资源管理的好助手，社团活动给他们提供了一个历练组织管理能力的平台。

第 8 章

创建和管理高效的团队

组织依靠团队完成大部分工作。在本章中，**团队**特指团队成员共同对团队绩效、产品或决策负责，并且团队成员互相依赖以完成共同的团队绩效。也就是说，团队成员相互依靠，个人的绩效与团队绩效不可分。团队规模较小，因此团队成员相互认识，并且彼此互动。团队可能是由管理者创建并指派任务的，也可能是团队成员为了完成某项任务自发组建的。团队成员可能共处一地，也可能分散在全球各地。正如第7章"工作中的社交环境"描述的，一起工作的人员会相互学习、相互影响，但如果他们不共同做决策或共同完成产品，事实上他们就不是团队。

第7章"工作中的社交环境"描述的各种社交影响同样适用于团队。团队成员相互依赖，为了团队目标而工作，这也会形成种种挑战。这些挑战又会因为一些因素而放大，这些因素包括团队成员不清楚团队究竟有哪些能力，以及滥用"团队"二字来要求他人无私地支持。例如，"你不是一个好的团队合作者"，言下之意是"你没有做我要求你做的事"。把一群人称为"团队"，已成为最出色的运动队创建清晰目标和精诚合作的"神奇法宝"。然而，对于怎样才算团队、怎样不算团队的困惑也会导致挫折感和玩世不恭。

> **判断题**
>
> 团队应该是有趣的。
>
> □ 对　　　　□ 错

在某些情况下，判断题中的观念是正确的，但在多数情况下它是错误的。长时间在团队中工作的人都知道，团队可以很有乐趣，能激发士气，但它也可能是冲突和挫折的源头。

人类是社交动物，当我们与他人紧密合作、相互支持，从对方那儿获得快乐，并比独自工作获得更大的成就时，在团队中工作会是一种到达人生巅峰的经历。这称为**流程增益**，即汇集大家的专业知识和创意，获得的绩效和体验，比团队成员独自能获得的更好。但这样的高效团队很难得，高效团队成员通常来自竞争对手。

在绝大多数情况下，判断题中的观念都是错误的，在尝试做出结构性解释之前不要轻易得出这样的结论：

> **判断题**
> 个性问题是团队失败的原因。
> □ 对　　　　□ 错

只要找到对的人员，所有问题都能解决。当团队遭遇失败时，人们更倾向于将原因归咎于人员组成、领导者以及激励措施不合适、其他成员不够敬业或个性有问题，而不去关注团队目标及团队合作模式是否阐释得足够清楚。本章将介绍团队失败的一些主要原因，以及建立和管理高效团队的实践理念。

首先，我们需要弄清楚如何区分高效团队和非高效团队，下列对照清单可作为诊断你的团队是否高效的参考。

| 应用 |　高效团队对照清单

在高效的团队中：

◥ 团队成员相互负责。

◥ 团队成员自由分享创意。

◥ 团队成员相互倾听。

◥ 团队成员认为团队成员都是公平的。

◥ 每个人都为共同的目标而努力。

◥ 任务清晰。

◥ 团队成员相互信任。

◥ 团队很聚焦。

◥ 团队成员拥有必要的知识。

在非高效的团队中：

◥ 团队成员开会前不做准备。

◥ 缺乏真正的相互理解。

◥ 团队目标模糊。

◥ 团队的组织很混乱。

◥ 团队成员职责不清。

◥ 团队成员缺乏个人责任心。

◥ 团队成员一直在频繁地变动。

◥ 团队领导要么脱离团队，要么管理太粗放。

◥ 团队成员之间缺乏相互信任。

哪种团队

团队有许多种，不同团队的差异性对诊断你的团队有重要意义。这一节将聚焦于团队的两个最重要变量：团队类型和团队自主性。

团队类型

团队一般是为了完成组织的工作而建立的。根据不同类型团队的不同挑战，团队通常分为四大类。

第一类是目标明确的**行动型团队**，这类团队开会少，行动多。特警队（SWAT）、外科手术团队或发动机装配团队都属于行动型团队。在这类团队中，成员拥有特定技能，共同完成单独无法完成的任务。行动型团队有以下几个特征。

◥ 任务和各成员的职责高度明确，成员都经过高强度的专业训练。

◥ 团队成员能在高强度压力下工作，因此训练通常聚焦于反复操练，以减弱压力的负面影响。

▼ 这种团队是为了应对突发危机而建立的，成员在一起休息的时间较多，容易产生厌倦感，或者过分关注人际小矛盾。管理这类团队需要找到有效的方式来填补成员的休息时间。

第二类是**解决问题型团队**，这类团队是为了解决问题而建立的，成员拥有不同的知识和经历，可能相互不认识。为了应对竞争威胁，改善生产流程或上马新的信息系统而建立的团队，营销常务委员会或战略规划小组都属于这一类。解决问题型团队面对以下几大挑战。

▼ 必须花时间明确地定义任务。

▼ 需要确定目标和标杆。

▼ 需要确定团队工作方式、每个成员的职责，以及出现不同意见时如何做出决策。

不同行业或职业往往以不同的方式应对这些挑战；应对不当，会导致团队功能失调或成员产生挫折感。本章后面的部分会讨论解决问题型团队如何管理这些挑战。

第三类是**创意型 / 创新型团队**，这类团队开发新创意，以满足需求或应对挑战。创意型与创新型的主要区

> **判断题**
>
> 最好的创意来自孤独的天才。
>
> □ 对　　　　□ 错

别是在不同行业使用不同的标签，例如广告行业更多称之为"创意型团队"，基于科学的行业则更多使用"创新型团队"。对于外部环境迅速变化的许多组织来说，创新越来越重要，因此创意型 / 创新型团队在各种组织中越来越普遍，而不仅仅是在典型的创意行业中。创意型任务通常由团队完成，因此判断题中的观念是错误的。相比个人，团队能产生更多创意和创新，因为团队能在各成员不同专业技能和视角的基础上创造出更多的新组合。而且，团队的沟通功能能够催生出更多的创新点子。各成员拥有的信息越独特，所能产生的创意越新颖。高效的创意型 / 创

新型团队需要各成员拥有独特的信息、自主性以及足够的时间去探索各种选择和组合。

第四类是**治理型团队**。这类团队对一个组织负责，通过制定战略、制定政策以及监督组织的绩效来控制组织，包括董事会、理事会等。多数时候，治理型团队审阅由小型组织的员工或大型组织的高管提交给他们的信息，提出问题，有时候也提出建议。有证据表明，治理型团队是非高效团队，原因如下。

▼ 治理型团队成员通常享有声望，其地位为众人所觊觎，因此谁是其中一员往往不明确（一项研究表明，在高管团队成员中，仅有9%的人对谁应该成为治理型团队成员意见一致）。个中原因在于，受邀参加会议的嘉宾太多，没有贡献的成员也能保留下来，因为要求这些成员离开会被视为对他们的侮辱。

▼ 由于成员地位高，享有威望，治理型团队的成员会尽量避免提出可能导致冲突的问题。

▼ 除非在危机时刻，否则治理型团队的工作无固定形态，导致成员之间失去相互依赖感，也缺乏共同的团队身份。

▼ 首席执行官们通常不愿失去对治理型团队的控制，总是试图紧紧控制治理型团队的日程和任务，这导致治理型团队成员的参与度进一步降低。

▼ 治理型团队有权选择其成员，容易出现第3章"如何有效招聘"中讨论过的相似吸引偏误，因此团队成员的多样性远低于前三类团队。

无论哪类团队，至关重要的一点是要诊断团队的目的，及其与之前团队的经验有何不同。例如，创意型团队不同于行动型团队，不需要大量的团队训练或辅导。我们都有过在不同团队工作的经验，很可能过多地将之前的经验带到新的不同类型的团队中。高效团队在开始工作前总是会弄清团队目的。

| 应用 |　明确阐释团队目的

▼　你的团队是行动型、解决问题型、创意型 / 创新型、治理型，还是混合型？

▼　团队的共同目标是什么？

▼　团队的客户是谁？

▼　将会用什么标准衡量团队的绩效？

团队自主性

除了目的不同外，团队在由谁设定目标、决定团队运作方式及分派成员职责方面也各不相同。对团队自主性的误解及不同假定，是导致团队冲突与挫折的一个主要原因。

一个极端是**自治团队**，自行决定团队目标、团队成员组成、团队运作方式及各成员职责。但无论是行动型团队、解决问题型团队还是创意型 / 创新型团队，几乎没有自治型的，

> ── 判断题 ──
> 提高团队效率的最好方法是组建团队之后不加干涉。
> □　对　　　□　错

因为在组织中，这几类团队的目标必须与组织中其他成员的工作一致；真正的自治团队设定的目标和接受的任务可能不会与其他人协调一致，因而会影响到组织的绩效。由此可见，判断题中的观念是错误的。

团队自主性的另一个极端是**管理者领导型团队**，由管理者或团队负责人决定团队目标、团队成员组成、团

> ── 判断题 ──
> 应该允许团队自行决定其目标。
> □　对　　　□　错

队运作方式及各成员的职责，团队成员在管理者或团队负责人的监督下履行各自的职责。这类团队通常对某项特定任务（如上马一个新的采购计划系统或审计）负责。只要团队成员拥有需要的信息和技能，这类团

队就可以是高效的，因为团队成员不需要花时间去设定目标或决定如何工作。因此，判断题中的观念是错误的。

介于这两个极端之间的是**自我管理型团队**，这类团队可能对成员组成、运作方式、职责分配或资源获取等负有责任。例如，为了现有产品的品牌延伸而建立的自我管理型团队，可能会决定它需要增加一名更为了解最有潜力的新客户的成员；或者为了复杂的工程任务而建立的自我管理型团队，在研究后发现最初决定使用的材料可能不是最佳解决方案，因此决定增加不同材料方面的几位专家。在上述两种情况下，团队成员起初不知道完成团队任务需要的所有信息或技术专长，可能要在开始工作后才能对有些信息有所了解。

自我管理型团队可能会有指定的负责人（或联合负责人），但也并不总是这样的，有些团队会挑选成员去承担不同的领导职责，而领导任务会随着时间的推移在成员之间转移。自我管理方式特别适合任务不明晰的创意型 / 创新型团队，这或许也是自我管理型团队在组织中越来越多的原因。这类团队面临以下几个挑战。

▼ 自我管理型团队最大的风险是目的不明确，以及弄不清拥有多大的自主性，因此需要花许多时间来决定目标及如何达成目标。

▼ 自我管理型团队需要具有灵活性，以便在学习中不断调整。

▼ 当团队内部意见不一致又必须做出决策时，自我管理型团队会陷入困境。许多人很熟悉投票的方式，但团队不应将投票方式作为最后的手段，因为投反对票者可能无法接受结果，而且采用讨论方式，可能会降低采取折中方案的概率。

| 应用 |　**理解团队自主性**

▼ 谁决定团队目的？

▼ 谁设定团队目标？

◥ 谁负责监控任务期限？

◥ 谁评估团队的绩效？

◥ 谁决定团队成员组成？

◥ 谁决定团队运作方式？

◥ 谁决定团队成员分工？

◥ 谁监督各个团队成员？

◥ 出现意见不一致时如何做出决策？

团队如何提高组织绩效

团队有优势也有劣势。本节讨论团队的优势，劣势将在下一节中讨论。

团队将不同的知识应用于任务

判断题中的观念是正确的，但团队成员需要相互分享信息。信息分享越充分，团队绩效越好。团队中常常存在这样的问题：成员没有将所有信息汇总到一起，不得不基于各自掌握的部分信息做出决定或得出解决方案，这称为隐藏信息问题（hidden profile problem）。只是进行信息分享也并不总能发现隐藏信息问题，因为团队成员更倾向于分享人人都了解的信息。这就意味着，讨论可能被共有信息而非成员各自拥有的独特信息所主导。如果团队中成员的地位不平等，隐藏信息问题就会更为严重，原因是地位较低的成员通常较少发言。

> 判断题
>
> 三个臭皮匠，赛过诸葛亮。
>
> □ 对　　　　□ 错

成员对于其他成员能做什么、他们的目标是什么以及他们应该如何一起工作有共识的团队，绩效会更好，这称为共享心智模式。有一些研究表明，共享心智模式的团队较少发生隐藏信息问题，并且在工作协调方面花的时间也较少。不过，准确性也很重要：成员在团队任务方面有准确共享心智模式非常重要。团队成员长时间在一起有助于共享心智模式的建立，因为成员在一起时彼此共享信息，并增进相互的了解。当团队成员认为与其他成员合作能取得更高绩效时，共享心智模式更容易建立。

| 应用 | 发现隐藏信息问题

▼ 团队建立之初，成员之间应该就各自的背景及与任务相关的知识做简要介绍。

▼ 团队应该公布各成员拥有的独到、有用的信息。

▼ 团队应该挑选成员来提问、重复新分享的信息，并直接讨论新的信息。

▼ 团队成员提出的问题应该以证据而非个人意见为依据。

团队能更好地创新

团队将拥有不同知识的人汇集在一起，让他们以不同方式思考，因此能得到更有创意的解决方案。最成功的创新来自这样的团队：成员拥有多样化知识，在一起工作时间较长。与个人相比，团队在整合不同视角、激发更多创意方面更有优势。食品企业的新产品团队成员，可能包括口味方面的专家、理解规模经济生产的运营人员、营销专业人士，以及专注于客户偏好的外部咨询顾问等。越多样化的团队得到的创意越新颖，原因在于团队成员之间会有更多争论，而如果争论不是太过激烈，并且不在团队工作的早期出现，团队的绩效就会更好。

> 判断题
> 头脑风暴是获得创意的最佳方式。
> □ 对　　　□ 错

　　出乎很多人的预料，判断题中的观念是错误的。在头脑风暴模式下，团队成员会被要求等积累了非常多的创意后再评估。而事实上，在团队一边产生创意一边评估创意时，获得的创意会更好，因为评估过程能将成员的注意力聚焦在创意上，并使各成员对于任务看法的差异变得清晰。

| 应用 | 　在团队中产生创意

▼　通过对成员进行角色分工等方式获得对问题的不同看法。

▼　以非寻常方式综合个人的创意。

▼　让成员通过图片而非文字描述他们的创意。

▼　提相反的问题，例如"我们如何确保没人会下载我们的新 App？"

▼　要求成员在开会前思考一下这项任务，这样，开会时他们就能专注于融合创意，而无须浪费时间理解任务。

▼　先给一些创意设定目标，这个目标比预期的最终目标略高一点。

团队会支持授权

　　一些组织减少了管理者层级，将一些管理者的大部分工作授权给自我管理型团队。这样的授权能降低成本，加快决策速度。如果这些团队规模较大，人员较多样化，拥有更大自主性，拥有各方面的相关信息及技术专长，那么团队会更高效。但在很多情况下，团队事实上并没有很大的自主性，或没有所需的信息，这会导致成员产生挫折感和玩世不恭的态度。

| 应用 | 　支持有效的团队授权

▼　团队需要拥有各方面的相关信息来完成任务。

▼　不熟悉团队合作的团队成员需要接受团队合作技巧方面的培训。

▼ 对一个团队授权越多，它就越需要有办法与团队外部可能影响其工作的一切协调。

团队会促进敬业

判断题中的观念是错误的，因为团队能培养员工的敬业精神，但不一定能激励他们。在有些情况下，团队可以抵消分工过细导致的疏离感，因为员工做重复性工作会感觉厌倦，心不在焉，看不到自己对组织的贡献。制造业中的许多组织发现，自我

判断题
让员工在团队中工作可使他们更有动力。
□ 对　　　　□ 错

管理型的团队能让员工感觉工作更有意义，同事之间会有努力取得高绩效的压力。团队成员的互动有助于建立更强的社交支持，使工作和组织变得更有吸引力。例如，工人组成的团队能制造出整个引擎，相比之下，个人则只是长长流水线上的一个环节。而且，正如第 7 章描述的，团队成员的社交互动能使枯燥乏味的工作变得更为有趣。

团队如何削弱组织绩效

尽管团队有许多优势，但高效团队仍然需要应对一些挑战。

团队可能会存在过程损失

与个人独立工作相比，团队成员需要面对双重任务，不仅要成功完成团队任务，而且需要与其他团队成员互动，以确保人们所有相关的专业技能用于完成任务。这被称为**团队合作任务**，包括：

▼ 就共同目标达成共识。
▼ 决定团队如何达成目标。

▼　给成员分配任务。

▼　融合创意，开发新创意。

▼　监督团队成员的绩效。

▼　根据来自团队内部或外部的新信息做出调整。

▼　管理冲突。

▼　建立成员信心和保持动力。

▼　在不冒犯团队成员、不使团队成员受挫或不疏离团队成员的前提下完成上述所有任务，以避免团队成员"混日子"或以其他方式影响团队绩效。

　　团队的一大挑战就是这种双重任务。这也是许多人觉得团队令人恼火的原因。上述团队任务都没有完成好，则称为过程损失（process loss）。导致过程损失的原因可能是成员动力太小、缺乏合作、高绩效压力，或者团队成员流动性太大，新成员需要了解团队的工作方式，其他成员不得不花时间来向新成员做介绍。

| 应用 |　把过程损失降到最低

▼　确保所有成员提供信息并分享观点。

▼　建立机制，以确保成员了解团队会倾听他们的意见这一事实。

▼　确保高频率的沟通。

▼　事先就规则达成一致：如果没有能力说服他人，就面对现实，不要浪费时间去重复自己的观点。

团队的耗时性

　　由于团队必须建立和保持有效的团队合作，并完成任务，因此相比于个人完成任务，团队完成任务更耗费时间。除了行动型团队外，在所有任务中都必须有团队合作，并且需要平时进行许多专业技能和团队合作方面的训练，其他类型的团队完成任务所用时间通常都比个人所用时间更长，因此判断题中的观念是错误的。在刚刚组建的团队中，如果有未曾一起工作过的成员，团队就需要额外的计划、信息交流和协调，需要额外的时间去了解其他成员所拥有的知识，而且需要一边工作一边交换信息。完成这些团队合作任务都会耗费时间，因此这样的团队需要想办法管理好自己的时间。

判断题

团队有助于对突发事件做出迅速反应。

　□　对　　　　　□　错

《团体管理》（*Group Management*）的作者康尼·格赛克（Connie Gersick）发现，许多团队会很自然地在任务中途重新评估工作是否足够聚焦，以及时间利用是否合理。团队成员对时间紧迫感的看法可能会有不同，有些成员会认为其他成员的工作延迟或进展过快，这会影响彼此的信任，而且他们会考虑是否接受其他成员造成的影响。团队必须设定自己的**中期期限**，以确保所有团队成员对紧迫感有共同认识。类似中途重新评估、中期期限的实践被称为**中期回顾**，它可让团队在工作中停下来思考一下，防止挫折感和恐慌的产生，对不清晰的任务尤其有帮助。

| 应用 |　管理好团队时间

▼　设定现实合理的中期期限。

▼　定期进行中期回顾来回答以下问题。

- 我们的目标是否仍然正确？
- 我们的战略是否正确？
- 工作中是否有足够的合作？
- 我们是否分享了所有相关信息？
- 我们各自的职责是不是最合适的？
- 我们的时间利用是否合理？

▼　如果落后于期限，就要花时间诊断原因并制订计划。

- 如果团队为了避免冲突，不愿意对成员说"不"，就可以进行公开投票。
- 如果有些成员太健谈，就先限定每个成员发言的时间上限并计时。
- 如果任务比原先认为的更复杂，就告知外部支持者。

团队成员可能会工作懒散

团队成员可能会变得社会惰化（social loafing），即有些团队成员在工作中偷懒，觉得其他成员会收拾烂摊子。在相互依赖的工作中，社会惰化是常见的风险。在团队中，评估的是团队绩效而非个人贡献，有些人会利用个人责任制的缺乏来偷懒。在团队中出现社会惰化者时，其他成员会尽量限制他从工作中获益，或本身也开始偷懒。显然，社会惰化会有损团队绩效。为什么会出现社会惰化呢？原因如下。

- 团队成员缺乏责任心。
- 团队成员感觉受到了不公正对待。
- 个人贡献难以区分。
- 团队成员感觉不需要他的贡献，他的贡献不受重视或得不到奖励。
- 团队成员认为被其他人利用。

| 应用 | 将社会惰化降到最低程度

- 团队规模不要太大，刚刚合适最好。
- 团队的任务应该是有意义的，不应该是为了有事做而设置的，或者纯粹是象征性的。
- 通过张贴各成员的任务和时间期限等方式使所有成员的贡献很清晰。
- 给予团队成员反馈和奖励，给予认可和地位也是奖励的方式。
- 团队应该公开找出社会惰化者，并让他们负起责任。

团队会做出更多极端决策

判断题中的观念半对半错：团队之所以会做出更多极端的决策，是因为团队群体讨论比个人独立决策要么风险更高，要么更保守，而且团队会有一种倾向，即强化更普遍的意见，从而产生更多极端性的决策。这种**群体极化**源于我们不愿意当面反对他人的意见，以及拿不定主意时需要寻求他人的指引。

> ┌─ 判断题 ─
> 与个人相比，团队做出的决策风险更高。
> □　对　　　　□　错

和谐（而非绩效）变成主要任务

人类最初依赖于一小群人合作，以维持生计和生存，这导致我们在团队中更倾向于和谐与合作。对所有人来说，当你需要花很多时间在一个小团队中工作时，与他人发生冲突会是很痛苦的事。因为团队成员相互依赖以达成团队目标，所以团队中出现人际不和谐会给团队带来更大的风险。因此，许多人会努力维系与其他成员的关系。这种对人际关系和谐很自然的渴望，会使和谐变成团队的主要目标，团队绩效会因此受到影响。在人际互动方面特别看重和谐的文化中（如东亚国家，或者在认为同学关系比学习团队的任务更重要的学生中），这种倾向的危害会更大。解决这个问题的一种方法是，指派团队成员中的一人或几人负责让团队聚焦于任务。

团队的高效管理

团队的高效管理需要开展积极、持续的诊断，并对团队工作进行管理以确保聚焦于团队目标。本节将讨论最有效的一些实践。

合适的成员

首先，如果团队成员拥有完成团队任务所需的专业技能，那么团队就会获得更好的绩效。这一点非常重要。如果团队发现成员不具备所需的技能，培训就是一个选择。但团队也需要拥有高情商、能解决冲突、能解决合作问题、掌握沟通技巧以及具备认知能力等团队技能的成员。即使团队中只有一名成员缺乏责任心或没有开放学习的心态，团队绩效也会受到负面的影响。团队中具有开放和学习心态的成员越多越好。拥有下列人际技能的团队成员对团队合作的任务有利。

- 就创意提出建议。
- 愿意倾听他人的创意。
- 就评估创意的标准提出建议。
- 提出支持性、澄清性的问题。
- 融汇他人的建议。
- 让团队聚焦于目标。
- 重建团队能量。
- 鼓励他人。
- 做和事佬，调解争端。
- 用幽默缓解紧张情绪。

对于复杂的任务，团队所需的信息和技能非常多样化，这会带来挑战，必须对之加以管理。**信息多样化**是指专业技能、职能背景、部门、经验的多样化，或其他与团队绩效相关的任何信息。团队建立初期的一项重要任务是弄清各成员拥有哪些信息。信息多样化在大多数团队中都会出现，通常来说不是严重的问题。

团队成员的**价值观多样化**问题会更难以解决。价值观多样化团队的一个例子是合资企业中双方人员组成的团队。在政府和非营利机构中，这类团队尤其普遍。例如，有些成员加入团队去传达其价值观，另一些则可能希望通过激进的行动解决问题；前者希望获得传达价值观的机会，后者期望的是行动。价值观多样化可能导致破坏性冲突：团队如果不能就共同的目标达成一致，就无法完成任务。而且，由于价值观是人们自我意识的核心，价值观上的不一致会引起极大的争议。这样的差异需要通过聚焦于任务的领导者、谈判、政治流程或结构性解决方案（如分割团队）来管理。

社会类别多样化指的是种族、性别、年龄或国别等明显的人口统计特征的多样化。在创意型 / 创新型团队中，年龄多样化对绩效有正面影响，单一化团队通常准确性较低，但又对自身的准确性过于自信。然而，社会类别多样化会阻碍信息的使用，因为根据明显的特征把人们进行分类的倾向，会干扰倾听，导致过程损失，并且可能会导致人员流动频繁，以及对团队的满意度降低。但是，在差异被归为某些陈旧观念（例如"你们年轻人在社交媒体上花的时间太多，而不懂得怎样做实际的工作"）或者反映的是价值观差异时，社会类别多样化只会导致冲突。如果在团队中鼓励组织认同感，成员都努力支持团队绩效，社会类别多样化反而会产生更好的绩效。研究表明，尽管信息多样化团队和社会类别多样化团队在工作初期会在达成一致和产生创意方面有些困难，但经过几个星期合作后，他们的绩效会与多样化程度较低的团队一样好。多样化程度越高，越有必要在初期花时间建立共同的目标和流程。

当一个团队汇集了几种类型的多样化时，团队运作会受到较大影响，这称为**团队断裂**（team faultlines）。团队断裂会加剧冲突，降低信任度。但如果团队成员对团队有认同感、共同的目标，团队断裂带来的过程损失就是可以克服的。

综上所述，只有对于部分类型的多样化团队而言，以下判断题中的观念才是正确的。所有类型的多样化团队都会有争执、压力、初期的不适应、初期决策时间较长等问题，原因是达成共同目标和流程的时间较长。然而，只要花时间讨论，多样化的解决问题型团队和多样化的创意型/创新型团队就会有更好的绩效，这两种类型的团队会早早明确目标和成员职责，而不会坐等各种差异浮出水面，变成冲突。

> **判断题**
> 多样化的团队绩效更好。
> □ 对　　　　□ 错

|应用| 从多样化中受益

◥ 建立对任务、团队或组织的认同感。

◥ 聚焦于团队目标。

◥ 不要以社会类别来称呼其他成员，专注于创意。

◥ 耐心。团队越多样化，建立信任所需的时间越长。

团队规模

判断题中的观念是错误的。《关系型团队设计特征与团队绩效的多元分析评论》（A Meta-analytic Review of Relationship Team Design Features and Team Performance）一文的作者格雷格·斯图尔特（Greg Stewart）研究

> **判断题**
> 规模小的团队绩效更好。
> □ 对　　　　□ 错

发现，成员多的团队总是比成员少的团队绩效更好。当然，团队规模越大，团队成员发现隐藏信息问题、建立共享心智模式所需的时间越长，相比规模小的团队，它更需要协调合作。规模小的团队更容易管理，团队成员也更愉快，但一个团队还是应该有足够大的规模，这样才能获得重要的信息或外部支持。规模较大的团队的确需要有结构性流程，并需要努力保持成员的动力。一个团队的成员越多，就越可能需要采用小型组织的结构，在组织中设立层级或独立小团队，以完成工作；在这些小群体中，需要建立明确的流程，以确保它能与整个大团队分享信息。

| 应用 | 设立大型团队的结构

▼ 对某些任务，需要设立控制时间、进行协调以及监控是否参与等的
  岗位。

▼ 如果需要，设立子团队或子委员会。确保在每次会议上所有子团队
  都报告工作进展。

▼ 从一开始就考虑团队建设方面的训练。

▼ 总是为会议设计议程。

团队稳定性

成员稳定的团队，分享的知识更多，有更多共同的工作模式，也更加灵活，因此团队绩效更好。在稳定的团队中，成员不需要反复就团队目标和工作方式达成一致，也不需要反复花时间了解其他成员的优势和劣势。

在需要迅速反应的行动型团队中，团队稳定性尤其重要。然而，有些类型的行动团队（如医疗急救团队），团队成员通常不固定，可以通过**动态授权**来有效应对这一挑战：随着工作的变动，团队领导者持续授权和收回授权。结合强化培训以及分享哪些成员拥有哪些专长，这类团队可以很灵活，即使团队成员有变化，照样可以获得好的绩效。

一些团队由陌生成员为了完成某个项目而组建，没有时间建立人际信任、积累共享知识和经验，那么这样的**临时团队**如何变得高效呢？当这样的团队由专业人士组成时，就会很高效，因为对专业人士来说，声誉非常重要。高效的临时团队需要明确各成员的职责，并进行事先的强化训练，以确保成员清楚其他成员拥有哪些信息和专业技能。

团队的过分稳定也会影响绩效。成立五年以上、成员不变的团队，其绩效会下降，因为这样的团队容易自满，阻碍创新和创意的产生。新的创意和新鲜血液对这样的团队有益，几年后更换成员会促使这样的团队变得更高效。

高效的团队领导者

只有在一种情况下，判断题中的观念是正确的：团队高度独立，或者团队高度依赖外部关系。原因在于，相比让团队成员各自去应对，强势领导者管理复杂的依赖关系更容易。由学生组成的项目团队往往会把项目分解成多个任务，降低相互依赖的程度，成员尽可能各自独立工作，

┌─────────── 判断题 ─┐
高效团队需要强势领导者。
　　□　对　　　　□　错
└───────────────────┘

因为成员更希望保持平等，但这样的分工会影响创意的产生，减少反馈，削弱团队的优势，导致较低的绩效。当团队需要面对强势的外部关系时，强势领导者对团队是有帮助的，他能保护团队。另外，如果领导者有较多外部关系，那么团队绩效会更好。

所有高效团队都需要完成**团队领导任务**，其中包括：

▼ 建立清晰的团队目标和绩效目标。

▼ 协调团队成员的行动。

▼ 确定明确的期限。

▼ 推进合作以解决问题。

▼ 为错过的成员制订备用计划。

▼ 确保团队规则和政策的实施。

▼ 让团队及时了解新信息。

▼ 确保公平对待所有成员。

┌─────────── 判断题 ─┐
共同承担领导职责的团队绩效
最好。
　　□　对　　　　□　错
└───────────────────┘

团队领导任务不一定需要由指定的团队领导者来完成。**分散式领导**（distributed leadership）指的是不同团队成员承担不同的领导任务，这在内外部相互依赖度都低的团队中较为普遍。但分担领导任务对团队绩效并没有帮助，判断题中的观念是错误的。分散式领导方式需要花时间去弄

清谁适合承担什么职责以及分配领导者任务，而且如果有成员未能完成任务，或者有成员不认可其他成员领导的权威，就会产生问题。超过 50 人的团队绝对需要分散式领导，让部分成员明确承担某些领导任务。

在没有指定领导者的团队中，会出现非正式领导者。人们对什么样的个性特征能让一个人脱颖而出，成为非正式领导者进行了研究。**脱颖而出的领导者**（emergent leader）通常具备以下特征：有主动性、知道如何完成工作、坚持不懈、自信以及可靠。

管理者的工作通常需要他们领导团队，下列对照清单对其领导团队会有帮助。

| 应用 |　高效团队领导对照清单

- 确保团队从一开始就有清晰的目标。
- 展现个人对团队目标的投入。
- 避免因太多优先任务而分散精力。
- 对所有成员公平公正。
- 愿意面对和解决成员的绩效问题。
- 对来自成员的新信息和创意持开放态度。
- 制定各项任务所需时间的指南。
- 监督时间和截止日期。
- 不要主导讨论。
- 积极管理团队的各种外部关系。

| 案例 |　PK 出来的团队领导者

在芬尼克兹的"裂变式创业"模式下，团队领导者（即创业企业的总经理）是通过 PK（对决）竞选出来的。评委会从七个维度来评价团队领导者：工作年限、目前职务、对芬尼克兹理念的认同度、战略思维、创新思维、团队打造、人格魅力。这些维度的分值加起来是 100 分。此外，项目评价也是 100 分。总分为 200 分。项目评价看两个方面，一是商业模式，二是团队，这两个方面的评价也是量化的。详细评分标准如下表所示。

评价维度	优	良	中	差	分值
工作年限	5～8 年	3～5 年或 8～10 年	2～3 年或 10～15 年	2 年以下或 15 年以上	5
目前职务	部长级或以上	科长级或以上	主管级或以上	主管级以下	5
对芬尼克兹理念的认同度	像对宗教一样虔诚	较高认同	选择性认同	较低认同	10
战略思维	看得长远，有胆有谋，下得起注	看得清路，派探子收集过情报，能发出正确信号	前怕狼后怕虎，着力于眼前发展	胸无大志，行事草率	20
创新思维	紧跟大趋势，酷爱倒腾点新玩意儿	经常剽窃他人之所长，再根据自己的特长进行加工	想玩点新鲜的，尝试过，剽窃过	看着人家玩新鲜的，曰：一切都是浮云	20
团队打造	带得起兵，打得起仗，画得起饼，给得了未来	爱玩、爱疯，知人善用，营造合作的团队氛围	耍酷、耍帅、耍内敛，各司其职，一团和气	要么板着脸，要么"火眼金睛"，员工见了就躲	20
人格魅力	有盘古开天地的气势，敢逆流而上，越是挑战越兴奋，"脑残粉"也跟着莫名兴奋	爱民如子，勤奋有加，追求完美，凡事亲力亲为	说话办事都靠谱，活儿交给他放心，就是少了点冒险精神	喜欢单枪匹马，眼里的自己能征服世界，唯独没有团队	20
项目评价	项目很优，营销模式非常具有创新性，回报快，产品让人一见难忘，再见倾心	项目挺不错，具有创新性，让评委有一点心动，产品优势还可以再挖掘，回报率稳中有升	项目有缺陷，创新性不强，回报慢了一点，产品优势不明显	项目不好，没有创新性，投资回报遥遥无期，没有产品优势	100
合计					200

从一开始就明晰

判断题中的观念是错误的。如果研究一下团队的发展历史，你就会发现，并没有论据支持严格的团队发展阶段（如建立期、激荡期和规范期等）的划分。在完成任务过程中，团队无须遵循特定的顺序，而且可能同时去完成多项任务。团队的发展阶段取决于任务截止日期和其他环境压力，而不是有关团队发展阶段的抽象概念。

> ┌─ 判断题 ─────────────┐
> │ 需要清楚团队处在哪个发 │
> │ 展阶段。   │
> │   □ 对   □ 错   │
> └──────────────────────┘

从一开始就确立明晰的目标以及如何工作的团队，绩效的确会更好，冲突也更少。

| 应用 | 有个好的开始

在开始工作前，团队需要：

▼ 设立团队目标和中期期限。

▼ 交换信息。

▼ 决定如何均衡分配工作量。

▼ 规划在期限内完成任务的工作进度。

▼ 决定如何协调团队成员与外部支持。

▼ 明确职责。

▼ 决定团队将如何解决冲突。

▼ 决定由谁监控成员绩效和解决成员个人的绩效问题。

▼ 就以下方面制定详细的书面约定：分工、职责和期限，以保证共享心智模式。

▼ 激励式辅导在开始阶段最有效。

平衡个人目标与团队目标

所有团队都会遇到个人目标与团队目标之间的潜在冲突。许多员工隶属于多个团队，同时还要对自己的个人工作负责，而因为时间有限，团队目标可能并不是这些员工的优先考虑事项。出现这一问题说到底是因为不同的激励体系相互矛盾。当团队给予的激励与团队内部的相互依赖程度匹配时，团队绩效会更好——内部相互依赖度高的团队给予员工更多基于团队的奖励，相互依赖度低的团队给予员工更多个人奖励。当团队推出新产品或服务时，基于团队的激励措施更有效。为了鼓励团队成员帮助其他绩效较差的成员，以提升团队整体绩效，实行把个人绩效与团队绩效相结合的薪酬制度是行之有效的方法。

| 应用 |　保持团队成员的动力

◤ 尽可能高效地利用成员的时间。

◤ 限制任何一名成员加入的团队数量。

◤ 认可团队内部与外部的特定贡献。

◤ 认可团队绩效。

◤ 奖励团队绩效。

对成员互相信任有信心

　　团队成员相互依赖，所以彼此的信任对于团队绩效至关重要。团队成员需要相信其他成员的能力、诚信和可靠度，成员之间的信任度越高，相互认可度越高，团队绩效就越好，尤其对于解决问题型团队而言。

| 应用 |　建立团队信任

◤ 通过设立可实现的目标来管理成员的预期。

◤ 确立分工和职责。

◤ 强调团队的成功取决于团队成员相互依靠。

◥ 要一以贯之。

◥ 不要有偏向性。

◥ 要信守承诺。

团队效能

团队绩效的最好指标之一是成员对于团队能够完成任务的信念，这称为**团队效能**。如果成员对团队有信心，当遇到困难时，他们会始终相信其他成员的能力，会产生更有创新性的想法，成员退出团队的可能性也更小。成员对团队有信心有助于他们适应变化。

团队成员为什么会形成团队效能？过去取得过成功以及有更多共同体验的团队的团队效能更高。但团队信心要建立在持续监控目标的基础上，否则自吹自擂的过度信心会影响绩效。在较有声望的团队中，如果有成员对团队的出色过于自信，团队就会受制于**群体思维**——成员可能会担心团队领导或其他有权力的成员不高兴而不会提出某些顾虑或分享某些信息。群体思维使成员太注重团队和谐、持续给团队领导者及其他成员提供正面意见，而非大胆发表意见以及仔细审视其他可选方案。

凝聚力

成员在多大程度上喜欢与其他成员一起工作并想留在团队之中，不同团队的情况会截然不同。有吸引力的团队称为有**凝聚力**的团队。在这样的团队中，成员希望与其他人一起工作，希望留在团队中，他们对其他成员和团队体验感觉良好。

> **判断题**
> 有凝聚力的团队绩效最好。
> □ 对　　　　□ 错

判断题中的观念是正确的。团队凝聚力能使每个成员更充分地发挥自己的能力，团队的流动性更低，社会惰化者更少，成员之间更彬彬有礼，更愿意参与、互助和合作。对项目团队来说，凝聚力总是预测绩效的最好指标，有更强凝聚力的高管团队会取得更好的财务业绩。许多研究致力于弄清为何有些团队具有凝聚力，而有些没有。

更有凝聚力的团队大概是这样的：成员较少、成员在一起的时间更多、进入门槛更高，等等。过去很高效的团队，凝聚力会增强；成员越是相互依赖，他们的凝聚力越强。情绪具有传染性，因此成员的正面情绪有助于增强凝聚力，负面情绪则会降低凝聚力。对团队外部的愤怒可能增强凝聚力，但对其他成员的愤怒会降低凝聚力。成员有更强的认知能力和敬业精神、更随和、更外向，并且情绪更稳定，这样的团队凝聚力更高，最终绩效也会更高。让成员参加同步性要求高的活动（如合唱、列队等）也能建立凝聚力；成员认为团队领导者不公正，就会激发凝聚力，因为成员会团结起来，相互支持，与领导者对抗。

| 应用 |　**提高团队凝聚力**

◤ 考虑开展阶段性团队建设活动。

◤ 庆祝团队的成功。

◤ 把同步性活动定为常规。

◤ 共同的敌人能激发凝聚力，但要确保这个敌人目前或将来不是团队需要合作的对象。

团队挑战

即使团队拥有合适的人员、结构、薪酬和领导者，也必须在不断变化的外部环境中工作，因此团队需要不断地对自身加以诊断和管理。下面这部分内容讨论最常见的团队需求。

团队外部关系

团队的高效需要外部支持，所以以下判断题中的观念是错误的。人们倾向于聚焦团队成员而忽视外部关系，团队需要格外注意获得外部的支持。例如，由特别任务小组开发的新管理信息系统对其他员工而言是不是一种负担，以致他们不愿输入新系统所需的数据？新的客户支持系统是否把使用它的员工搞得晕头转向？与外部相关方积极互动的团队，绩效会更高。

判断题

团队只招聘拥有必备信息的成员。

☐ 对　　　　☐ 错

团队成员会有群内偏袒（in-group favoritism）的倾向，即强调自己所在群体的正面特点，对负面特点轻描淡写，对外部人员则正好相反。例如，一旦从团队成员那里获得信息，就会不那么重视来自外部的相关信息。在同质化程度更高、更加稳定以及对成员更有吸引力的团队中，这种倾向更为严重。团队需要向外部报告，也需要来自外部的信息和资源，因为他们的绩效由外部人员评估，所以团队必须管理好外部关系。

通常，某些团队成员的职责是从外部获得信息和支持，并将获得的信息分享给其他成员。这样的成员称为跨边界者，他们会对创意型/创新型团队所需的多样化思维做出有价值的贡献。然而，不能夸大这些跨边界者面对的困难：与外部有太多融合会使团队工作变得极为复杂，因为团队还需要牢记自己的目标，并协调相互的工作。如果一个组织内有多个团队并且都有很大的自主性，协调这些团队之间的工作难度就会很大，这也是真正的自主性的团队在组织中并不多见的主要原因。团队面临

判断题

团队是组织的基本单元。

☐ 对　　　　☐ 错

巨大的挑战，成员都肩负本职工作和团队任务双重责任，还必须协调外部关系。因此，判断题中的观念是错误的。

| 应用 | 弄清团队的外部关系

▼ 团队目标和更大业务单元或更大组织的目标是否一致？

▼ 团队的决策、产品或服务会影响到谁？是否有其他人员需要参与团队产品的生产或服务的提供？如果是，如何管理？

▼ 团队成员是否与关键外部伙伴建立了关系？

▼ 团队是否清楚何时需要把团队工作告知其他人员？

▼ 团队是否经常与关键外部合作伙伴沟通信息？

冲突

团队创立的目的就是把拥有不同专业技能和信息的人聚集在一起去完成一项任务，因此团队成员会带着不同的经验，可能还带着不同的目的加入团队。当团队成员认为另一名成员在目标、资源、做法或信念方面与大家相反时，冲突就会产生。冲突也会由资源稀缺、团队目标不清晰、成员职责不明、时间紧迫、错过截止日期，或者轻视其他成员等引发。引发冲突的原因非常多。

严重的冲突会影响团队绩效和和谐，并且团队工作越复杂，不确定性越大，冲突的负面影响就越大。冲突会减少团队合作，因为在冲突中成员更不可能一起评估创意、寻求和倾听其他成员的建议，也更不可能相互帮助。尽管如此，温和的冲突却有助于提高绩效。温和的冲突能使团队获得更高质量的决策、更高的生产率以及更强的敬业度，因为它能带来更多信息，引起更多质疑。职责方面的冲突以及如何完成任务方面的冲突也能帮助团队提高绩效，前提是成员对其他可选方案进行了详细的阐述和评估。总之，在创意方面频繁产生的温和冲突有助于成员获取和交换信息，激烈的冲突则会阻碍交换信息。

团队面临的挑战是，在团队目标是什么以及如何达成目标上产生的冲突可能会升级为激烈的个人冲突，而个人冲突会对人不对事。个人冲突或情绪化冲突的形式包括侮辱、恐吓、贬低、指责、威胁、不肯提供帮助、冷漠甚至动武。当冲突变得严重时，成员会不再倾听，开始策略性地保护自己，冲突也会变得更难以解决。冲突可以化解，也可能变得很棘手，最糟的情况是团队分裂成几个小团体，成员的注意力都转移到对付其他小团体上。这样的冲突升级在下列情形下不太会发生：冲突是由对于团队而言很重要的问题引起的；团队成员心态更开放，情绪更稳定，并且没有成员神经过敏。许多人避免对不同创意开展建设性的讨论，尽管这样的讨论有可能提升绩效，原因之一就是人们担心冲突升级为个人之间的矛盾。

判断题

人与人之间联系越多，冲突越少。

☐ 对　　　　　☐ 错

冲突可以减少，但只是通过判断题提到的人与人之间的联系，效果不大。当团队成员聚焦于通过合作解决问题，既不回避冲突，也不试图控制他人时，团队会更高效。同样，当团队成员都同意可以持有不同意见时，信息交换会更有效，绩效也会得到改善。许多团队是为了完成某项任务而将拥有不同技能的人聚集到一起的，回避冲突几乎没有效果：如果团队成员对不同意见避而不谈，他们就会失去学习和获得创新性解决方案的机会。

解决团队冲突的一种常见方式是开展团队建设活动，即团队成员花上一天、一个周末或一周的时间，在一起开展与工作无关的活动。这种外出活动很有趣，在团队成立初期有益于形成最初的信任和敬业精神。但爱

判断题

团队建设活动能解决冲突。

☐ 对　　　　　☐ 错

德华多·萨拉斯（Eduardo Salas）和贾尼斯·坎农－鲍尔斯（Janis Cannon-Bowers）发现，冲突一旦形成，团队建设活动并不能解决冲突，除非组织团队建设活动的培训师对团队足够了解，能帮助团队成员诊断这种冲突体现出的潜在组织问题。判断题中的观念是错误的。大多数团队冲突并不是由个性问题或人际关系导致的。诊断冲突产生的原因，是解决冲突的关键所在。时机也很重要，越早阻止冲突升级，恢复成员之间的合作越容易。尽管团队会采取旨在改善人际关系的干预措施，但这样的干

预措施无法保证团队绩效的提升，而制定规则以避免冲突升级的干预措施，能改善团队绩效。

|应用|　防止冲突

◤ 确保团队从一开始就拥有共同的目标。

◤ 确保成员重视的是团队成就而不是个人成就。

◤ 在开始完成团队任务前，先制订计划，以便在冲突产生时公开解决问题。

◤ 提醒团队成员公开接受不同意见以及妥协的必要性。

◤ 拟出一份协议，具体写明成员之间的预期，让他们签署。

◤ 把上述协议张贴出来，以便团队存续期间进行对照。

|应用|　平息冲突

◤ 在冲突升级为个人矛盾前，找一个第三方通过说明冲突的实质加以阻止。

◤ 总结分歧所在，专注于对事不对人。

◤ 如果团队成员能自由表达疑义，解决冲突就会较为容易。

◤ 不冒犯人的幽默能平息小小的怒气。

◤ 了解各方的目标，看能否找到达成一致的其他方案。

◤ 像看待工作问题一样看待冲突，讨论几种不同的解决方法。

虚拟团队

　　判断题中的观念仅仅部分正确：信息技术已经使传递简单、直接的技

> ────── 判断题 ──────
> 信息技术已经使沟通更加容易。
> 　　□　对　　　　　□　错

术性信息更加容易，但使传递微妙的、让团队更高效的隐含信息更加困难。技术的变化使协同工作的量大为增加，而这样的工作由地域相隔遥远、通过互联网聚集起来的虚拟团队完成。虚拟团队由来自各地的专家

组成，可节省差旅费和安置成本。然而，上面讨论的团队合作面对的所有挑战，在虚拟团队中都会加大。

首先，虚拟团队的沟通常常不是同步的。当团队成员来自不同时区时这种情况就会出现。这类团队会有太多话题，沟通中的时间延迟太长。这样的团队容易产生冲突和挫折感，因为团队成员会觉得自己遭到忽视（没人对自己的想法做出回应），讨论会变得令人困惑。电子化的沟通不像面对面沟通那样信息充分，原因在于电子化沟通速度过快，缺乏周到的考虑，而且没有面部表情。电子化沟通会加快工作速度，也会更多地打断工作，让管理者更为头疼。只通过电子化方式互动的团队，其成员间的互评更为负面，这并不令人惊奇。虚拟团队成员之间的沟通较少，对团队的认同感较低，团队成员更加放纵，冲突更多，满意度更低，坚持到底的也更少。由于面对这些额外的挑战，虚拟团队与面对面团队相比，完成任务所需的时间更长，共享心智模式更弱，信息交换方式更差，产生的有用创新也更少。

为了弥补这些欠缺，虚拟团队需要更为正式地规划、设计工作流程，更加频繁地进行面对面的沟通。另外，虚拟团队定期召开面对面的协调会，会对改善绩效有所帮助。

| 应用 |　管理虚拟团队

▼ 虚拟团队需要从一开始就设定清晰的绩效标准。

▼ 确保有合适的技术支持团队的工作，开会时使用视频。

▼ 在开始工作之初召开面对面的会议，之后定期召开，能使虚拟团队更加高效。

▼ 在召开第一次会议前，团队成员应该贴出各自的照片和简介。

▼ 团队成员必须参加所有会议。不同成员缺席不同会议，会导致沟通不畅和挫折感。

▼ 虚拟团队需要清晰的行为准则。

- 对所有新信息和新方案做出回应，并使之成为惯例。
- 话题太多时进行优选，就较多人感兴趣的话题进行交流沟通。
- 及时结束不活跃的话题。
- 保持团队成员和流程的稳定性。改变流程以及更换成员，会使虚拟团队共享知识的难度加大。

　　最高效的虚拟团队都能在以上这些方面做得很好。这样的团队成员稳定，全员参加视频会议，并且定期召开面对面的会议。

灵活性

　　判断题中的观念是错误的。团队一旦建立，一般不会再回头审视目标、成员构成和工作方式，但随着团队成员逐渐了解工作，也许需要改变他们所做的工作以及工作方式。除非团队任务很简单，否则，团队随着时间的推移越灵活，绩效越好。

---- 判断题 ----
起步好的团队会一直很好。
□　对　　　　□　错

　　经常鼓励成员主动学习和发展能力的团队能更好地根据新的信息进行调整；当新信息表明应该改变目标、成员构成或工作方式时，那些只专注于眼前任务的团队的灵活性较低。培训是提高团队灵活性的方式之一，最有效的培训会专注于与团队任务相关的具体技能，如目标设定、分配职责、团队合作技巧等。

|应用| 打造团队灵活性

- 鼓励团队成员的能力发展。
- 团队中期回顾时审视团队环境的变化。
- 制定指南，以便当目标、成员、流程或结构需要变化时，团队能认识到这一点。

团队合作还是独自工作

对某些任务来说，判断题中的观念是正确的；对另一些任务而言，它是错误的。团队能把各种知识带到任务中，能获得更好的创新，能支持敬业基础上的授权，但这些好处需要付出一定的代价：过程损失，团队耗费时间，成员可能社会惰化，团队可能做出较为极端的决策等。下列标准能帮助你判断一项工作应该由团队完成还是由个人独自完成。

> **判断题**
>
> 团队合作比个人独自工作更高效。
>
> □ 对　　　　□ 错

◥ 如果任务是组织一些思路、想法（如写报告等），那么任务最好由个人完成。

◥ 如果绩效不依赖于众人带来多样化的信息，那么任务最好由个人完成。

◥ 如果组织的奖励和政策不支持团队绩效，那么任务最好由个人完成。

◥ 如果团队成员变得消极而又不够敬业，这就表明他们认为团队没有必要。

◥ 如果任务需要多人完成，那么任务最好由团队完成。

◥ 如果工作能分开给几个人做，且这些人都比较敬业，那么不需要把他们组成团队。

总之，当团队工作得好的时候，能产生出色的绩效、更好的解决方案、更多创意和创新，也使工作更有趣、更吸引人。然而，如果团队需要大量且持续的管理工作，则应慎重考虑任务是否真的需要一个团队来完成。另外，对组织的需求、从事某项工作的具体人员的背景及专长进行诊断，你必须亲力亲为，别无他法。

| 应用 |　给管理者的建议

◥ 团队应该更重视那些做出贡献且不制造麻烦的成员。

▼ 在截止日期前完成任务。

▼ 愿意倾听并向他人学习。

▼ 使团队基于事实而非个性发表评论和做出判断。

▼ 愿意分享信息。

▼ 对反馈做出建设性回应。

▼ 团队成员越信任你，他们提供的信息越多。

▼ 当团队成员不同意你的意见时，接受事实。

▼ 支持团队决策。

▼ 如果对团队不满意，反省一下：我能做什么来改善团队？

第 9 章

理解文化

社交环境通常会变得趋于稳定和可以预料，并且社交环境一旦稳定下来，就会对组织绩效产生巨大的影响。稳定下来的社交环境称为文化，文化能放大社交影响力，有力地支撑高绩效，或者摧毁管理者苦心打造的绩效系统。文化是难以改变的。在很多并购中，两家公司合并十多年后，许多员工仍然认为自己属于原来的公司而不是合并后的公司。

诊断文化

几十年前，管理学者开始研究文化，试图开发出新的实用工具，用以理解和改变组织社交环境，为组织绩效管理体系服务。这种实用性的研究始于对日本跨国企业影响力的着迷：管理者相互帮助和支持（而非蓄意破坏或相互隐瞒信息），员工努力工作，拥抱技术变革（在没有任何复杂的个人激励体系的情况下）……并非这些典型日本人的行为，而是管理实践、员工看法和期待以及社交环境等因素相互作用，共同造就了日本企业的成功。

文化是什么（以及不是什么）

文化的定义有好多种，我们采用的是美国人类学家克利福德·格尔茨的定义，因为他的定义既清晰，又具有实用价值——文化是对于行为和符号意味着什么的共识。例如，不同组织对着装代表的意义有不同的解读，在某些组织中，穿短裤代表员工的年轻、创新和专业，而另一些组织的成员会认为短裤是码头工人的着装。当然，在大多数组织中，着装代表的意义很容易弄清楚。文化中有一些微妙的东西，如果你理解错误，纠正的成本可能会很高。理解文化的一大益处在于，它能避免这样的情形出现。在某些组织中，开会前与同事非正式地讨论新计划被视为政治上明智的做法；在另一些组织中，这样的做法可能被视为私下达成某种交易的卑鄙行为，因为在这些组织中，正直的人应该在会议上公开提出新计划。在第一类组织中，会议前听取他人意见被视为良好的专业做法，在第二类组织中，这样做却是不诚信的行为。对于从一个组织跳槽到另一个组织的管理者来说，这无疑是个坏消息，因为人力资源部门在做入职培训时绝对不会与你讨论这样的微妙话题。

> **判断题**
>
> 经营公司不需要理解文化，因为文化是毫无价值的。
>
> □　对　　　　□　错

　　由于文化是在很长一段时间内与他人进行互动而自然发展起来的，因而通常是隐性的或不言而喻的。正因如此，我们只有在与有不同文化背景的人打交道时，才能感觉到文化的存在。美国人类学家、跨文化研究学者爱德华·霍尔认为，文化是通过"无声的语言"来表达的。这种无声的语言对个人的职业生涯和组织绩效都会产生巨大的影响，因而值得我们花时间去弄清楚。

行为准则

　　诊断文化的方式之一是分析行为准则。**行为准则**是指在特定社交环境中有关人们应该做什么、不应该做什么的不成文的规则。行为准则的强制性是不同的，违反**高强制行为准则**会受到严厉惩罚或被驱逐，而违反**低强制行为准则**不会被认为问题严重，最多遭受他人的白眼或讥笑。例如，在北美的大学里，教职员的着装是低强制行为准则，教授违反一两条着装准则不会有什么严重后果，但对世界级大公司的 CEO 来说，正确着装是高强制行为准则，因为他们所处社交环境中的每个人都会认为，他们的着装反映的是他们的原则性、可信度和能力。

在大多数组织中，高强制行为准则是那些可能影响组织资源和生存的行为标准，因此行为准则的强制性高低有助于我们诊断对一个组织来说最重要的是什么。在行业竞争激烈的组织中，高强制行为准则通常与长时间工作和准时完成工作有关；在政府组织中，高强制行为准则可能关于如何与公众及媒体互动。

行为准则的强制性高低反映了准则涉及的行为对于组织的重要性，基于此，它有助于我们分析诊断一些可能让人费解的行为。伦敦大学亚非学院发展研究教授约翰·威克斯研究了一个问题：为什么英国的银行家抱怨那么多，却没有人采取行动解决问题？威克斯教授发现，有关抱怨的准则（工作中哪些事可以抱怨，怎样让员工的抱怨适合不同的听众等）是反映银行家老道与否的重要信号，因为抱怨是银行家在员工中建立和维持社交支持的一种手段，他们并不是在要求变革。如果一位银行新管理者错误地解读抱怨问题，他就会被视为不称职。

| 应用 |　文化诊断

▼ 如果你刚加入一个组织，那么尽可能询问每个人好绩效和差绩效是怎样的。多问这样的问题：谁获得了成功？为什么？

▼ 他人不可能告诉你所有的行为准则，因为文化中的太多东西是隐性的。如果你违反了一个隐性的准则，你就会发现有人恼怒，有人茫然不解，有人嘲笑。虽然他人不可能向你解释所有的行为准则，但你可以对他人的反应更敏感一些。如果你不明白他人为什么会有这样或那样的反应，那就应该弄清楚。你要收集更多信息并且注意观察。

▼ 培养信息提供者，也就是那些对文化了解很多并且能阐述清楚的同事。当你认为你理解了某些东西时，讲给信息提供者听，他们会告知

你的理解是否正确。

▼ 在一个组织里被视为正常的行为在另一个组织里可能被视为荒唐的行为。任何变换组织、团队或工作的人都应留意不同行为含义的微妙差别。

当然，有些行为准则是可以违反的。一些人比一般人有更大的自由度，他们可以不遵守中等强制或低等强制的行为准则。**这样的人为组织绩效做出过重要贡献，提升过组织的地位，或被组织成员视为很有价值的人**。因此，通过仔细观察哪些人可以不遵守一些行为准则，我们可以对组织最重视的东西有所了解。例如，一位拥有数个很有价值的专利的科学家可以对同事大喊大叫，这一行为如果出现在成就没有这么大的其他员工身上，他就可能会受到人力资源部门的批评。但几乎没有人会违反高强制行为准则，无论他的价值有多大。拿前面提到的科学家来说，他对组织的价值再高，违反科学实验和诚实报告实验结果等高强制行为准则也是不允许的。对分析组织文化来说，会导致震惊或恼怒的行为就是高强制性行为。

仪式

理解仪式的作用也很有用。**仪式包含按照一定顺序进行的一系列活动。仪式象征某些较为抽象的理念，它使抽象的理念更具象，并使参与者的承诺度进一步升高**。许多组织都有独特的仪式，以加深员工对组织的了解。组织中被误解最多的仪式是会议。

```
                          — 判断题
开会完全是浪费时间。
   □ 对           □ 错
```

会议是指为了解决组织问题、获得和分享信息或做出决策而把人们召集到一起。人们对会议抱怨很多，许多人的看法与判断题中的观念一样。然而，研究人员发现，会议其实是一种组织仪式，它能在很大程度上解释一个组织的文化。

美国西南大学人类学教授海伦·舒瓦兹曼研究发现，公开、正式地陈述的会议目的，很少是真正重要的目的，或只是会议真正目的一部分；会议是组织中少有的几个展示权力和地位的场合之一：召集他人开会本身就是一种权力的证明；一些人可以迟到或早退表明，他们不是会议召集者的下属；谁先讲话、谁讲话时间最长、向谁讲话以及谁被忽视等，反映出组织中的权力关系；那些从来不被邀请参加会议的人，是组织中的无名小卒；那些出席最重要会议的人对组织来说最重要。也就是说，如果有人抱怨他要参加的会议太多，他其实是在炫耀他的地位和权力。

组织都有一些必不可少的仪式，通过这些仪式员工清晰地认识到什么最重要。这意味着，组织的任务越模糊不清，组织的绩效越不确定，组织的会议可能就越多。不清楚如何达成目标的组织或部门召开的会议会很多，这就是政府、非营利组织和开发新技术的组织有那么多会议要开的原因。危机会给组织带来不确定性，这时组织需要召开更多会议。

这并不意味着会议没有负面影响。员工被召集参加会议，却没有得到任何有用信息，或者对会议所做决策没有任何贡献，而自己的工作因此堆积了起来。另外，由于会议是展示权力和做出重要决策的场合，因此会导致嫉妒、恼怒和受挫等强烈的消极情绪。

| 应用 |　好好利用你的会议时间

▼ 会议是观察人们展示地位和权力的最佳场合。权力是管理者最重要的工具之一，因而会议为分析诊断权力变化提供了很多线索。

▼ 在会议中留意下列问题：谁发言最频繁；谁的问题总是有人回答；谁被忽视了；看似有权力的某人做出某些举动而其他人却不接受，然后发生了什么，等等。发言最多的未必是最重要的人，有时最有权力的

人自己很少发言，但有人会代他们说话。

▼ 会议也是分析他人情商的最佳场合：是否有人权力不大但发言很多？其他人对此的反应是怎样的？

▼ 在有人发言时打开邮件或其他文件给你看，是对发言者的不礼貌。也就是说，在别人发言时这么干的人，要么很有权力，要么很愚蠢，或者兼而有之。

▼ 利用会议时间读懂权力变化并不意味着要你忽视会议的目的。如果你是会议召集者，其他人会很乐意看到你制定并遵守会议议程，跟进人们提出的要求和既定决策，并报告上次会议之后采取的行动。

|案例| 尊重，不只是口号

杭州快鱼服饰是一家"快时尚"休闲服饰零售商，成立于 2013 年。快鱼服饰的门店已覆盖浙江、江苏、上海、广东、北京、辽宁、云南、四川等省市。

快鱼服饰商品的主要消费群体和员工都是从乡村走向城市的新一代打工者，他们学历不高，从乡村来到城市追寻梦想，渴望得到尊重。因此，尊重成为快鱼服饰企业文化的重要部分：不仅是对顾客和合作伙伴的尊重，更是对员工的尊重。在快鱼服饰，大家互称"小鱼儿"，在这里找到家的感觉。有"小鱼儿"来总部参加培训时，公司创始人兼总经理饶志明会亲自迎接，并将"小鱼儿"一个个带到总经理办公室，让"小鱼儿"坐在总经理的椅子上，签个字，并喝一口由总经理亲手泡的茶。公司还成立了温馨基金，饶志明为此捐了 500 万元。这个基金用来帮助解决公司员工的各种突发需求，而且员工直系亲属也可以申请使用。"小鱼儿"们得到了渴望获得的尊重，工作主动性很高。当门店经营遇到困难时，"小鱼儿"们会想尽一切办法克服困难，如拉自己的亲朋好友来消费，或者去夜市摆摊。

组织文化的稳定性

组织文化为何如此稳定

社交环境一旦建立起来，会是很强大的稳定力量。许多因素维持着组织文化稳定性。首先，**吸引—选择—流失**的过程有助于组织文化的存续。组织文化会吸引那些相信自己与组织匹配且能在组织中获得成功的人，这就是吸引；管理者倾向于招聘与自己更相似的人，这就是选择；不适应组织文化的人会不快乐，可能绩效也不理想，他们最终会离开，这就是流失。吸引、选择和流失三者相互加强，造就了组织文化的稳定性。其次，社群化有助于增强组织文化的稳定性。新成员很快接受文化共识，并以相同的方式传承下去。最后，文化是非常复杂和隐性的东西，重新建立新的文化难度很大。

这些增强组织文化稳定性的因素，使我们很容易从组织的现行做法看到组织的历史。举例而言，美国的军火承包商有正式的政策规定，采用大量文档记录，决策时缓慢而谨慎，这些做法都有助于他们满足政府客户的要求。假如军火承包商发现自己的技术还有商业应用的潜力，他们就会另外建立专注于商业客户的新业务，但如果新的分公司仍然雇用原来的员工，就很可能会受到原来那些做法的拖累。这也是许多大型垄断组织进入竞争激烈的市场后，很难像小企业那么灵活的原因。这些大型组织有太多隐性的看法和做法需要改变。

变革文化体系

由于文化具有隐含性、复杂性的特点，并且由相互依存又相互加强的多个部分组成，改变其中一个部分，你很难预知会对其他部分产生什么样的影响。例如，一个以新产品研发为主的组织也许会引进一位来自制造业企业的成功 CEO。这位新 CEO 把以前企业的绩效衡量标准和激励体系都搬到新组织中来。然而，衡量研发人员的产出并不像衡量工人的产出那样容易，而且把对研发人员的奖惩与那些用来衡量工人绩效的荒谬指标挂钩，可能导致最优秀的研发人员流失，对组织的研发能力造成极大的损害。

多年的研究表明，社交环境中的共同态度比个人的态度难改得多。这也正是大多数组织变革会进行许多公开讨论的原因。组织变革咨询专家发现了第二次世界大战期间的一项研究，该研究试图让美国的家庭主妇尝试烹饪动物内脏，而美国的传统是不吃动物内脏的。这项研究显示，如果让家庭主妇在定期举行的聚会上讨论动物内脏的烹饪方法，她们接受的可能性就更大。

这样的讨论必须发生在这样的人之间——他们能自由表达他们对变革的种种担心，而且这样的讨论一定要坚持定期开展一段时间。在组织的公开讨论中，员工能听到同事应对同样问题的方法，从而得到非正式的建议和鼓励；另外，员工会通过讨论达成新的共识，并就文化变革形成相互的社交支持。

在许多组织的变革中，这一过程却未得到正确实施。例如，有些组织的确会召开会议，但并不是为了让员工讨论组织的担忧和问题，而是让他们听领导者对变革的宣传。而且，由于大家都很忙，员工大会只开一次，变革就开始实施了。这意味着，对于变革，员工不可能达成新的共识，也不可能形成相互的社交支持。文化变革的实现来自公开讨论，大家一起解决出现的问题，以及在新的工作方式中相互支持，而不是生硬的宣传。

| 应用 |　变革组织文化

▼ 从诊断变革可能影响哪些行为准则和文化含义入手。大多数变革包括具体而明晰的新技术引进，但如果技术变革以出乎意料的方式影响行为准则、预期和文化，变革就不会取得成功。

▼ 要求你的变革咨询顾问和变革推动者（高管）对变革可能影响的隐

性共识和行为准则进行仔细的诊断。你的变革咨询顾问和变革推
动者能否回答以下问题：目前的组织文化对绩效有哪些关键支持作
用？变革对这种支持作用有何影响？一定要求咨询顾问和变革推
动者对此做出诊断。

▼ 多召开会议，让变革涉及的所有人员有充分的时间谈论变革对其工
作有何影响，让他们有机会就如何降低成本和提高效率分享看法和建
议。在变革过程中持续召开这样的会议。

▼ 认真对待员工遇到的问题，并根据变革过程中产生的新信息对变革
进行调整。在变革过程中定期进行这样的调整。成功的变革都是不断
进行调整的。

▼ 管理者会在变革中选择自己偏向的政策和组织架构。组织变革会造
成办公室政治变得活跃，这意味着危机和机会并存。

强势文化的风险

基于对日本企业文化的迷恋，有一种风潮是推崇强势文化。在**强势文化**中，组织中所有人对于什么最重要以及不同行为意味着什么看法一致，所有员工都认同组织的愿景；组织中有大家分享的故事、仪式和共同的身份认同感。强势文化对出色的组织绩效有支撑作用，因为所有人就自己应该做什么能达成共识；

> **判断题**
> 最高效的组织都有强势的组织文化。
> □ 对　　　□ 错

强势文化对员工的情境绩效也有支持作用，因为员工对组织的承诺度更高。但研究表明，判断题中的观念并不正确；对组织绩效而言，强势文化既有优势也有劣势。

首先，在拥有强势文化的组织中，员工的看法一致。但如果共同的愿景并不聚焦于绩效，就不会产生高的组织绩效。强势文化并不都聚焦

于绩效，它支持的有可能是玩忽职守、对客户不友善等。强势文化的特点是每个人对应该做什么有共识，但这种共识不一定支持高绩效。

其次，即便是聚焦于绩效的强势文化，也存在弊端。一项对美国硅谷数家高科技公司所做的研究显示，这些拥有聚焦于绩效的强势文化的公司的优势包括员工努力工作、坚持不懈和关注组织绩效的改善等。该研究也发现了员工中存在的一些问题，例如对变革的抵制、忽视家人和其他非工作活动、压力大、筋疲力尽等。其他研究也表明，组织的成功会导致强势文化的失败，因为成功会导致很强的文化信念，认为每个人做的都是对的，而当市场发生变化时，这种信念会使大家抵制变革。另外，强势文化会降低组织的灵活性。

| 应用 |　如果你的组织拥有强势文化，那么……

◥ 员工说到组织时，常常用的词是"我们"，而不是"他们"或者"公司"。
◥ 新员工需要花好几个月时间，才能勉强弄懂组织的一些特定行为准则。
◥ 组织很少从外部聘请管理者。
◥ 员工工作之余的朋友是同事。
◥ 在一名员工受到攻击时，其他员工会保护他，无论这种攻击是对还是错。
◥ 员工不会离开组织去寻找更好的机会。

高绩效组织文化

针对不同行业进行的许多研究都表明，有一种强势文化会产生更好的组织绩效，这种文化被称为**高绩效组织文化**。不同组织的高绩效文化虽然各有特色，但它们都使管理实践和各文化因素相互加强，从而造就员工高绩效和员工高承诺度。

| 应用 | 拥有高绩效组织文化的组织采用的做法

▼ 尽可能多地在组织内部提拔人才。

▼ 招聘员工看两个关键因素：认同组织价值观和高技能。

▼ 相同岗位的薪酬比其他组织高。

▼ 基于团队、部门或组织的激励体系。

▼ 绩效评估包括员工长期发展规划。

▼ 向员工和管理者提供各种培训。

▼ 采用团队或员工之间的其他直接合作形式。

▼ 员工在如何完成工作方面有自主权。

▼ 提供尽可能多的员工保障。

在高绩效组织文化中，员工的共识和共同的预期会支持与加强绩效管理体系。如果员工被授予更多决策权，那么他们需要有足够的信息和技能。如果组织希望招聘具有高技能的人员，就必须支付高于市场水平的薪酬才能吸引和留住人才。如果组织希望员工相互合作、适应不断变化的市场需求，就需要给员工提供保障，

> **判断题**
> 只需紧跟当前流行的管理实践就可以成为成功的管理者。
> □ 对　　　□ 错

确保他们不会失业。假如组织只能满足以上这些"如果"中的一两条，管理实践和文化之间就会产生矛盾，彼此削弱。研究证明，对组织绩效贡献最大的因素包括招聘体系、绩效衡量体系、激励体系和组织的社交流程。这几者之间可能相互产生负面影响，或相互支持和加强。那些认为管理者只需聚焦于管理实践的人，没有认识到组织的复杂性和各因素之间的相互依存关系。许多研究表明，判断题中的观念是错误的。哈佛商学院组织行为学教授鲍里斯·格鲁斯伯格研究发现，那些试图通过从其他组织"挖"明星员工来获得出色绩效，但对支持这些明星员工的管理体系缺乏了解的组织，其最终绩效不尽如人意，远比不上那些全面开

发和支持员工绩效体系的组织。

　　许多国家的研究结果都表明，有高绩效文化的组织，其产品销售额、销售增长率和利润都更高，员工离职率也更低；这些组织在裁员后生产率也不会下降。产生所有这些正面结果的原因在于，文化和管理体系共同促使员工们形成了高度的信任感、合作精神和共识。

| 应用 |　区别保护型文化与高绩效文化

▼ 在高绩效文化中，员工安全感有赖于出色的员工绩效；在保护型文化中并非如此。

▼ 在高绩效文化中，组织提供广泛的聚焦于绩效的培训；在保护型文化中，培训是一种福利。

▼ 在高绩效文化中，员工对组织绩效承担更多的责任；在保护型文化中，员工关注的是自身的职业安全。

▼ 在高绩效文化中，所有员工获得大量商业信息；在保护型文化中，信息被隐藏起来用于打造权力。

不同文化的冲突

　　由于并购或合资，员工需要与来自完全不同的文化体系的人一起工作。起初，大家会明显感觉到文化的差异，几个月后，文化的冲突可能让每个人都吃惊不已。

　　人们更倾向于信任与自己相似的人；当员工与他们认为与自己相似的同事一起工作时，合作程度较高，流失率较低。但我们不仅需要与同事合作，也需要与组织文化不同的承包商、销售商或客户合作，因此管理者必须了解如何在文化冲突中高效工作。下面我们将就如何管理文化冲突（管理民族文化）提供一点建议。

管理不同的民族文化

民族文化差异是巨大的管理挑战之一。存在民族文化差异的组织，

不仅需要应对不同的法律体系、政府实践、监管环境和教育体系等，还要应对隐性文化差别的挑战。跨国文化差异覆盖面广、更复杂，而且更多是隐性的。虽然哲学家和生物学家可能会认同判断题中的观念，但从组织行为学的角度看，它并不正确，因为民族文化的差异会影响组织行为和管理的方方面面。

在过去几十年中，研究人员找到了从不同维度将世界各民族文化进行分类的多种方法，下面将介绍研究实证最多的三种维度。

普遍性 vs. 特殊性

第一种划分民族文化的方法是依据人们在多大程度上认为**普遍性**规则应该尽可能使用；如果人们倾向于认为每个人都应该被作为独特的个体来对待，则这种文化具有**特殊性**。在具有普遍性的文化中，公平原则适用于每个人。例如，优秀的管理者应该根据工作绩效而不是他个人的喜好评估每个员工；同样，病假／事假期间的工资待遇和假期天数等应根据规定一视同仁。在具有特殊性的文化中，优秀的管理者应该根据每个员工不同的需求、技能以及与他人的关系对员工加以区别对待；两名做相同工作的女员工，管理者可能给予她们不同的薪酬，因为其中一人的先生收入丰厚，而另一名女员工需要养家糊口；如果一名员工的家人病了，管理者就会准予他获得比其他员工更多的带薪假期。北欧、西欧以及前英属殖民地国家可能拥有较多的普遍性文化，而欠发达国家通常拥有特殊性文化。

由于普遍性和特殊性影响人们对公平所做的基本判断，这一文化维

度对管理者的管理模式以及员工对管理者的看法有很大的影响。在普遍性文化中，人们制定许多规则，期望每个人都依据规则行事，而不考虑人际关系。在特殊性文化中，工作所需的信任和可预见性依赖于人与人的关系，与不认识的人做生意会让人们感到不安。对来自普遍性文化的人来说，商务晚餐可能就只是一顿愉快的晚餐，而对来自特殊性文化的人来说，这可能是判断能否建立人际关系以及业务关系至关重要的一步。来自特殊性文化的人相信，他们不太可能从与他们没有个人关系的人那里获得真实信息，这意味着在拥有特殊性文化的组织中，与他人建立密切的人际关系对员工来说非常重要。

集体主义 vs. 个人主义

在个人主义文化中，人们把"自己"（self）只视为某人自己，强调个人在工作中的成就，而集体主义文化强调"自己"是更大的社会团体的一部分，更关注团队或组织的成就。在个人主义文化中，人们在完成团队任务时，只要能够"磨洋工"，他们就不会那么努力地工作，但在集体主义文化中，无论能否"磨洋工"，人们都会努力工作，不会让团队失望。但如果管理者因此认为集体主义者都是大公无私的，那就错了。在集体主义文化中，人们把自己视为集体的一部分，因此对待集体中的人与集体外的人会有很大差别。他们不太会信任集体之外的人，会避免与外部人士产生业务关系，这会使大规模的跨组织合作很困难。个人主义文化倾向于依据个人绩效确定薪酬，集体主义文化则根据集体的努力来确定薪酬。强调个人主义文化的国家包括荷兰、英国、前英属殖民地国家等；美国和澳大利亚最强调个人主义文化；中美洲和亚洲伊斯兰国家最强调集体主义文化；中国也非常强调集体主义文化。

权力距离

对民族文化进行分类的另一个维度是权力距离的高低。在**低权力距**

离文化中，人们会在社交互动中淡化人与人之间的权力差别。例如，权力较大者会期待权力较小者直呼他们的名字，而权力较小者在向权力较大者提出要求时会避免使用强调权力距离的语言（如"请你……"）。与之形成对照的是，在**高权力距离**文化中，权力较小者在与权力较大者互动时会表现得毕恭毕敬，权力较大者会表现得盛气凌人。北欧国家拥有最低权力距离的文化，而马来西亚、印尼和加勒比海周围的拉美国家拥有最高权力距离的文化。

　　来自低权力距离文化的管理者，与员工沟通更为频繁，希望员工有问题时会来找他们，他们也会把更多决策权授予下属。在高权力距离文化中，员工会避免遇到问题去找管理者，并指望他们的管理者对下属的工作全权负责。来自高权力距离文化的管理者，时常抱怨工作超负荷，因为他们很少通过授权的方式来管理。

| 应用 |　在不同的民族文化中进行管理

▼ 从细致的诊断入手。虽然调整组织的管理实践以适应当地文化很重要，但需要考虑的是，有些民族文化没有催生高效的大型组织的历史。弄清楚以下这些问题：什么是对组织成功至关重要的？或者，文化的倾向是什么，它是否适合当地的情况？

▼ 先知后行。在开展业务前，对业务所在国家进行研究。请注意，这个国家的文化与你自己国家的文化差异越大，成功的可能性越小。

▼ 认真分析你看到过的外国管理实践。这些实践能解决哪些问题？

▼ 培养你的**文化智商**，也就是你认知文化差异，并调整你的行为以适应当地文化的能力。

| 应用 |　给管理者的建议

▼ 培养多个信息提供者，他们会让你了解各种事情背后的意义以及它

们是如何运作的。第一个给你提供信息并不意味着这个信息提供者是可靠信息的最好来源。

▼ 了解你组织中的规则和仪式。一种实践让人感到疑惑，很有可能是因为这种实践的目的不清晰，仔细对其进行分析诊断比大声抱怨更有用。

▼ 谨慎对待组织的变革项目。许多较年轻的员工对老做法投入的时间、精力较少，他们将变革项目视为脱颖而出的机会。年纪大一些且精明的员工懂得静观风向，等到局势明朗才参与进来。

▼ 在其他国家工作能提高你的创造力和认知灵活性，但你也不要低估困难。

| 案例 |　企业文化的践行者

技研新阳主要从事印制电路板组装、液晶模组组装、塑胶成形及机械自动化设备和测试设备的设计、制作及销售业务。身处低利润率的代工行业，技研新阳的人员流失率不到 5%。它的日本投资方甚至还将日本母公司交给了它。这一切都归功于它的企业文化。

技研新阳的愿景是，成为职工幸福、客户感动、基业长青的人本精益企业。公司的使命是，通过企业活动培养可信赖的优秀人才。技研新阳也确实是这样实践的：公司总经理郭文英每天就餐时与员工一同排队，坐在一起吃饭、唠家常；公司自建幼儿园，与小学及职校合作，解决员工子女的教育问题；2008 年金融危机后，公司坚决不裁员，利用订单下滑的机会开展对员工的各种技能培训，开办员工特训营。正是在那段时间，公司各种文化班和学历班应运而生，原本单一的培训活动变得丰富多彩起来，而且这些培训教育为公司培养了 90% 以上的管理干部……

除了企业文化手册和定期发布《新阳之路》，技研新阳在企业文化落地方面还有一个秘密武器：班组文化圈（teams culture circle，TCC）。

TCC 以自然的行政班组为单位，由民主选举出来的圈长负责文化宣导。在 TCC 的各种竞赛、聚餐和文娱活动之中，公司的战略和文化被潜移默化地传达给班组的每位成员，使成员之间的团队凝聚力日益增强。

郭文英表示，她是农村出来的孩子，要让父母和姊妹幸福，现在作为新阳的大家长，她要带领这一群来自农村的孩子走向幸福。"我很坚定，没有什么可以阻拦我，只要是能让他们成长，物质上也好，精神上也好，我都非常愿意去做。"她说道，"你雇用的不是员工，而是人。"在郭文英看来，尽管有合同的约束，但雇主与员工之间仍是主从关系，并不对等；若认为自己雇用的是"人"，雇主才会尊重、重视人，尤其尊重人的价值、尊严，尊重人之为人的社会功能和地位，使其长处得以有效发挥，并且使个人目的和组织目的相辅相成。

第 10 章

理解权力

权力是管理的最基本工具。组织不是"命令＋控制"的机器，它不会自动赋予管理者权力来促使员工完成工作。组织和人都太复杂、太多变，且各有目标，而管理者需要和上司、同侪、下属以及组织外部人士合作，因为管理者不可能靠自己完成任务。管理者的职责是保证组织任务的完成，为了达到这个目标，他们需要从他人那里获得资源、允许和权威。管理者通过使用权力来保证组织任务的完成。

判断题
好的想法自然会有人支持。
□ 对　　　　□ 错

拥有权力的管理者在事业中会更成功。判断题中的观念是最常见的错误之一：你只需要把好的想法告诉别人，别人就会迅速把你的想法变成现实。事实并非如此，如果没有充分的理由，别人也有自己的目标和好的想法，他们不会轻易放弃自己的目标而去为别人的建议和项目工作。你需要获得他们的支持，并引导他们努力的方向，但前提是你能深入了解权力，并有效运用权力。这就是为何在员工看来，最高效的领导者是能保护他们、能让他们获得所需资源的管理者，而非人最好、最体贴人的上司。如果不能得到员工的支持，管理者就不可能获得成功。

在传统的领导力理论中，权力主要是针对下属的，但事实上，管理者也需要获得上司、同侪、经销商、承包商和供应商等的支持。管理者不仅需要所有这些利益相关方的合作，还需要懂得如何获得他们的支持。

在不同的组织中，使用权力的方式有所不同。在一个组织中被视为正常使用权力的做法，在另一个组织中却可能被视为背叛性行为。有效使用权力的关键是对当时的情势进行仔细的分析诊断。判断题中的观念可能适用于战争，但如果在组织中也遵循这一原则，你就会遇到巨大的麻烦。研究表明，玩弄权力游戏是一件危险的事情。下面，我们将介绍更可靠的运用权力的方法。

> 判断题
>
> 管理者无须向别人透露行动的目的。
>
> □　对　　　　　□　错

关于权力

什么是（不是）权力

许多人对权力存在误解。许多管理者因为不理解该如何在组织中运用权力，而采取了一些轻率的行动，毁掉了自己的职业生涯。这意味着，我们需要花时间去理解权力、权威、办公室政治以及权力操纵等的细微差别。

虽然在组织中，我们很容易区分谁有权力、谁没有权力，但如果要精确地定义权力，不同的人可能有很不相同的看法。为了能够在组织中有效使用权力，我们需要清楚地理解什么是权力，什么不是权力。

我们对权力的定义是，让其他个人、团队或组织做你需要他或他们做的事情的能力。权力是让别人采取行动的能力，而不是行动本身。例如，那些对自己的权力很自信的人，通常不会对别人大喊大叫或趾高气扬，有时甚至不公开发表言论，而让别人替他们说。权力不是预言能力：你在清晨宣布太阳即将升起，并不表示你对太阳有权力。权力是一种战胜对手和惯性思维的能力，这种能力让那些你希望发生而不会自动发生的事情发生。权力很容易被误解，因为它是无形的，你看不见也摸不到。

任何人、团队或组织都不会凭空拥有权力，权力总与特定场合以及特定场合中的人有关。玩弄办公室政治虽然有助于拥有权力，但这样的技巧很少比得上人们在组织中的控制力、运用权力的合法性以及影响力。没有人拥有绝对权力。例如，高管也许有权聘用和解雇自己所在子公司的人员，但在投资项目方面未必能够获得母公司的全力支持。许多管理者在一个组织中能完成许多任务，换到另一个组织却可能无能为力；他们在一个场合很有效的战术到另一个场合却可能毫无用处。

正式的权威

　　权力不是权威，尽管权威可能是权力的来源之一。**正式的权威**是指一个组织分配的对某些人员和资源的决策权。例如，在一些组织中，管理者被赋予招聘和解雇的权威，但在另一些组织中，层级更高的管理者才有招聘和解雇的权威。

　　许多新上任的管理者会认为，拥有组织赋予的权威就足够了，因为他们认同判断题中的错误观念。权威对管理者当然重要，但要完成组织任

> **判断题**
> 下属会做上司要他们做的事。
> □ 对　　　　□ 错

务，只有权威是远远不够的。权威不涉及情境绩效，上司不可能随时随地监督每个下属。成功的管理者需要学习在权威的基础上建立权力，并有效利用它。

| 应用 |　建立权力来支撑你的权威

▼ 在成功的基础上建立权力。让其他人对你有信心，在追随你指引的方向之前，他们需要相信你会采取行动去解决问题。找出一些容易解决的小问题并尽快解决。

▼ 从解决员工个人的问题入手。借助工具和培训等手段帮助员工。

▼ 在有合理原因的情况下灵活处理问题。员工在生活中都会遇到意外情况，因此他们希望知道如果他们遇到紧急情况，管理者能否理解他们。当员工因为车祸上班迟到时管理者不大声呵斥他，或者当员工家

人出事、员工绩效受到影响时管理者表示理解，管理者的这些做法对于员工的个人安全感很重要。管理者处事合理、能够理解员工会造就处事合理、能够理解人的员工，当管理者需要支持和帮助时，员工会以全力支持作为回报。

▼ 不要纵容不服从的情况。不服从的情况对管理者的权力是一大祸害，应不惜一切代价避免这种情况。仔细诊断你的权力有助于避免公开的不服从情况：你是否会遇到抵触？在什么情况下遇到？如果你觉得有可能出现公开不服从的情况，就应该尽量避免使用下命令的方式。如果你已经遇到了公开不服从的情况，就必须做出迅速而有力的回应。公开不服从会把人弄糊涂：看到有人在"禁止吸烟"的标志下吸烟，员工会弄不清哪些要求是真正的要求，哪些只是建议。

办公室政治

办公室政治包括试图影响他人或建立权力的行动，例如游说他人，给别人好处以换取好处，或通过信任的同事去说服别人做他们本来不会做的

判断题
办公室政治是肮脏的。
☐ 对　　　　☐ 错

事情等。办公室政治是试图影响别人的行为，而权力是让别人做本来不会做的事情的能力。

很多人把"办公室政治"视为贬义词，认为它用来形容说谎、隐瞒同事所需的信息或用公司资源换取个人好处等不合法或自私的行为，而本书所说的"办公室政治"指的是试图影响别人或建立权力的行为，是中性词。如下面要详述的，办公室政治未必都是见不得人的勾当，有些甚至还会受到员工的欢迎。因此，判断题中的观念是错误的。

操纵

操纵是指通过欺骗手段来影响别人。有效使用权力不能依赖操纵或

撒谎。大家最终都会知道真相，到时候他们就不会去做你希望他们做的事。管理者有权让一个新项目成为员工的优先工作，这不是操纵。

　　试图通过操纵来建立权力并不是好办法。欺骗和撒谎是不道德的，而且操纵有风险，因为操纵依靠的是完全保密，而在组织中完全保密是难以持久的，员工最终会发现真相，随之憎恨被人欺骗。如果员工感觉被操纵或被欺骗，他可能就会非常恼怒，当员工觉得遭受了不公平待遇时，他们不再以合作的态度工作，有机会的话，他们会报复或者辞职离开。

> **判断题**
>
> 玩弄权谋术可以从别人那里得到需要的东西。
>
> □　对　　　　□　错

通过欺骗和操纵建立权力称为**权谋术**。尼科洛·马基雅维利在《君主论》中写道：如果你打算攻击一位君主，最好杀了他，因为受伤的君主是很危险的。在组织中，许多人都像君主，他们有报复的能力。当他们受到攻击时，他们会采取行动保护自己，并等待时机报复攻击他们的人。即便是最不聪明的员工，只要有足够的时间和动机，也能找到方法来报复攻击者。认同判断题中观念的人会冒很大的风险。

　　有些人相信权谋术是因为他们不相信其他人，因此不会尝试其他方式，这称为**恶意归因错误**，即错误地认为他人都不怀好意。有这种想法的人认为他人都不可信，因此他们需要在别人攻击他们之前先攻击别人，这会导致别人不信任他们，为了自卫而攻击他们。南加州大学马歇尔商学院管理和组织行为学教授摩根·麦考尔研究发现，那些在职业生涯早期使用权谋术的管理者最终成为高管的概率较低。原因在于，其他人逐渐知道如何有效应对他们的欺骗，而且他们的职位越高，与其打交道的人之中深谙权力和办公室政治的人越多。

| 应用 | 防范操纵

▼　详细记录你的决策和行动。

▼　严格遵守职责、原则和先例。

▼　多与有声望的人打交道，尽量减少与问题的牵连。

▼　避免有风险的情形或决策，以保持安全。

办公室政治和权力会造成什么后果

　　一味玩弄办公室政治和挥舞权力大棒的确会有不良后果，但判断题中的观念并不正确，因为没有研究表明办公室政治一定会影响组织绩效。不过，频繁玩弄办公室政治的人和旁观者都会感到痛苦，因为办公室政治需要投入情感，容易产生挫折感，还可能伴随不公平和腐败。只有少数人很享受玩弄办公室政治，大多数人不会。研究表明，在办公室政治比较盛行的组织中，员工的情境绩效和工作绩效较低，满意度也较低。

> 判断题
> 办公室政治会对组织绩效产生负面影响。
> □　对　　　　□　错

　　手上的权力较小也会影响相关人员。研究发现了没有权力的害处：没有权力会降低人的快乐感，而缺乏自主性和自由会影响创意和创新。当员工感到自己是管理者滥用权力的牺牲品时，他们会痛恨自身没有权力；旁观别人玩弄肮脏的办公室政治花招，会导致员工绩效降低。

　　拥有较大权力带来的好处包括更多晋升机会、更好的工作绩效，对管理者来说尤其如此。拥有更多权力的人会更快乐，更有可能采取行动去获取更多权力。当然，挥舞权力大棒也有不好的一面。判断题中的俄罗斯谚语似乎很正确：拥有较大权力的人较少约束自己，较少进行自我监督，更容易高估个人权力，也更放纵自我。依据情绪或一时的兴致行事，肯定无助于管理者取得成效。位高权重的人也更有可能对人无礼，喜好发号施令或者行为霸道。你的权力越大，越有可能不遵守社会和道德传统，忽视对

> 判断题
> 权力会让人变得愚蠢。
> □　对　　　　□　错

别人的影响。所有这些权力的缺点都会影响管理者的观察能力和分析能力，最终影响他们的工作绩效。因此，拥有权力对管理者的职业生涯有益，但也有损于他们的社交智力（指个体了解他人及与他人相处的能力）和分析技能。权力是一把危险的双刃剑。

权力的用处

权力本身并没有优劣之分，它只是一个工具。但正如刀具既可以切土豆也可以杀人一样，权力的用处有好坏之分。没有权力，很多重要工作可能无法完成：救援物资无法送到那些因战争失去家园的人们手中；药品无法送到当地药房；庄稼无法种植、收获……我们都依靠把他人组织起来一起努力，而组织都依靠让员工去完成

> **判断题**
>
> 权力导致腐败，并且绝对的权力导致绝对的腐败。
>
> □ 对　　　　□ 错

任务的能力。轻视权力的人不会花时间去分析、理解它。判断题中英国自由主义史学家艾克顿爵士的警句也许不错，但哈佛大学教授罗莎贝斯·坎特认为，没有权力意味着无法保证重要的工作可以完成，同样会导致腐败。

很多时候，权力被用在了错误的地方。在组织中，为了保证组织目标的达成，管理者被赋予了分配资源的权力，许多管理者却用它来谋取私利，办公室性骚扰就是这样的例子。现实中，要在正确使用权力和不正确使用权力之间划出清晰的界线并不容易，以下指南可供管理者借鉴。

| 应用 | 正确使用权力

▼ 正式地指明哪些做法是合法使用权力，哪些是非法使用权力。以具体事例解释组织的相关政策，教育管理者和员工在权力使用上哪些是可以接受的，哪些是不能接受的。

▼ 防止权力滥用最有效的方法，是让可能的受害者在受保护的情况下

报告权力滥用情况，最常见的就是设立举报保护机制，包括众所周知的投诉流程。

▼ 提供非正式的咨询，这可以帮助员工在决定正式提交投诉前了解是否真的已出现权力滥用情况。咨询人员可能包括监察人员以及某些问题专家，如性骚扰顾问等。

▼ 拥有权力常常会影响判断力。防止自己滥用权力的一个方法是所谓的"妈妈测试"法：如果你向你的妈妈解释你要采取的行动，她会赞同吗？妈妈不是傻瓜，如果她不会赞同，那可能就是警告你其他人也不会赞同。

组织权力的来源和办公室政治

有些组织环境导致办公室政治盛行，有些组织环境则相反。很多时候，管理者没有意识到，促使办公室政治产生的因素是组织状况，而不是个人性格。在本节中，我们将讨论组织权力的最常见来源，以及什么样的组织状况会导致办公室政治活跃。

权力来自依赖

很多权力来源于依赖。某些人、团队和组织拥有权力，那是因为另一些人、团队和组织依赖他们，希望从他们这里获得想要的东西。这种依赖可能很明显，如员工依赖雇主，因为他们需要从雇主那里得到薪水；依赖也可能不那么明显，如工厂厂长依赖高技能工人来使机器运转。在工作中，每个人都依赖于他人。员工依赖他们的经理去获取完成工作所需的资源，并保护他们免于不合理的要求，管理者则依赖员工的内驱力和主观能动性（如在出现新挑战时主动想办法解决问题），而管理者和员工都依赖组织发给他们的薪水生活。这种相互依赖是组织固有的，尽管有些人的权力比其他人的权力更大。绝对的权力非常少见，在大多数依赖关系中，即便是较少被人依赖的一方仍然可能拥有潜在的权力。因此，有效建立和使用权力的关键是对依赖关系进行诊断。

在现实中的应用是，可通过降低对他人的依赖度来增强你的权力。对别人的依赖度越低，以自己希望的方式做事的权力就越大。提高别人对你的依赖度，同时降低你对别人的依赖度，是有效的政治策略的一大关键。

资源稀缺导致办公室政治

组织依赖高技能的员工、工具和支持人员等资源来完成任务。当这些资源充足时，每个人都能得到他想要的多数东西，就没有必要使用权力。资源越是稀缺，人们越需要通过办公室政治手腕去获得有限的资源。对美国各大学预算分配进行的一项研究表明，为了获得更多预算，那些资金最缺乏的系进行办公室政治活动最多。美国心理学家丹尼尔·卡茨认为，资源稀缺是组织寻求成长的主要动因之一。组织规模较大，意味着有更多管理职位和更多预算资金，因此管理者为了获得资源而进行的办公室政治活动较少；当管理者有充足的资源完成工作时，争辩、图谋和游说的必要性降低。反之，当组织的销售额下降、预算削减以及其他资源减少时，办公室政治活动就会更多。

冲突导致办公室政治

大型组织的劳动分工往往会引发冲突。劳动分工不是一件简单的事，也常常不够清晰明确。根据产品、流程、地理位置或其他因素，可进行不同的分工，或分为不同部门。这意味着，多数管理者可以为一种不同的分工方式找到充分理由。管理者会寻求把更多人力资源掌握在自己手中，以确保自己的部门或团队能提供更可靠、更快速的服务。也有一些管理者会寻求摆脱困难而又没有前景的任务，去争取有前景的新任务。这样的冲突就是所谓的"地盘之争"。在复杂的组织中，任何时候为了完成大型复杂任务而进行专业分工和各负其责，都会存在"地盘之争"。组织的变革越多，需要进行的再分工就越多，"地盘之争"也就越多。

分工产生了立场和目标各不相同的部门与团队，这些部门与团队的管理者都会优先考虑各自的立场和目标。研究表明，即便是简单的专业分工，也会使人们对管理问题看法不一，个人会倾向于根据自己得到的培训以及过往经历去争辩。例如，生产部门的经理倾向于把战略挑战视为运营问题，而财务部门的经理倾向于将其视为财务问题。责任目标的设定意味着，不同的人员会有相互冲突的目标：出版社的销售人员可能希望继续出版与自己建立起来的市场渠道相关的图书，而编辑人员可能希望抓住一些新的机会出版图书，因为他们认为这些新的机会孕育着更大的增长潜力。如果利用新机会出版，销售人员就需要了解新市场，并且要在不熟悉的领域建立新的市场渠道。销售人员和编辑人员有各自的职责，这导致他们追求的目标相互冲突，这些冲突可能需要通过办公室政治来解决。

这样的办公室政治并非破坏性的，事实上，压制这样的办公室政治可能导致更糟糕的组织绩效。哈佛大学组织行为学教授保罗·劳伦斯和杰·洛施研究发现，相比保持高度专业分工、通过开发有效的办公室政治来整合信息并解决意见不一问题的组织，那些试图通过减少劳动力分工来减少办公室政治的组织绩效更差。办公室政治还有助于决策者获得信息。如果某个部门权力太大，其他部门的专业技能可能得不到充分重视，就会导致糟糕的战略决策。斯坦福大学战略和组织学教授凯瑟琳·艾森哈特对高科技新创企业的一项研究表明，高管团队能有效管理办公室政治活动的公司，能够快速成长，反之则会遭遇失败。那些成功组织的秘诀如下。

| 应用 |　管理意见冲突

▼ 尽可能关注事实和标准。正如一位 CEO 所说："每个人都有权拥有

个人意见，但并非每个人都关注事实。"关注事实和标准有助于我们专注于事实本身，而不是进行没有事实依据的猜测。

▼ 刻意开发多种可选方案。成功企业的高管会一次考虑四五种可选方案，专注于把各种可选方案综合起来，而非坚持或反对某一个建议。

▼ 关注高管委员会会议，这些会议聚焦于共同的组织目标，而不是相互矛盾的个人或团队目标。

▼ 使 CEO 拥有权力，但不是绝对权力。当其他人能在很大程度上参与决策，以各自领域的专业知识发挥影响力，而 CEO 不畏惧承担最终责任时，冲突会带来信息交换，降低僵化程度。

▼ 做出意见一致的决策：努力达成一致（所有人都同意一个决策），但如果无法迅速达成一致，就由负责的高管做决策。这样，所有意见能得到充分讨论和理解，又不会因为达不成完全一致而影响效率。

模棱两可和不确定性导致办公室政治

面对不确定性，在组织中工作的人员必须采取某种行动，在此情况下能对不确定性做出解释的人就变得更有影响力。如果在我们非常不确定时，有人显得很有信心，我们就很容易被这个人说服。也就是说，我们会服从他人的影响力，因为这些人的信心能降低不确定性。不确定性和模棱两可会导致办公室政治，情况越模棱两可，出于私利目的的办公室政治活动越频繁。

可能有多种多样的原因会导致组织中产生模棱两可和不确定性情况，有时是部门之间存在职责重叠，或者工作本身具有不确定性。例如，需要开发前景未被证明的技术，或者需要应用某种新材料。在组织经历快速变革时，不确定性也会产生。管理者的层级越高，工作越具战略性，具体工作内容的不确定性就越强，把办公室政治视为工作内容一部分的人也越多。无论是什么原因，总之，越是模棱两可、不确定，管理者花在办公室政治上的时间就越多。

集权能减少办公室政治

集权是指组织中一个人或一个团体拥有主导权，大多数决策都由组织的高层做出。集权的好处之一是，能有效减少管理者和员工的办公室政治活动。在高度集权的组织中，办公室政治以极端形式出现，称为"宫廷政治"，即每个人都千方百计地试图引起大权在握的老板的注意和青睐。

集权虽能减少管理者和员工的办公室政治活动，但除了规模很小、架构很简单的组织之外，会导致其他类型的组织的绩效下降。组织规模越大，工作越复杂，大权在握的老板获得的信息就越少；当权力高度集中时，对员工来说一个安全的做法就是一直得到老板的青睐，这会把员工变成谄媚的侍臣，而不是有信心去报告相关信息的管理者。在以绩效为导向的绝大多数现代组织中，权力分散能创造更好的组织绩效。

分权是指高层级的管理者把一些决策权授予一个部门或一个业务单元；授权是指管理者把某些决策权授予下属员工或给予员工更大的自主权。与等待问题和建议缓慢地在官僚

> 判断题
>
> 权力是固定不变的，一旦放弃就再也拿不回来了。
>
> □　对　　　　□　错

的组织层级间传递的组织相比，分权和授权的组织能获得更好的组织绩效，因为部分决策权下放到了信息集中的地方。授权还具有调动员工积极性的作用，因此判断题中的观念是错误的：权力不是固定不变的，如果管理得当，它就具有延伸性和收缩性。授权给下属不会减少管理者的权力，管理者总是有权介入并纠正下属的错误决策，或在权力没有得到有效使用时取消授权。

对高绩效组织来说，分权和授权很有必要，但需要积极地对分享信息和做出决策的政治程序进行管理。那些获得了授权的员工，必须了解组织目标以及他们的决策会如何影响他人。授权需要通过沟通和问责制等体系来进行管理。

| 应用 | 成功的授权

▼ 分权和授权要求让信息传递到所需的地方，这意味着需要更多地向下沟通组织的战略目标和市场挑战等信息，同时建立更多委员会，召开更多会议，让信息得到充分交流。更多会议是分权和授权需要付出的代价。

▼ 必须有制度支持分权和授权，以保证问责制的实施：工作描述、目标设定、反馈和积极解决问题等。

▼ 高管层需要意识到，随着信息的传播，需要建立决策机制。如果所有意见分歧又回到老板这里，就会出现信息不完整和绩效受损的风险。最好建立一些委员会，参加一些公开论坛，以及制定一些明晰的决策规则（如共识原则等），以管理办公室政治。

有些人比别人更喜欢办公室政治

有些人追求权力，开展办公室政治活动，只是因为他们喜欢；他们把握所有可能的机会，相互捧场、进行利益交换或者讨价还价。而另一些人尽量避免办公室政治。我们在前面已经提到过，占据权力位置的人往往更喜欢自主性，更爱交际，更有热情，也更喜欢激发他人的热情，但他们的责任心有所欠缺，性格也不那么温和，不会随遇而安。环境也很重要：外向者在团队型组织中更有影响力，而责任心强的人在基于技术性任务的组织中有更大的影响力。虽然在人们为何追求权力这个问题上，个性差异远不如环境因素那么重要，但对我们而言它仍有提示作用：不喜欢行使权力的人可能不是高效的管理者，因为作为管理者，办公室政治是工作要求的一部分。

| 应用 | 诊断你所在组织的办公室政治

重申一遍：并非所有办公室政治都是负面的，因此在诊断你所在组织的办公室政治之前，必须首先弄清一个问题：为什么你的组织会存在办公室政治？

▼ 如果办公室政治是资源稀缺造成的，那么首先需要检查确认这种稀缺性并非出于想象或误解。如果的确存在资源稀缺性，那么最好公开承认，并就如何做出资源分配决策制定清晰的流程。这样，资源稀缺性问题就会通过正当、合法的方式来解决，而非通过加剧防御性办公室政治的方式来解决。

▼ 如果办公室政治是部门之间冲突引起的，就需要想办法弱化部门视角，通过社交活动、轮岗、与组织目标挂钩的奖励等方式提升整个组织的认同感。

▼ 如果办公室政治是模棱两可造成的，首先审视一下能否通过更清晰的职位描述或流程来消除这种模棱两可。如果的确存在不确定性，就需要制定更明了的流程，以在不确定的情况下做出决策。

▼ 如果办公室政治是权力分散造成的，就需要制定出调和不同意见的政策和做法，并对这些政策和做法做出清楚的解释。

▼ 如果办公室政治是个人对办公室政治的喜爱引发的，就需要先做出判断：如果个人的行为只有利于他们自身而对组织毫无益处，那么消除这种行为的一种方法是，提醒所有人对这类行为保持警觉。当所有人都意识到这类行为只是自私自利或是操纵性的时，这类行为就会变得没有效果。由于办公室政治会涉及情绪，使许多人产生受挫感，并感到不舒服，因此要确保你自己的这种不舒服不会让你看不见办公室政治潜在的积极作用。

别人为什么会服从

如果你希望别人做他们本不愿意做的事情，那么你需要知道他们不愿意做的原因。在组织中，大多数人会服从上司，而不会对上司的权力大惊小怪。这是为什么呢？心理学认为，人们都会寻求权力带来的行动自由。

完成组织的工作

我们之所以服从上司，是因为这样做会带来更好的组织绩效或改善客户服务质量。我们都懂得，当组织的左手不了解右手在做什么时，会出现什么样的情形。服从于合法权力，对协调和提高组织绩效不可或缺。**所谓合法权力**，是指牵涉到的每个人都接受的合理和恰当的权力。当权力合法时，人们会自愿服从，即使这样做不符合人们的自身利益。等级制度之所以会存在于组织中，是因为任何一个小小的决策都需要通过办公室政治活动来做出，等级制度是更快速有效的办公室政治体系。

这意味着，人们期待管理者行使其正式权力做出决策，以应对意外情况，或在必要时重新分配资源。当拥有正式权力者无所作为时，会出现**权力真空**，导致员工士气低落以及团队绩效下降。其他人可能会介入，试图行使权力，但由于缺乏合法性，他们的决策不会被所有人接受。有些人会抗拒，有些人会争夺权力，这会导致人们为了完成工作而把大量时间花在办公室政治活动上。

受人喜爱

> **判断题**
>
> 在做事精准和受人喜爱之间，人们更在意前者。
>
> □ 对　　　□ 错

大多数人都希望自己受人喜爱，而让自己更受人喜爱的方式之一就是屈服于他人的影响力。我们在最亲密的关系中都是互相影响。我们希望被我们喜欢的人喜爱，我们倾向于认为，我们喜欢的人比我们自己更有学识。对于几乎不拥有任务资源的人来说，让自己更受人喜爱是一种最常见的办公室政治策略；受人喜爱、温和以及有魅力，是人人都能获得的行使权力的一种方式。

　　我们屈服于他人的影响力是为了减少人际冲突。我们的意见和看法与周围的人越不一致，我们的受挫感会越强烈。与态度、看法以及信念相同的同事一起工作，会让人感觉到安心和平静。因此，对许多人来说，判断题中的观念是错误的。

　　让自己更受人喜爱的一个途径是**印象管理**，即尽力给人留下正面的印象。几乎所有的社交互动都涉及展现自己的公众形象，说服别人接受我们呈现的东西。印象管理主导着我们绝大部分的社交互动。我们说话时会注意措辞，以免冒犯他人。我们都知道，印象管理是社交互动的一个重要部分。人们之所以会对印象进行管理，是因为印象管理是有效的，例如更积极地进行印象管理的人更容易获得提升。

　　研究人员对印象管理的战略、战术进行了许多研究，这些战略、战术包括如何赞美他人，如何提出正当理由弥补坏印象，如何致歉，如何管理他人绩效预期等。有些技巧可能相当世故，如故意在工作中犯错以避免额外的工作，或者为了获得想要的东西，以起诉作为威胁等。印象管理的另一个重要内容是谈话，如下所示。

| 应用 | 　谈话中的印象管理

▼ 在谈话时先开口的人往往能确立议程，并主导谈话过程。

▼ 坚持不懈很重要：提出一个观点的次数会影响他人对这个观点的接受程度，哪怕是同一个人反复提出这个观点。

▼ 大多数非语言行为是情绪的快速反应，因此被认为更真实；要注意别人如何解读你的非语言行为。

▼ 当你汇报一个可能被认为很奇怪的举措时，附加一个理性的"免责声明"，以免让人觉得你的建议很荒唐。例如，"你们可能会觉得我很荒唐，但我的确认为我们应该停止在电视上做广告。"

▼ 大多数人倾向于达成一致意见，因此在会议前寻求他人的公开支持有助于制造多数人意见一致的压力。

为何挑衅

当然，对权力的挑衅和抵触很常见，因此行使权力者需要对抵触的信号十分敏感。什么样的人会挑衅？挑衅一般会在什么情况下出现？挑衅和抵触包括非公开的行为（如暗中破坏）和非直接的挑衅（如疏于采取行为或报告问题）。组织中的挑衅可能直接针对那些拥有权力又不受欢迎者。由于挑衅具有风险，因此可能以间接的方式进行，如看似严格遵守规定，实际上降低工作速度等。美国亚利桑那州立大学凯瑞商学院管理学教授布莱克·阿什福斯研究发现，管理者比员工对组织的认同感更强，他们会更倾向于采取间接的抵触行为，而从事生产的工人更倾向于采取直接行动，如投诉、批评和争执等。这意味着，与专业人士以及管理者一起工作的权力拥有者，尤其需要留意间接的抵触信号。

导致挑衅或对抗的原因是什么？当权力是合法获得、正当行使并保持合法边界时，挑衅出现的概率较低。组织中出现挑衅和抵触，最主要的原因是非法拥有权力。行使权力者并不喜欢挑衅或抵触，但组织在应对外部环境变化时，挑衅或抵触行为可能会成为关键。例如，如果拥有权力者的决策是错误的，那么抵触行为有助于阻止组织的溃败。抵触行为还可能促进组织对环境变化做出应对。当然，对于那些可能影响个人在组织中职业发展的企图，每个人都会抵触。

|应用| 成功的抵触

▼ 仔细诊断很有必要：你可以利用哪些方式和资源进行抵触？其他人会有什么样的看法和预期？哪些人会支持你，哪些人可能不会？

▼ 找出一个特定问题并聚焦于这个问题会更有效。实际上，没有人会通过反对"体系"这样模糊的东西来完成实际的工作。

▼ 是否可能在规则内进行抵触？是否有正式的申诉流程或其他合法资源？

▼ 想要抵触成功，需要揭穿不支持你的那些人的理由，这种做法很

有效。

◥ 持续施加压力很有必要，不要轻易放弃。不过，个人战术拖延时间太长的话会没有效果。

◥ 战术应随时机变化而变化。

◥ 为相反的提议准备好具体的解决方案。如果你抵触的对象被说服了，你需要准备好有建设性和实际性的备选方案。

◥ 有组织的抵触需要清晰的沟通，让每个人都了解目标和战略。

◥ 必须让其他人对你最终会成功这一点有信心。如果他们觉得抵触毫无效果，就没有人会关心。

◥ 折中方案是你最宝贵的手段之一，能为你赢得时间，重整旗鼓，重新部署，这是很实在的胜利。

办公室政治的战略和战术

有效行使权力对管理者的绩效至关重要，而他们时常对权力的行使管理不当。我们将在这里介绍一些有关行使权力的实用方法。学者开发了无数有关办公室政治的战略和战术，下面将介绍与组织管理最为相关的一些。

解决他人最重大的难题

解决他人最重大的难题通常是一个有效的方法，同时实践也证明判断题中的观念是错误的。**战略权变理论**

判断题
好人难当，好人吃亏。
□ 对　　　□ 错

认为，一个人、一个职能部门或业务部门在越大程度上解决了组织的重大难题，这个人或部门在组织中获得的权力越大。例如，对个人护理消费品生产企业来说，竞争异常激烈，而产品（如牙膏）同质化严重，由于营销部门能通过发现新的消费趋势并开展营销活动让消费者购买企业

的产品，解决了企业的重大难题，因此营销部门比其他部门拥有更大的权力。这一点体现在两方面：营销部门的预算比其他部门多；高管中营销部门出身的人数多于其他部门。与此形成对比的是，美国那些规模较大的州立大学在招收本科生方面没有什么困难，因为这类大学的学费相对来说不那么高，而且基于州人口出生率等数据，这类大学一般能提前10年预测本科生入学人数。招收本科生并非这类大学的重大难题，因此很少有负责招收本科生的人员获得高管职位，他们也很少获得高薪。对这些州立大学来说，一个重大难题是资金。这类大学的主要资金来源是研究人员的研究基金，因此研究人员获得的学校资源非常多，而且这类大学的校长是研究人员出身的情况也很普遍。

战略权变理论的逻辑简单易懂：如果某人正在解决你最重大的难题，如果你的生存或成功依赖于某人，那么你应该不惜一切代价让这个人或这群人满意。如果他们离开你去为你的竞争对手工作，那你就惨了。对于他们的要求，你别无选择，唯有满足。研究也表明，当能解决组织重大难题的人或部门在组织中最有权力时，组织绩效会更好。

在解决别人重大难题方面，你需要注意以下几点。

▼ 你要解决别人最重大的难题，而不是你最擅长解决的问题。太多人抱怨他们的工作得不到欣赏。你做的事未得到他人欣赏，有可能是因为你做的事对他人来说并不怎么重要。好好诊断对组织或你希望影响的人来说什么是重大难题，什么是对他们的生存至关重要的问题。

▼ 别人对你的依赖程度，取决于他们在多大程度上需要你（解决他们的重大难题），以及他们在多大程度上缺乏备选方案。如果有许多其他的重大难题解决者，那么你同样得不到很大的权力。例如，组织需要人员根据相关会计准则做账，但注册会计师很多，因此注册会计师很少获得很大的权力。同样，虽然每个人都需要

食物，但我们很容易从食品店、超市或饭店获得食物，因此任何一家食品店或饭店几乎都不拥有议价权。

▼ 如果你想要对其他人行使权力，最有效并且风险最小的方式是想方设法解决他们的重大难题。

许多人知道这种方式，而且看到这种方式在他们的组织中是有效的，但这并没有使大多数人在组织中占据更重要的职位，拥有更大的权力。原因何在？许多人选择做他们喜欢做的事，而不管这些事对他人或组织来说是否最为重要。权力是基本的管理工具，管理者要想做好本职工作，确实需要找到方法去解决别人的重大难题。如果解决不了组织的重大难题，也可以去解决同事、上司、下属或组织中最重要部门的重大难题。

关键在于，解决他人的重大难题需要仔细分析和创意。一个例子是美国总统林登·约翰逊和"小国会"的故事。约翰逊于 1931 年进入国会，成为 435 名国会众议员之一。国会是一个论资排辈的组织，资深者才有可能成为委员会主席，或者获得其他权力和资源。约翰逊可不想等待漫长的 30 年，他开始寻找机会。他注意到，由于经济大萧条，政府发挥的作用比以往要大，许多新法案在讨论中，而这些新法案会对许多人的生活产生重大影响。这意味着，报纸希望获得有关这些新法案的最新信息。他也注意到，有个叫"小国会"的组织，它主要为众议员的工作人员提供培训，也是这些工作人员社交的地方。约翰逊看到了"小国会"的潜力。由于几乎无人关注这个组织，因此约翰逊很容易就争取到"小国会"发言人的位置，并发表了许多有关这些新法案的演讲（演讲内容是工作人员准备的）。他邀请报纸记者来听他的演讲，记者当然对获得有关新法案的最新内部信息非常感兴趣。当记者开始报道在"小国会"参加的演讲会时，那些总是希望自己的名字见诸报端的资深众议员和参议员纷纷要求在"小国会"发表演讲。谁控制着"小国会"的演讲安排？当然是约翰逊，他以演讲机会与那些众议员和参议员做交易，换取支持和影响力。"小国会"也成为他后来入主白宫的权力基地。

约翰逊的成功归因于他对谁需要依靠谁去解决什么重大难题进行了仔细分析，并创新地以他控制的东西提供了一个解决方案。下面的"应用"有助于你分析他人的重大难题。

| 应用 |　**分析他人的重大难题**

◥　你想要达到什么目的？

◥　你需要依靠谁来达到目的？

◥　为什么（以上问题的答案是这样的）？

◥　哪些重大难题最有影响力？

◥　他人对重大难题的看法可能是什么？

◥　他们依靠谁、依靠什么？

◥　为什么（以上问题的答案是这样的）？

◥　你将如何帮助他人解决他们的重大难题？

拥有宝贵的资源

管理者解决他人重大难题最常用的方法之一是，给他人提供所需的资源。资源一直被视为组织权力的一个重要来源。资源可用来更好地完成工作，也可用来换取他人的支持，例如管理者把手下的专业人员"出借"给同僚，以帮助同僚完成繁重的工作。

有意思的是，你并不需要很多资源来获得权力。一小部分**可支配资源**（可自由使用的不受约束的资源）就能成为组织中权力的来源。出现这种情况的原因是，组织的大部分预算都已分配，项目多年所需资金也已计划好，员工的薪水必须支付，诸如此类。管理者拥有的大额预算相对固定，能"出借"的人员却是灵活的，因此在某种程度上，能够"出借"员工的管理者可能比负责部门预算的高管拥有更大的权力。

信息技术一度是可支配资源，但很快成了必需资源。由于信息本身在组织中至关重要，信息系统的设计便成为组织中出现"地盘之争"的一个常见原因。例如，客户购买模式的信息通过电子数据收集的形式传到公司总部，会减弱门店管理者为门店采购商品的权力。同样，由于信息系统的正常运转对部门和组织绩效都很重要，信息技术的支持对管理者来说就成为关键性资源。他们会问自己"我部门的信息技术支持人员是否足够"或者"我是否必须向支持中心请求服务"。没有管理者会被"把信息服务整合到总部，服务会更好"这种安慰说法所欺骗，这种所谓的"整合"，几乎都是通过减少服务去省钱的幌子。希望获得高绩效的管理者都会尽力控制所有对完成绩效来说必备的资源，这也是为什么许多本身对权力或办公室政治毫无兴趣的信息技术专业人员会发现，他们身处让人不快的办公室政治的中心。

｜应用｜ 信息系统和办公室政治

▼ 管理者首先进行的办公室政治活动通常包括寻求信息处理资源的权威（信息技术人员向他们报告），获得足够的预算和许可自行从外部采购信息技术服务，因为这能保证信息技术资源的供应。

▼ 如果上述目的未能达成，管理者就会通过整合、解决服务供应商的重大难题或管理服务需求程度（"会哭的孩子有奶吃"）等方式影响那些关键资源提供者。对信息技术中心服务提供者来说，成为这些有权力的管理者的进攻目标，是一件压力很大的事，因此公司高管会通过提高沟通难度（如管理者需要以邮件形式向信息技术中心提要求等）来缓解这种压力。

▼ 精明的管理者会意识到，涉及关键信息服务的企业重组会对其控制所需资源的能力构成威胁，因此他们会通过办公室政治活动来确保获得可靠的服务。

成为专家

除了资源之外，能帮助他人解决重大难题的专业知识也能用来获得权力。研究表明，在各类组织中，那些能提供最重要的、不可替代的专业知识的部门和个人都拥有很大的权力。这种有权力的员工会难以管理，因为他们解决重大难题的专业技能可能会超越管理者控制的所有权威和资源。

有时管理者会发现，组织缺乏他们需要的某些专业技能，因此他们会雇用外部专家提供顾问服务或帮助。当这种专业技能对解决组织的重大难题至关重要时，外部专业人士可能会被卷入办公室政治。斯坦福大学商学院组织行为学教授杰弗瑞·菲佛认为，外部专家或咨询顾问经常被管理者用作一种办公室政治的战术。即便是最与技术相关的外部咨询顾问也需要应对这类办公室政治，因此咨询通常是高度办公室政治型的工作。实际上，由于对客户组织的内部关系和局势缺乏了解，外部咨询顾问常常误判客户的办公室政治。例如，为集权化的制造业企业提供服务的咨询顾问，基于这些企业高管的需求开发了一个目标导向的商业模式，但这样的模式并不适合医院或律师事务所之类的组织，因为在医院或律师事务所中，主要的专业人士可能比高管更有权力。这些专业人士很可能公开嘲笑咨询顾问报告中反复提到的高管的想法，也很可能对咨询顾问的专业技能不屑一顾。

| 应用 | 有效利用外部咨询顾问

▼ 在遇到可能危害组织生存的新威胁时，多利用外部顾问。在这种情况下，组织非常需要外部的专业技能，而经验丰富的咨询顾问会推荐一整套行动去应对可能导致组织失败的不确定性。

▼ 在权力比较分散的组织中，可以请外部顾问针对政策事宜提出建议；在权力高度集中的组织中，则没有必要依靠外部顾问。

▼ 在权力分散并且平衡的组织中，当几方难以达成一致意见时，可利用外部顾问来打破僵局。

▼ 如果组织内部已经拥有专业技能，并且没有僵局出现，就不应利用

外部顾问。如果仍然使用外部顾问，则说明组织管理不当。

▼ 鉴于外部顾问提出的建议可能从根本上改变高管的工作和职业生涯，雇用外部顾问的决定权通常掌握在最有权力的人手里。

创造社会资本

社会关系也是权力的重要来源。当人们为某个目的而利用社会关系时，社会关系就变为**社会资本**。例如，当朋友为你的工作提了一个建议，或者同事与你分享如何使用新管理软件的信息时，你的朋友和同事就成为你

---- 判断题 ----
人们可以从朋友那儿获得帮助。
□　对　　　　　□　错

的社会资本。社会资本非常有价值：如果组织聘用拥有良好客户关系的高管，其盈利能力会比其他组织高；那些与银行家关系良好的组织，其投资损失比其他组织少；那些与许多同事关系良好的管理者，其工作绩效比其他管理者高。对创业型组织来说，社会资本尤其重要。我们都会帮助朋友，也会像判断题中所说的那样，从朋友那儿获得帮助。斯坦福大学商学院组织行为学教授弗朗西斯·弗林的研究显示，既乐意帮助他人也乐意接受他人帮助的工程师，最具生产力，也最受人欢迎。

朋友的帮助并非社会资本唯一有价值的地方，社会资本也能让我们获得丰富的信息资源，我们可以将之用在工作报告中。大多数人不会轻易提供敏感性信息，除非接收者是他们信任的人，而人际关系正是建立信任的一个有效途径。管理者尤其需要这类信息，因此创造社会资本对他们的工作绩效非常重要。另外，对那些无法完全靠自己的力量解决他人重大难题的人来说，收集信息支持他人以及与他人结成联盟，也是获得权力的一种方式。

| 应用 |　建立联盟

▼ 组织外部的盟友不太可能与你争夺组织资源，但必须在适当的情况

下利用外部联盟，因为几乎没有组织会因内部事务接受外部人士的游说。

▼ 组织内部盟友的优势在于，他们比外部盟友更有影响力，但如果他们视你为威胁或竞争对手，就不会乐意帮助你。因此，建立联盟的核心是赢得他人的信任。

▼ 内部联盟的建立可以基于共同的利益；如果没有共同利益，代表少数利益者可以将各自的利益捆绑在一起，整合成一个包括所有少数利益的提议。

▼ 最有用的办公室政治技巧之一是能够站在他人的角度看问题，这样，在表达你期待的结果时才能考虑到别人的利益。例如，许多高管害怕法律诉讼，因此法律部门可以利用这种害怕，提议停止很多不合法的做法。

▼ 为了获得支持，你需要很多的内部联盟。执行任务需要组织内部的广泛支持，而且没人希望自己被排除在重要决策之外。在建立内部联盟时，千万不要忽视任何人。

尽管联盟有用处，但局限于与朋友合作也需要付出代价——新想法和新机遇会较少，绩效可能较差。只与熟悉的人合作会使学习的机会减少，导致能求助的社会资本较有限。最好与许多人建立桥接式社交关系。许多研究结果都表明，**拥有桥接式社会资本**的人工作绩效更好。桥接式社会资本就像桥一样，让你与本来没有联系的人联系起来，让你获得你本来无法获得的丰富信息。如果这些信息很有用，就意味着发挥桥接作用的人能提供有价值的东西，能解决他人的重大难题。桥接式社会资本需要通过以下几种方式创建：去新地方认识新的人，参加任务小组和委员会，参加公司的社交活动，以及加入各种协会等。

拥有正式的权威职位

毫无疑问，拥有正式职位、能指挥他人行动也很重要。这种具有权威性的合法权力意味着不必进行很多办公室政治活动；正式的权威是速度最快并且压力最小的权力形式。例如，一句"老板是这么说的"可以解决许多问题。

新任 CEO 通常会改变组织的战略，并用忠诚于其愿景的高管取代原来的高管。因此，在各类组织决策中，CEO 继任是办公室政治最为活跃的决策。下面的"应用"列出了研究发现的 CEO 继任的办公室政治战术。

| 应用 |　CEO 继任的办公室政治

◥ 那些宣称有能力解决组织最重大难题并且他们的宣称被视为很可信的人，通常会成为 CEO。这意味着董事会基于他们认为什么是组织最重大的难题这一点选择 CEO。

◥ CEO 是组织应对重大环境变化的关键，因此当董事会认为组织有可能失败时，他们通常会任命外部人士担任 CEO。

◥ 新 CEO 通常会用他们认为忠于其政策（或忠于他们）的高管替代原来的高管；如果 CEO 是从外部"空降"的，高管"换血"的范围就会很广。这意味着，任命新 CEO 会导致其他高管花一年甚至更长时间关注自己的生存（或找新的工作）。

◥ "空降"的 CEO 更倾向于做出重大变革，实施这些变革的难度也更大，因为他们的新高管团队缺乏对组织的了解，也缺少组织中的权力基础。

权威并不像许多人希望的那样显而易见，管理者的正式权威通常并不足以保证其能完成任务。有些拥有非正式权威的人，影响力却可能远大于拥有职位赋予的正式权威的人。权威可能不明确，研究人员试图找出有用的线索：通常来说，主持会议的人都坐在会议桌的一头，因此坐在桌子的一头就意味着拥有权威。由于领地能反映权力，因此组织中因领地展开的办公室政治很常见。这类围绕办公室、停车位或窗户之类展开的办公室政治，称为**次办公室政治**，其实质就是权威的象征。权威的象征意义因企业文化不同而异，解读不同文化中的权力象征一直都是一种挑战。

| 应用 | **解读权力象征**

▼ 在高权力距离文化的组织中，权力更大的人通常傲慢、轻视下属、发号施令。这种行为对于低权力距离组织中的人来说可能很具冒犯性，因为低权力距离组织中的人会觉得人最基本的尊严没有得到保证。

▼ 在低权力距离的组织中，权力更大的人与下属更加平等，举止、衣着风格等都比较相似。这可能会让高权力距离组织中的成员感到困惑，因为他们可能把管理者的平等主张错误地解读为懦弱和缺乏权力。

▼ 办公室、衣着和举止等体现权力位置的符号因文化差别而不同，当我们加入一个不同文化的组织时，尤其要注意这一点。

制定（以及规避）规则

组织中的一个很有效的办公室政治战术，涉及掌握规则、预算以及限制人们行为的职位描述。规则是事先做出的决策，是有关特定情况下该如何行动的书面说明。书面规则对分权和授权都非常重要，因为它能确保

┌─ 判断题 ──────────────┐
│ 规则会阻碍我们做事。   │
│   □ 对   □ 错   │
└───────────────────────┘

大型组织中各部门的行动协调一致。大多数人会遵守规则：当人们无法确定该怎么做时会寻找行动方向，而规则就是人们寻求的正式指南。规则有助于减少办公室政治，因此判断题中的观念是错误的：没有规则，

大型组织将无法持续运转下去。当然，有些规则可能过时了。然而，精明的管理者懂得，表面上看似不合理的规则，可能会服务于组织的某个目的，只是高管没有做出解释或不想做出解释。

制定规则、设定组织架构、对组织进行重组等方面的权威，以及撰写职位描述都是合法权力的重要来源。

> ── 判断题 ──
> 不在其位，不谋其职。
> □　对　　　　□　错

正如判断题中的观念所说，制定规则的权力受到保护，只有那些能解决组织重大难题的人才拥有这一权力。但每个人都可以了解规则，对于大型官僚组织中的人来说，弄懂规则以及规则是如何制定出来和发生变化的，也是一个重要的权力来源。例如，一位有经验的管理者为了重新设计高绩效员工的工作职责，会在认真研究有关工作重新分类的规则之后，把高绩效员工的工作重新分类到更高的薪资级别，从而获得有价值员工的感激。

如果无法制定规则，精明的管理者就会有意不去制定。那些不受规则约束的人拥有更大的个人酌情处理权，而严格执行法规是约束权力的一个主要途径。避免这种约束的一种方式是，有意在沟通时含糊不清，这种

> ── 判断题 ──
> 管理者应该是规则的制定者。
> □　对　　　　□　错

战略性模糊的意思是，传达信息时故意含糊不清，为将来多种不同解读留有余地。美国南佛罗里达大学组织沟通学教授埃里克·艾森伯格认为，战略性模糊使管理者在出现问题时能找到推诿的理由，并且更加容易改变方向，而不会显得前后不一致。对寻求绝对权力的人来说，避免规则的约束和明确的公开承诺是常见的战术。

控制议程

在组织中，最有效的政治策略之一是控制议程，即帮助确立哪些事项需要考虑以及何时考虑。管理者可以对人们对于什么切实可行、什么

能在当前困难的预算环境下完成的预期施加影响，也能对于哪些事情值得关注和讨论施加影响。例如，组织中的很多事情需要在各种会议上做出决定，这意味着负责设定这些会议议程的人能控制哪些事情在会上讨论和决定。一个策略是，把你不想讨论或解决的问题放在冗长的会议议程的最后。在大多数会议中，参会者会花很多时间讨论前几项议题，耗费了宝贵的时间，会议主持人会打断冗长的发言，提醒大家还有别的重要议题，不过没有时间了。

委员会通常能起到交换信息和做出决策的作用，同时也能达到办公室政治方面的目的。当权力分散又需要广泛的支持时，一个策略是让那些对于支持项目很重要的人员成为委员会成员。委员会成员对提议的形成有更大的影响力，对于委员会决定的任何项目他们也都会公开支持。通过参与这样的决策过程，他们占了上风。

| 应用 |　有效利用委员会

▼ 在许多组织中，多数现实的工作是在会议上进行决策的，而在会议上，委员会成员寻求他人的支持和反馈，并制定委员会的会议讨论流程。然而，要确保这种做法在你的组织中是合法的，否则你可能被视为阴谋家。

▼ 当委员会成员感兴趣的项目太分散，成员强烈依赖于权力或部分成员倾向于不做任何决策或不采取任何行动时，委员会的努力会受挫，这时需要采取措施放慢决策过程，并阻止行动。

▼ 如果你主持的委员会可能存在争议，那么你就应该学习**罗伯特议事规则**（Robert's Rules of Order）。这些流程方面的正式规则，能防止个别人阻碍大多数人希望采取的行动，能在组织出现高度情绪化的办公室政治时让业务继续发展。大部分会议不需要严格遵循一整套正式流程规则，但会议出现问题时，这些规则能防止委员会脱离正轨。欲

了解罗伯特议事规则可访问 www.robertrules.org。

▼ 如果你担任一个委员会成员，委员会的目的是公开展示关注而非采取真正的行动，这就会很令人沮丧。你非常努力做出来的报告会被淹没和遗忘。这会成为你学习和实践愤怒管理及办公室政治诊断技能的机会。

培养政治技能

政治技能很重要。拥有较高政治技能的员工，绩效更好；拥有较高政治技能的管理者管理的部门或组织的绩效也更好。什么是政治技能？杰罗德·法瑞斯（Gerald Ferris）及其同事发现，政治技能包括：

▼ 社交谋略，即理解和解读各种不同社会环境的能力，简而言之，出色的诊断技能。这一技能被运用去深入了解某些特定的人、他们的关系网络，以及他们所处的工作环境。

▼ 懂得在特定情形下运用哪些策略：什么可能会有效，在何时及何地会有效；何时说服；何时呈现事实；何时寻求联盟和支持者等。

▼ 建立强大的友谊、联盟和同盟的能力。

▼ 拥有他人的信任，让他们认为你真诚而真实。

政治技能建立在**自我监察**这一能力的基础上。自我监察是指跟踪他人对你做出的反应，并控制自己情绪与

> **判断题**
> 人们理解办公室中的各种规则。
> □ 对　　　　□ 错

行为的能力。你希望被影响的人如何回应？他人认为你真诚还是狡猾？对于有效的政治技能而言，准确解读社交情形并控制自己有可能侮辱或威胁他人的行为，非常重要。了解别人对你以及你的行为的看法，能避免你不准确地自认为拥有很高的政治技能。对很多人来说，判断题中的

观念是错误的。他们会错误地判断处境和人际关系，或者运用会产生逆反效果的策略。幸运的是，政治技能是可以习得的。

| 应用 | 打造政治技能

▼ 从提高自我意识开始。自我审视有用的倾向和技能，如果能聘请好的顾问帮助你反省和解读信息，效果则更佳。仔细审视你对一些事情的反应，了解为什么某些特定事情会使你恼怒，更好地理解自己和他人的反应。

▼ 有反馈和反省的实践能提升技能。如果难以理解有些情况，就试着找人帮助你解读和理解发生了什么。

▼ 参加戏剧培训，这有助于你更加敏感地意识到他人对于你的行为的反应。它会教你更敏感地意识到自己，意识到他人如何解读你的行为。

使自己有吸引力

人们愿意为那些有吸引力的人做事情，这并不是出于任何算计，而是因为与有吸引力的人联系在一起也会使我们自己更有吸引力。大量证据表明，我们大多数人都有动力成为对他人有吸引力的人。

人们以不同的方式使自己有吸引力，并因此获得权力。方式之一是获得更尊贵的身份，因为有尊贵身份的人影响力更大。由于有尊贵身份的人被视为有能力，行动更加自信，发表的言论更多、更有力，因此这类人能获得更多普通人无法获得的资源。人们为获得尊贵身份付出的所有努力，不仅是出于虚荣，更是因为尊贵的身份能真正使别人做你希望他做的事情。人们争取身份的努力无处不在。例如，对于人们如何宣称自己的身份进行的研究显示，即使是电子邮件信息也能说明这一点：电子邮件发送者表明身份的方式包括通过较短的邮件信息（身份尊贵的人非常繁忙）、非正式的称呼和语言（前者只在身份平等的人之间使用，后者是身份尊贵的人对身份较低的人使用的）等。

使自己对某人具有吸引力的另一种常见方法是**逢迎**，即通过讨好别人来使自己更有吸引力。那些使用这一策略的高管人员更可能加入其他公司的董事会，并获得更好的评价。这个策略的确有效，但与其他政治策略一样，采取逢迎策略需要手腕。例如，那些在正式寻求融资前与潜在风险投资家开数次非正式会议以寻求商业建议的创业企业家，更有可能获得投资。

| 应用 |　高明的逢迎

- ▼ 找到共同之处：人们通常会喜欢与自己相似的人。
- ▼ 同意别人的意见，寻求他们的建议，恭维他们，帮助他们，并且直接和间接地推销你自己。根据不同的场景采取行动，例如身份较低的人通常通过恭维而非同意身份尊贵之人的意见来逢迎，在工作面试中则常常需要直接推销自己。
- ▼ 要真诚。如果别人怀疑你有不可告人的目的，露骨的逢迎就会产生逆反作用。当然，比起旁观者，被逢迎者较不容易看出别人取悦他们的动机。

说服别人

在大多数组织中，理性地呈现事实是最广为接受的办公室政治活动。每个人都愿意相信他们是被证据说服的，并且研究表明，与没有事实依据的推销或威胁相比，用事实去支持论断是最为成功的策略。总之，如果你能找到事实依据并能以缜密的方式将它们组织起来，你就应该这么做。

判断题中的观念是极具挑战性的，因为我们都倾向于接受对我们有利的事实，也倾向于记住支持我们想法的观点，倾向于关注支持我们做法的事实。因此，当出现不同意见时，理性呈现事实依据就变成一场事实的战争，而使决策者处于类似法官的位置，要在双方的争论中辨别真相。收集事实，并不能保证你在组织中获得你想要的。

> **判断题**
>
> 大多数人能找到事实依据支持自己的观点。
>
> □ 对　　　　□ 错

如果既有情感又有论据，说服就能有效地改变别人的信念。努力去说服机构投资者的首席执行官，能在个人薪酬和公司战略等方面增强个人的权力。《影响力》一书的作者罗伯特·西奥迪尼从大量研究中总结出如何说服别人。

| 应用 |　在哪些情况下更有说服力

◤ 你被别人喜欢：人们更容易接受所喜欢的人的影响。

◤ 你被视为与别人有相似之处：人们更容易接受与自己有相似之处的人的影响。

◤ 你可以证明，你想要的与别人之前公开承诺的一致。

◤ 你被视为专家：人们更容易被更懂某个领域的人所影响。

◤ 你可以将问题表述为这是能使别人避免损失的问题：与承诺获得益处相比，人们更容易因害怕损失而被说服。

◤ 你曾被别人影响过：人们通常会回报被自己影响过的人。

管理者和其他专业人士常常需要做演讲，演讲应该被视为说服他人的方式，如果不是为了表达某个特定意见，则可以说服听众使之认为你口才好且很能干。很多没有经验的管理者和员工错失了这样的演讲带来的机会：演讲 PPT 上的字太小，列出的要点与口头陈述不相关，这会让观众感到困惑，因而说服不了他们。

| 应用 |　有说服力的演讲

◤ 抓住观众的注意力：简洁明了地说明你将要干什么。

◤ 清楚你说服听众的步骤。听众与读者不同，他们并不清楚你讲到了哪个步骤，因此确保在演讲过程中让观众知道这一点。

◤ 只选择支持你观点的数据。人们会聚焦于数据，因此不要使用过多数据。如果演讲的技术性强，是针对其他专家的，就把图表放在讲义中，在演讲开始时分发。这能让听众有时间形成不同意见和吹毛求疵，增强他们的愉悦度。

◤ 所有主要观点都应该列在一张 PPT 中。PPT 中不要放阐释性的知识或背景内容。谨慎使用引用语，不要用很长的引用语。

◤ 所有图表和表格都需要阐释，留出阐释的时间。

◤ PPT 不要使用超过三种颜色。

◤ 避免矫揉造作，这会令人生厌。

◤ 保持简洁；演讲应该概括或强调主要观点。

权力与政治的挑战

　　本章阐述了有关建立和行使组织权力的研究发现。许多人可能会对分析依赖关系、逢迎以及将工作场所视为政治竞技场感到不舒服，这是完全可以理解甚至值得尊敬的，毕竟管理者想做好本职工作，可能承担不了这一切。权力是管理者的基本工具；不行使权力，没有管理者能够高效或成功。几乎没有什么比高效建立和使用权力更复杂，高效的管理者会广泛阅读有关他人如何成功建立和使用权力的文章，其中一些好的指导来自名人的自传。

| 应用 |　管理你的管理者

◤ 你的管理者在完成工作方面是否高效？对于员工来说，没有权力的管理者是痛苦的。

▼ 如果你想要更多地获取资源，那么你需要把它视为建立权力的关键：你能为你的管理者（或任何控制你想要的资源的人）解决哪些重要问题（利他即利己）？

▼ 不要混淆正式权威和权力：没有权威的人也能通过成为专家或者逢迎解决他人的问题。

▼ 本章讨论的所有内容对于员工来说一样重要。即便是最枯燥的工作，也能通过分析了解和实践练习使影响力变得丰富多彩，而且建立和使用权力的能力能带来健康和财富。

第 11 章

领导力

组织要求协调每个人的行动以达成共同的目标，并在必要时改变目标——这正是领导者的常见任务。在现实中，没有领导力的组织是无法达成目标的。领导力的重要性从各大书店中有关领导力的图书之多可窥一斑。所有大学都宣称致力于培养领导者，所有职业、行业或国家都拥有关于高效领导力的著作和实践指南。这些关于领导力的论著呈现了两大挑战：其一是此类论著数量太多，我们对此的建议是，关注那些针对现实世界管理者进行研究，并就此提出实用性建议的专著；其二与领导力有关——**领导渲染化**，即把团队或组织中发生的任何事情都归因于领导者的倾向。领导者并不能控制所有事情的发生，也并不总能预测未来。例如，运动团队要赢得比赛，队员必须有实力，但比赛失利后通常会解聘领队或管理者，而非替换整个团队，因为这样做更容易，也更经济。在绝大多数情况下，人们会逃避艰巨的分析工作（包括分析绩效不佳的原因、招聘和留住最好人员方面的挑战，以及建立高绩效管理实践和高绩效文化会遇到的挑战等），寄希望于更换领导者来解决所有问题。如果把成功或失败归因于某个人，我们所有人都会感到更有控制力，而更换领导者有助于让我们感到自己正在采取有效的行动。

| 应用 |　管理组织中的领导渲染化

▼ 许多人会夸大你的影响力，并过度解读你的言行举止，因此你要尽

可能地谨慎行事。

▼ 接受这种情况：即使不是你的错，你也会受到指责。

▼ 你没有自己想象的那么重要，要保持谦逊。

那么，领导者究竟重要不重要呢？要回答这个问题，我们需要弄清领导者的两大作用：对员工或追随者的作用；对团队或组织绩效的作用。关于前一种作用的大量研究结果可归纳为：领导者对于他们领导的人来说影响很大。许多研究发现，绝大多数员工表示，与上司的互动是工作中最糟糕或最有压力的部分，也就是说，领导者是员工的主要抱怨对象之一。领导者对员工的态度、承诺度和流失率等都有很大影响，那么他们对团队或组织的影响如何呢？总的来说，领导者对团队或组织绩效的影响不如对员工的影响大，团队或组织绩效更多地受市场状况或行业周期等因素的影响。在市场繁荣时，每个领导者看起来都很了不起。另外，公司越成功，领导者越容易被视为具有个人魅力。

在局势多变的情形下，领导者对组织绩效的影响会很大。在组织的初创期，领导者对组织绩效很重要，因为制度和文化都尚未建立。领导者对工作具有自主性的专业人士的影响，要大于他们对做常规工作的员工的影响，因为后者更受到工作标准和机器的约束。在组织需要应对环境变化时，领导者也非常重要。然而，在那些大型的、不太会发生根本性变革的成熟组织中，领导者的作用并不像许多人（包括高管薪酬委员会）想象的那么重要。

什么是领导力

对领导力的定义五花八门，有些非常复杂，在本书中，我们把领导力定义为：引导他人去实现一个目标的能力。对领导力来说，是否拥有具正式权威的职位并不重要，尽管我们希望拥有正式权威的人都能表现得像真正的领导者。我们对领导力的定义让我们关注领导者的三项基本任务：建立愿景；赢得追随者的支持；让他人付诸行动。

建立愿景

为团队或组织建立愿景是领导力这一概念的中心。愿景是关于一个团队或组织未来的想法，它比目标更抽象。例如，宜家的愿景是"为大众创造更美好的生活"，而某公司的目标是"到2016年成为销售额达到2亿美元的全球性公司"。好的愿景是对美好未来的描绘，它应该是每一个人而不只是一小群人（如销售团队或高管）感兴趣的具体目标。

加拿大多伦多大学罗特曼管理学院管理学教授乔伊·鲍姆的研究表明，如果一个组织中的领导者拥有行之有效的愿景，那么这样的组织会更成功，员工承诺度也更高。在创业型组织中，有愿景的组织比没有愿景、只有目标的组织成长得更快。拥有愿景并且高管及中层管理者积极与员工沟通愿景的组织，绩效更好，创新性的业务也更多。在组织发生变革时，令人信服的愿景尤其重要。当管理者认同组织的愿景时，员工会觉得管理者与他们拥有共同的价值观，因而在工作中动力更大、更有信心，对管理者的信任度更高，对组织的认同感、承诺度以及参与度都会更高。

愿景有几个方面的作用。首先，它阐明了员工工作的意义。例如，大多数员工会认为，投资人比自己富有得多，与努力给他们提供更多资金相比，致力于帮助他人生活得更好会更有意义。其次，当环境发生变化时，愿景能为员工提供行动指南，帮助员工应对变化。例如，一家在线杂志的愿景也许是向年轻人提供最好的娱乐新闻，为了向潜在投资者表明其拥有较大的读者群，该在线杂志最初的目标可能是高访问量；随着杂志的成长，在愿景保持不变的情况下，目标可能变为高收入增长率。最后，愿景应反映员工的价值观和期望。例如，竞技体育器材企业的愿景应聚焦于成就，而非营利社会服务组织的愿景应专注于如何满足客户需求。

尽管愿景很重要，但研究人员发现，高管在"建立愿景"这个领导角色上所花的工夫往往最少。我们不知道这是因为管理者不重视愿景的力量，还是因为他们欠缺建立和沟通愿景的技能。以下是有关建立有效愿景的几点建议。

| 应用 |　建立有效的愿景

▼ 聚焦于团队或组织对人们积极影响的愿景，会更有意义。

▼ 在一个组织中，如果领导者对愿景的目标和实施考虑得透彻，愿景就会更有效。

▼ 愿景的诉求应该是共有的理念，如美、秩序、诚信、尊严或有意义的人生等，但应该基于现实，不要把有悖于员工在现实生活中看到的东西写进愿景。

▼ 成功的愿景基于对所处环境、机遇和制约因素的深刻理解。

▼ 员工必须对实现愿景有信心。

▼ 愿景能打造团队感和共同命运感。

赢得追随者的支持

人们为什么会追随他人，这一直令社会学家着迷不已。由于赢得并留住追随者是高效领导力的关键，因此到目前为止这也是领导力研究中最受关注的一个领域。

如果员工从来没有听说过某个愿景，他们就不可能致力于实现这个愿景，他们必须知道这个愿景是什么。领导者在与员工沟通愿景时，必须通过解读和再解读组织已经做过的事情和正在做的事情，从而用更高、更普遍的目标吸引他们。西南航空的创始人之一赫布·凯莱赫及其继任者都将公司面临的挑战称为一场战争。在西南航空创立之初，那些强大的竞争对手成功促成了禁止西南航空在达拉斯沃尔斯堡机场降落的法规，这使该航空公司的乘客几乎无法转乘其他航空公司的班机。赫布·凯莱赫把这称为"你死我活"的战斗，并创立了公司的一个**超级目标**。这是一个既令人信服又非常重要、需要每个人通力合作的目标，这样的目标在凝聚整个组织方面尤其有效。那些强大的竞争对手促成了这样的法规，无非企图扼杀西南航空，而公司超级目标的创立作为西南航空回应这一企图的举措，成为公司所有人员的共同事业以及公司领导者持续赢得追随者的一种方式，这也是西南航空成功的因素之一。

如果领导者经常以各种形式（包括眼神交流，并辅以生动的面部表情等）重复愿景，员工就会更有可能接受这个愿景。如果领导者做一些令人印象深刻的事情，就会更有可能吸引员工的注意力，并令员工相信愿景不是纸上空谈。领导者可以通过讲故事的方式阐述"我们是谁，我们希望成为什么"，因为故事总是比事实和数据更容易被记住。在西南航空，飞行员帮助乘客把行李搬上飞机的故事，支持了"我们是一个团队"的愿景宣言。

很多时候，愿景宣言之所以未能吸引员工，是因为它们可能与需要完成的工作或目标无关，更重要的原因是，它们甚至可能与领导者的行动不相关联。假如领导者制定的愿景是救死扶伤，给予员工的目标却是每小时至少要接诊六个病人，那么这个愿景就是空谈。虚假的愿景比没有愿景更可怕，因为它意味着，管理者言行不一，是不可信任的。

|应用|　促使员工支持愿景

▼ 经常与员工沟通愿景（通过公司网页不算），一次又一次地重复团队或组织所做工作的意义。

▼ 亲自与尽可能多的员工沟通愿景。

▼ 找到能阐明愿景的好故事，然后反复讲故事。

▼ 把愿景与目标以及激励体系联系起来。

▼ 以身作则示范愿景——如果你希望员工把客户放在第一位，你就应该自己先把客户放在第一位。

让他人付诸行动

领导者需要让团队或组织付诸行动。员工之所以愿意追随领导者，是因为他们相信，领导者会带领团队或组织克服困难并完成工作。早期的领导力研究把这称为**定规**，也就是在领导者的领导下，员工付诸行动，组织维持各种标准并保证在期限前完成任务。领导者让员工付诸行动，无论是通过指明方向、向员工咨询还是与员工讨论，结果都会是员工绩效和工作满意度同时提高。当领导者面对最大的难题时，采取行动尤其重要。没有人会追随懦夫。

采取行动的领导者与那些**放任主义领导者**形成对比。放任主义领导者让员工自由地做他们想做的事。在放任主义领导者的团队中，员工更容易产生令人不安的不确定感，员工之间欺负弱者的情况也时有出现。采取行动去组织员工工作，不应与不关怀员工混为一谈。**关怀**是指领导者对员工友好，顾及员工的感受和要求；关怀一直被认为是影响员工满意度的一个重要因素。但只有当领导者采取了行动（比如设定目标、职责和优先考虑事项）时，关怀才有助于员工提高绩效。尽管员工喜欢友好而关怀的领导者，但他们还是能意识到领导者采取必要的行动对团队或组织非常重要。领导者的根本任务就是，建立愿景并采取必要的行动，以便让每个人都专注于达成愿景所需完成的工作。定规和关怀并不互相矛盾，高效的领导者既会定规，也会关怀员工。

| 应用 |　把定规和关怀结合起来

▼ 鼓励员工给自己设定高目标。

▼ 对员工达到预期绩效的能力表现出信心。

▼ 给员工提供机会，让员工提高技能、丰富经验。

◤ 提供教练辅导以提高员工的工作绩效。

◤ 鼓励员工以新眼光看待老问题。

◤ 当员工表现良好时，给予正面的反馈。

| 案例 |　总经理的家访

芳子美容的总经理龚臣曾利用国庆假期与几位高管一起进行了员工家访。他们走进偏远的农村，看到了一些以前不曾见过的情形。有些员工的老家家里养着猪和牛，气味难闻。有些员工老家的房子透着风，其家人干农活无比艰苦且效率低下，面朝黄土背朝天，一年耕种八亩农田，也只有不到两万元的收入。有些员工老家土地被征用或没有劳力耕种土地，其家人只能干些杂活。

龚臣开始明白，那些姑娘为什么一定要走出农村，为什么如此渴望通过收入的增加来改善家里的生活条件，特别是她们中的一些人学习成绩优异，但为了供弟弟、妹妹继续上学，只能放弃学业，走上"打工妹"的道路。

对一位芳子员工老家的访问让龚臣终生难忘：这位员工父亲的手很粗糙，布满裂纹，裂纹上又满是茧子。龚臣握着这双手，问老人为什么手上这么多茧子。老人说自己在一个采石场工作，负责切割、搬运石块，有时为了干活快一些，就摘下手套干。工作一天能挣 60～80 元，多少能给家里一点补贴，老人觉得很高兴。那一刻，龚臣流下了泪。他很想对老人说，真是对不起，没有让您的女儿更优秀一些，让您的生活更好一些。

"芳子的产品是人，顺便做点美容。""把每一个有缘走进芳子的姑娘培养成才。"这些话，芳子创始人、龚臣的母亲刘芳曾说过很多遍，龚臣以为自己听懂了，但这一刻他才意识到，自己并没有懂，自己没有一颗足够懂员工、爱员工的心。之后，遵循"把每一个有缘走进芳子的姑娘培养成才"的理念，龚臣推出了芳子创业平台。

所有参加创业平台的店铺都是已经盈利的，龚臣等于把既得利益分配给了加入这些平台的员工。他说："我没有想过把自己的利益放大，我真正在意的，是如何把她们培养成为真正的经营者，实现她们的梦想，让她们成为企业的主人。"

成功的领导

我们在媒体上常常见到这样的情形：一家媒体的记者把一位当选的官员称为伟大的领导者，而另一些媒体的记者可能表示反对；某位企业高管在今年被称赞为有远见卓识的领导者，到明年，媒体却曝光称，他的所谓远见其实是致命缺陷。那些研究领导力的人也是一样：对于哪些个性特质和行为是成功领导者特有的，研究人员众说纷纭。如果我们能认识到两种偏向，就能避免在"成功领导者究竟是怎样的"这个问题上浪费时间。

第一个偏向就是前面提到过的领导渲染化倾向，即人们过分地把成功和失败归因于领导者。当一家企业很成功时，我们会认为，企业领导者一定是一个非凡的人物，因此我们研究这个领导者的个性特质或行为，认为我们通过模仿也能获得成功。我们都存在领导渲染化倾向，而记者也深谙描写成功领导者个性的文章能吸引读者的道理，因而推波助澜，让我们相信，企业的成功完全是领导者个人的功劳。

第二个偏向是**事后聪明偏向**，即在知道结果后对人和事做出失真的评估。如果我们知道一个团队或组织取得了成功，事后聪明偏向会引导我们去寻找或关注正面的原因；如果一个团队或组织不成功，事后聪明偏向则会引导我们去寻找或关注可能的负面原因。事后聪明偏向可以使我们的解释自圆其说，导致不准确的分析评判。

成功的领导者怎么做

成功的领导者是否拥有特定的个性特质？长期以来的研究表明，这样的特质只有两种。第一种是认知能力（或聪明），能可靠地预测更为成功的领导表现。领导者必须有能力诊断团队或组织当前的或未来的环境状况，必须有能力评估自身能带来的资源，必须有能力分析模棱两可的复杂信息，然后建立清晰而有意义的愿景。他们也必须有能力在自己和组织的行动没有效果时适时调整。要做到这一切，领导者必须拥有很强的认知能力。

成功领导者的第二种特质是自信心。领导者的自信心，加上清晰的目标和吸引人的愿景，能让组织成长得更快。自信的领导者更愿意尝试新的方向，更有可能使用理性说服（而非强迫）等有效的影响力战术。自信、乐观、怀有希望和弹性被称为领导者的**心理资本**。研究表明，领导者拥有更高层次的心理资本，组织绩效、员工绩效、员工满意度以及员工承诺度也都更高，员工流失率更低。

除了上述两种个性特质，研究也表明，成功领导者还具备其他一些特征，下面就是研究显示的成功领导者的行为特征。

许多成功领导者都有**发散性思维**，即能产生许多不同的想法，并且能把这些不同的想法归纳起来的思维方式，通常被称为"打破常规的创造性思维"。美国俄克拉何马州立大学心理学教授罗伯特·斯腾伯格指出，成功的领导者更倾向于采用发散性思维，因为这种思维有助于他们在新环境下重新定位团队或组织，在必要时重新调整方向，并以有效的方式整合各种不同的想法。成功的领导者更有创意，也更擅长从不同角度看问题。当然，发散性思维不只是产生不同的想法，更关键的是找到办法应对挑战。

以下判断题中的观念是正确的。成功的领导者与下属沟通得更频繁，也更多地解答下属的问题。召开更多定期会议的领导者，其团队效率更高。经常性的沟通能从两个角度提高团队或组织绩效：一是领导者通常掌握更多的信息和专业技能，定期的沟通有助于员工获得这些信息和技能；二是经常与下属沟通的领导者能确保他们的愿景和目标得到下属的持续关注，让每个人都充分意识到工作的方向和目的。

> ——— 判断题 ———
> 领导者必须与下属沟通，沟通，再沟通。
> □ 对　　　　□ 错

美国麻省理工学院斯隆管理学院管理学教授德博拉·安科纳指出，沟通的一个重要部分是**意义建构**，也就是理解团队或组织所处的环境以及工作。领导者在采用发散性思维和沟通时都需要意义建构。成功领导者总是试图理解组织所处的环境以及环境可能发生的变化，然后向下属解释自己的见解。但安科纳教授也指出，意义建构是很多管理者不了解的一个领导力技巧。

| 应用 |　**意义建构的领导力技巧**

- 寻求许多不同的数据来源。
- 努力理解每种情形的细微差别——不要过分简化。
- 对最接近一线的员工体察入微，因为这些员工最接近用户、客户和新技术。
- 避免用旧的理解方式来解读新情况；避免僵化。
- 通过与他人讨论来检验自己的理解；进行实验。
- 用形象、比喻和故事来捕捉特定情况的要素。

诚信是指一个人言和行的一致，有诚信的人说到做到。诚信是成功领导者特质中被提到最多的行为特点，判断题中的观念也体现了这一点。但判断题中的观念正确与否，众多研究的结论不一。有些研究表明，如果员工认为领导者是真诚可信的，员工绩效就会更好；如果员工认为领导者缺乏诚信，他们就会做出一些对组织有害的行动。另一些研究则发现，并没有可靠证据表明，领导者的诚信对团队或组织绩效有负面影响。

┌─ 判断题 ─────────────┐
人们根据领导者的行动对其进行判断。
　　□　对　　　　　□　错
└──────────────────────┘

我们可以从两个方面来解读上述不同的研究结论：员工出于其他原因对领导者不满意，但他们将其归结于领导者不诚信；人们对诚信的理解不同。

　　在下属看来，成功领导者都具有**自我牺牲**的特点，即为了团队或组织，他们会放弃个人利益。如果领导者具有自我牺牲精神，员工就更有可能帮助他人，团队绩效就会更高。而如果领导者很贪婪，几乎可以预期下属的行为与他没有很大差别。判断题中的观念是正确的。

┌─ 判断题 ─────────────┐
领导者应该以身作则。
　　□　对　　　　　□　错
└──────────────────────┘

　　上述所有行为——建立清晰的愿景、意义建构、采取行动、经常与下属沟通、言行一致，以及能为了组织利益做出自我牺牲，都有助于成为成功的领导者，因为这些行为能让员工建立起对领导者的信任。信任领导者的员工，会更乐意在工作中帮助他人，他们的情境绩效会更高，离职率会更低，对工作和组织抱有更积极的态度，工作绩效会更高，也更能接受领导者的决策。圣路易斯华盛顿大学奥林商学院组织行为学教授库尔特·德克斯与哥伦比亚大学尚德商学院组织行为学教授丹尼尔·斯卡利基在研究中发现，许多管理者得到的信任并没有他们自己希望的那么多，因为领导者都面临**信任困境**。管理者需要经常在许多人之间进行调停和斡旋，为了达到其中一方的期望（例如老板要求削减成本），管理者不得不违背另一方的期望（例如员工认为自己这么努力工作，达成了所有工作目标，应该加薪）。有时，管理者甚至不得不选择放弃一方的信任。许多研究为管理者提供了建议，以减弱信任困境带来的危害。

| 应用 |　管理信任困境

◤ 当你为了一己私利破坏了员工对你的信任后，要再获得信任就极其困难。

◤ 如果担心你的某些做法可能破坏员工对你的信任，那就向员工解释你是迫于无奈，因为情况不在你的控制之内。

◤ 如果某些做法的确可能破坏员工对你的信任，那就向员工解释这些行为是为了别人的利益，而非你的私利。

◤ 如果你预计员工会把你的做法视为一种背叛，那就尽可能在他们因这种背叛而震惊之前做出解释。

◤ 如果你的态度是及时、真诚、愿意承担责任，并带有善意的，这样的道歉就会有效果。

不成功的领导者是怎样的

　　越来越多人希望了解领导者做什么样的事会损害效率。如果我们关注一下员工对领导者的抱怨，就不难发现领导者的许多错误做法，如避免冲突、情绪控制能力差、过度控制、规划能力差、缺乏条理、散布谣言等。但显然，这些员工抱怨的错误似乎与领导者的绩效并不相关：一份问卷调查发现，被下属认为不是好领导的管理者中有 45% 获得升迁或奖励。当然，我们不清楚为何下属认为他们不是好领导，原因可能是下属把领导者控制范围之外的事归咎于领导者，也可能是因为领导者的下属和上级看法不同。这类员工问卷调查有助于发现哪些员工不开心，但未必能找出他们不开心的原因。

　　系统性的研究已找出三类失败的领导方式：独裁、滥用权力和自恋。**独裁型领导**会导致下属不参与、缺乏创意、团队和组织绩效差。独裁型领导风格是强制性和惩罚性的，领导者自己做出决策，更关心工作的完成，而忽略员工的需求。这类领导者的下属较唯命是从，害怕接触领导，倾向于等待命令而不是主动工作，相互较为敌视。他们备受挫折时，会相互争斗，影响工作环境。独裁型领导者会对员工合作和情境绩效产生负面影响。在极其有威胁性的环境下，有独裁型领导者的团队短期内的生产力通常较高，但长期看，其绩效不尽如人意。

滥用权力型领导者在使用权力方面冷酷无情、随心所欲，态度恶劣地对待员工：大喊大叫、威胁、拒绝给予员工所需的信息，甚至羞辱和嘲笑员工。注意独裁型领导者和滥用权力型领导者的区别：前者坚持完全控制，强调惩罚，后者不一定想要控制所有决策，但更反复无常、更有害。滥用权力型领导者的下属压力更大，情境绩效更差，敬业度更低，缺勤率更高。这类领导者的员工更有可能伤害组织，如果这么做风险太大，他们就会通过消极的方式来抵抗。这类领导者会贬低和冒犯员工，致使员工以各种可能的方式报复。当然，有滥用权力型领导者的组织，绩效会更差。

读者可能认为滥用权力是领导者的个性导致的，但研究表明，滥用权力型领导的形成是一个缓慢的过程，如果管理者本身可能有滥用权力的倾向，或者他所处的工作环境充满敌意、混乱，缺乏条理，他就更有可能成为滥用权力型领导者。显然，当滥用权力的行为和敌意被视为组织的常规，或工作场所很混乱，管理者认为必须通过喊叫和威胁才能激励员工时，管理者更有可能成为滥用权力型领导者。相反，得到员工支持的管理者，会更为支持员工。

自恋型领导者是习惯性自我膨胀者，认为自己在各种机构中都会表现优异。这类领导者会影响信息交流，导致员工的反生产力行为，进而降低绩效。这类领导者对他人的称赞反应过度，但会忽视负面的事实性信息，因此为公司的收购支付过高价格。

| 应用 | 管理滥用权力的管理者

▼ 不要太激进、怀有敌意、回避你的管理者，这些都会导致滥用权力。

- 避免被你的管理者认为你在嘲讽他，这会导致敌意。
- 重视情境绩效，研究表明这能减少滥用权力的行为。
- 保持自信，不自信的人更会被人挑毛病。
- 诊断情况：如果组织环境具有滥用问题，不要归咎于管理者个人，而将其视为组织的特点之一，你需要接受现实或者离开。
- 当组织有清晰的责任制和绩效管理政策或建立了员工诉苦渠道时，滥用权力型领导者的影响会降到最低。

哪些因素与成功领导力无关

关于哪些因素能造就成功领导者的建议非常多，但对这些建议的研究表明，大多数建议所说的因素对成功领导力并没有什么影响。这意味着，很多选拔领导者的标准以及许多领导力发展课程的内容与成功领导力

> **判断题**
>
> 领导者的经验很重要。
>
> □ 对　　　　□ 错

无关。了解这一点很重要，因为无须再在这上面浪费时间和金钱。

例如，许多领导者是基于他们之前的经验被选拔出来的，但一份工作或一名领导者的成功经验与未来领导力的成功并没有关系，判断题中的观念是错误的。那么，为什么还有这么多人坚持基于经验选拔领导者呢？权变管理创始人弗雷德·菲德勒认为，这是由于人们没有对一个特定领导岗位所需的技能进行分析，转而依赖最容易衡量的东西：在类似岗位上工作的时间。

许多领导力发展课程着重评估和讨论学员的性格、领导能力等。没有任何证据表明，自我评估的性格或能力能造就成功的领导者。首先，人可能缺乏自我洞察力，因此对真实性格的自我评估可能不准确。那些被广泛使用的性格测试工具如果拿来再测一次，结果相同的概率只有2/3。而且，领导者面对的环境和挑战因工作而异，某种性格能在各种情

形下都取得成功是不太可能的。当然，认识自己、与他人讨论自己，并容忍从不同角度看问题的人，是有趣的，但所有这些都与成为更成功的领导者无关。

高效的决策

领导者需要做许多重要的决策，错误的决策对组织来说可能是毁灭性的。当我们需要在两个或多个方案中进行选择时，我们必须做出决策。如果其中一个方案显然是正确的，那就无须做决策；只有当我们无法确定哪个方案最佳时，才需要做出决策。领导者要为团队或组织做出决策，因此做决策是他们最重要的职责之一。

决策是否明智只有事后才能知道，因此大多数研究都试图找到有助于做出明智（或不明智）决策的流程。下面我们将总结一些常见的决策流程中的错误，并分析让下属参与决策的优劣。请记住一点：即便最好的决策流程也可能导致糟糕的决策，即便再差的决策流程也可能产生明智的决策——世上没有万无一失的流程。

常见错误

决策的好坏取决于做出决策依据的信息，可能让我们忽视或不考虑相关信息的任何因素都可能导致糟糕的决策。心理学家研究发现了人们在收集和评估信息过程中都会犯的错误，我们在此列出其中与领导者决策最相关的常见错误。

框定偏向是指根据决策的性质，我们做决策时会在一定程度上过分考虑某些信息的重要性。例如，如果决策与亏损的风险（比如整合并购的费用）有关，领导者就会比较保守，以降低亏损，但如果决策与收益（比如投资快速增长的行业）有关，领导者则会倾向于冒险。如果领导者更加深入地理解决策的性质，相关分析就会更准确。

　　投入升级是指我们倾向于坚持先前的决策，即使越来越多证据表明那个决策是错误的也是如此。我们只是不愿意承认犯了错误，因此我们会倾向于不考虑那些说明我们先前的决策是错误的信息。例如，领导者先前拍板决定购买一套库存管理系统，即使这套系统很不好用，领导者仍会坚持使用。因此，我们必须非常留意，并持续关注新的相关信息。

　　过度自信偏向是指我们对于未来会取得多大成功过于乐观的倾向。对成功的领导者来说，不可或缺的自信也可能对决策产生负面影响，因为领导者会过分相信自己的好运，相信自己是赢家，而低估失败的可能性。事实上，优秀的领导者总是做好两手准备。

　　上述偏向源自我们希望节省时间和避免麻烦的想法（框定偏向）以及认为自己很能干的倾向（投入升级和过度自信偏向）。对于不那么重要的决策来说，这些偏向的负面影响不会超过决策的收益，但领导者通常做的都是复杂且非常重要的决策，这些偏向的负面影响可能是毁灭性的。为了避免这些决策偏向，研究人员研究出了能减弱偏向影响并确保相关信息都不会被忽视的决策流程，这类流程称为**理性决策模型**。在决策中采用下列步骤越多，决策成功的可能性越高。

| 应用 |　做出理性决策

▼ 明确你想要达成的目标。

▼ 把所有明确的可选方案列到一张表中。

▼ 广泛寻找有关所有可选方案的信息。

▼ 仔细评估有关所有可选方案的所有信息。

▼ 在做出最终决策前，评估每个可选方案的优势和劣势。

▼ 选择最佳方案，并采取行动减少该方案可能的负面结果。

让下属参与决策

　　理性决策模型的许多步骤都与收集和评估信息有关，而领导者最重要的信息来源之一是其下属。让下属参与决策的方式有多种，混淆了这些方式可能会导致下属的误解和不信任。

让下属参与决策，意味着领导者和下属共同做出决策，这样获得的信息更多，对信息评估的角度也更多样化。这种方式意味着团队对决策负责，而挑战之一在于，如何把所有参与者的看法整合到最终决策中。参与型决策的规则有很多种，常见的包括一致同意（所有人都同意最终决策）、有条件的一致同意（如果不是所有人都同意，由事先指定的个人做最终决策）及多数表决等，但这些决策规则很少被参与者接受，因为每个人都会提议有利于自己的规则，或者质疑别人的提议。参与者因决策本身和决策规则而争执不下，会使决策流程陷入瘫痪。

尽管让下属参与决策有许多优势，但也需要付出代价：那些看法被团队否决的人，会感觉自己被疏离；决策过程会较为缓慢，这会危及那些需要快速做出的决策；有些决策没有那么重要，不值得让许多人花许多时间去讨论。但是，让下属参与决策确实有助减少前面提到的那些偏向，并提高决策的接受度。下属通常会欢迎这样的决策模式，而且它能建立信任和提高积极性。参与型决策的公开讨论，能提升员工对决策的接受度和承诺度，最终改善团队绩效，因为这种决策模式使各种可选方案的相关信息更全面，而公开讨论使做出决策的原因更清晰，并让参与者对达成目标的各种战略进行充分的讨论。

判断题

鼓励下属参与决策能提高决策质量。

□ 对　　　　□ 错

让下属参与决策也有缺陷，因为采用这种模式做出的决策未必更为明智。团队决策通常会比团队中普通成员做出的决策好，但会比团队中最优秀成员做出的决策差，因此判断题中的观念是错误的。

很多时候，管理者会混淆**征询意见**与让下属参与决策。征询意见指的是从下属那儿收集信息，然后由领导者自己做出决策。有些管理者寻求人们的参与，但事实上他们真正想要的只是为做决策收集信息（即征询意见）；更糟糕的是，有些管理者试图通过说服和辩论"推销"自己的想法，认为这样的推销会提高下属对决策的承诺度。那些被叫来参加决策会议的员工则以为他们是在做决策，但当他们发现事实并非如此时，会有被戏弄的感觉，进而对领导者产生不信任感。只是让员工公开发表意见并不能提高积极性，主持这类公开讨论的领导者需要清楚地了解谁是最终决策者以及如何做出决策。

| 应用 |　**你希望从参与型决策中获得什么**

▼ 避免使用"参与"这个词，因为对不同的人来说它的意思可能完全不同。你自己使用这个词，会让你搞不清楚你希望从公开讨论中获得什么。

▼ 每次讨论的目的应该清楚地写在会议日程或会议邀请上，例如"听取有关新会计软件系统使用的报告，并讨论使用过程中的问题"或"介绍新的市场推广活动的初步计划，并听取建设性意见"。

▼ 应该事先让参与讨论者知道达成一致意见的决策规则。

魅力型领导者

英文的魅力（charisma）一词来源于神学，在神学中的意思是"神圣之灵显灵"，社会学家用这个词来形容使用情感诉求的一种领导风格。**魅力型领导者**利用情感来激励下属，以提高下属的承诺度。魅力型领导者建立富有情感诉求的愿景，并积极与下属沟通愿景，使下属对这个共同的目标有很高的承诺度。魅力型领导者受到下属的高度尊敬，下属义无反顾地愿意为领导者提出的愿景而努力。魅力型领导者善于表达、积极向上，是雄辩家。魅力的权力来自有感染力的情感、信任和承诺，而不基于下属盘算能得到多少个人回报。魅力型领导者通过唤起和引导下属的情感以及清晰地表达所有人的价值观来获得权力。

魅力型领导者能造就更多有创意、有创业精神的员工，在不同的企业文化背景下，魅力型领导者都是高效领导者，他们领导的组织也会取得更好的绩效。哈佛商学院组织行为学教授拉凯什·库拉纳研究发现，世界500强企业的董事会现在寻找 CEO 的标准如下：魅力型领导者、胜任的管理者。库拉纳教授的研究还发现，在世界 500 强企业中，即使是普通高管，如果他是魅力型领导者，其薪酬也非常高。因此，判断题中的观念是正确的：越能鼓舞人心的领导者越可能成为高效领导者。

> **判断题**
>
> 领导者应该鼓舞人心。
>
> □　对　　　　　□　错

有一点值得注意：在现代组织中，挑选员工应该基于其优点（而非忠诚度），并且不管拥有正式权威者是什么样的人，员工都应该尊敬正式权威。这一点与魅力型领导者通过情感方式获得下属支持不同。魅力型领导者非常个人化，他们培养义无反顾的忠诚而非深思熟虑的分析，这也是许多人认为魅力型领导者对组织有害的原因，因为员工忠诚的是领导者个人而非组织。

什么样的人会成为魅力型领导者？在什么样的情境和组织中，魅力型领导者最多？研究人员为我们找出了这些问题的答案。魅力型领导者通常年纪较长，认知能力强，外向、随和、思想开放，而且不神经质；魅力型领导者表现出更多积极的情感，也更擅长理解他人的情感。当然，情境也同样重要。大型组织最高层的非创始人领导者中，很少有魅力型领导者，而小型非集权的灵活型组织中，魅力型领导者较为常见；在充满危机、高度压力或高度不确定情境下，我们也能发现魅力型领导者。

| 应用 |　培养魅力

▼ 关注自己和他人的情感；深刻理解情感对行为的影响。

▼ 激发员工对组织和领导者的认同感；多用"我们"。

◥ 确保员工在有凝聚力的团队中工作。

◥ 让员工公开表明对组织的承诺。

◥ 与员工沟通你对他们的高绩效预期以及他们达成绩效的能力。

◥ 展示一个高效、自信和充满活力的自己。

◥ 清晰地说出一个激励人心的愿景。

情境领导力

无数研究试图找出什么样的领导者和行为在不同的情境中更为成功。事实上，这取决于团队或组织的目标、所处的环境、所拥有的人员以及变革的速度等。因此，领导者必须对情境进行仔细的分析和诊断。

组织环境的不稳定性

需要各种不同领导风格的最常见情境因素之一是组织所处环境的不稳定性。在稳定的环境中（如重复购买的客户、技术发展较慢、几乎没有新竞争对手等），需要制定更多书面规则，不需要领导者进行积极的意义建构，或者就环境或组织其他部分的变化进行积极沟通。也就是说，一个管理者之所以能监管更多员工，是因为他能依靠规则、目标或政策这些领导力替代因素进行管理。相反，在动荡和迅速变化的环境中，领导者需要积极地去进行意义建构，经常与员工沟通，需要花更多时间征询意见，并进行参与型决策。

组织性质的差别

营利组织、非营利组织或政府部门，对领导者的要求各不相同。管理志愿者必须更多地依赖说服力和领导魅力，因为管理者的权力不像企业管理者那么大；大学的领导者不能使用太过强制性的方法，因为他们需要经常召开大会，让所有反对的意见得到充分讨论，然后才能做出重大决策；政府部门的领导者需要比企业管理者更遵守民族的文化价值观。政府与企业的不同之处在于，政府领导者承受了压力，要实践社会的价值观，不管这些价值观能否提高政府部门的效率。

高管的领导力

不同组织层级的管理者常常面对不同的要求，尤其是中层管理者和高管。除了那些非常小型的组织外，高管都需要授权给中层管理者，需要依赖其他管理者的建议，因为高管通常对于分散在全球的不同业务或部门的详细信息知之甚少。高管应该注意不要轻易否决中层管理者的决定，因为那可能使组织的决策机制瘫痪。首席执行官还必须花许多时间与董事会以及外部人士沟通。高管代表着组织的形象，他们需要让自己的行为反映组织的价值观。他们的一言一行都受到员工和公众的注视，这使他们的个人自由受到限制。管理大师迈克尔·波特和哈佛商学院院长尼汀·诺瑞亚向新上任的高管提出了下列建议。

| 应用 | 首席执行官如何领导

- ▼ 清晰的战略对于领导大型组织至关重要。
- ▼ 通过为他人的决策提供条件来发挥间接影响力，例如通过设定目标和预算。
- ▼ 通过建立一个组织架构把注意力引向优先事项，例如全球事业部型架构能满足各地区增加自主权的要求，而中央集权的架构有助于把注意力引导到成本、产品或服务标准上。
- ▼ 对财务、运营和人力资源部门的评估，是收集信息和制定方向的重要工具。
- ▼ 首席执行官是唯一能把组织各个方面及其环境连接起来的人，所以他们应该持续分析这些信息并与他人分享。
- ▼ 首席执行官应该在组织中发挥领导者的作用，并让员工都看到这一点。

男性领导者和女性领导者

判断题中的观念尽管很流行，但研究发现，男女领导者的领导风格几乎没有差别，尽管女性领导者比男性领导者使用魅力领导力略多一点，让下属参与决策多一些，也更容易因为同时身为领导者（主导型）和女性（照顾型）而陷

> **判断题**
>
> 女性领导者的领导风格不同于男性领导者，她们的领导风格更高效。
>
> □　对　　　　□　错

入矛盾及纠结。对员工来说，如果激烈的竞争对其绩效至关重要，他们就会倾向于领导者是男性，而如果建立相互支持的关系是团队最主要的任务，他们就会倾向于领导者是女性。组织所需的领导力风格越具不确定性，性别对于领导力的影响越大。

追随者

领导者的追随者在工作经历、专业技能和职业生涯预期等方面各不相同。由于部分追随者期望和重视的东西可能恰好是其他追随者不喜欢的，因此一个团队或组织的新领导者需要多花一些时间来分析追随者的技能、需求和经验。例如，许多管理者会发现，很多团队成员比自己年长。沃顿商学院管理学教授彼得·卡普利和乔治城大学麦克多诺商学院营销学教授比尔·诺维利研究发现，许多管理者在领导年长的员工方面做得非常差劲。两位教授提出了下列建议。

| 应用 | 领导年长的员工

◤ 通过做榜样而非命令来领导。

◤ 不要主观地认为自己有专业技能，而年长的员工没有。

◤ 如果年长的员工行业经验更加丰富，那就听取他们的意见。如果出现了什么事故，那就听听他们对事情的看法。

▼ 所有员工都希望受到尊敬，年长的员工对明显的不尊敬尤其敏感。

▼ 当然，年长的员工也必须自我调整，例如不要因为不喜欢办公室政
  治而表现得像坏脾气的愤世嫉俗者。

在不同的文化中领导

尽管不同组织的文化差异可能很大，但领导者在不同文化的组织中的领导风格并没有太多区别，因此判断题中的观念并不正确。一项对印度企业的研究发现，如果领导者与员工共享信息，更多采用征询员工意见的

判断题

领导者需要入乡随俗。

□ 对　　　□ 错

方式来管理而非独裁，那么即使在权力至上的组织中，员工也会乐于与同事及客户合作，并且有较高的承诺度和工作满意度。这项研究表明，对于身处多样义化或者陌生文化的领导者来说，对可能影响领导效果的因素做详尽的分析诊断，是解决那些因误解而产生的具体问题的最佳方法。

| 应用 | 第三文化结合模式

▼ 第三文化结合模式，是指领导者深刻理解来自不同文化的员工之间
  出现问题的差异，然后制定能够桥接这些差异的、大家都接受的做法
  （第三种文化）。

▼ 第一步，让来自不同文化的员工进行面对面沟通，以建立相互的信
  任和承诺，并找到一起工作的方式。

▼ 第二步，让来自不同文化的员工找出产生工作问题的跨文化冲突，
  这些冲突必须以行为（而非意图或个人特质）来描述，并以具体事例
  说明。

▼ 第三步，让大家讨论上述事例，然后一起制定出第三文化工具和操

作流程，以取代原有的导致冲突的方式。

◤ 在这种模式中，领导者的作用是组织讨论并协调，以确保解决方案在组织中实施。

领导者既是天生的也是后天培养的

学术界对领导力培训的研究已有很长时间。下面将介绍几种领导力培训／教练类型的有效性。我们将看到，判断题中的观念是错误的：领导者既是天生的，也是后天培养的。

> ——— 判断题 ———
> 领导者是天生的，不是后天培养的。
> 　　□　对　　　　　□　错

领导力培训

许多证据表明，领导力发展培训的确会对领导者的高效起很大作用。当然，领导力培养方式非常多，但其中有很多并没有什么效果。失败的原因之一在于，过分强调自我认知，即认为只要深入了解自我，就能成为高效领导者。大多数自我认知培训包括完成各种调查问卷，让受训者回答对某些情境的看法或反应。这类培训对受训者的自我认知、忍耐力和灵活性有所帮助。如果团队成员一起参加，这样的培训就能增强团队的凝聚力。但不少研究表明，这类培训对团队绩效的影响是负面的。研究人员认为，个中原因在于，受训者太聚焦于自身和团队成员，而非更为重要的外部人士，如客户。因此，判断题中的观念是错误的。

> ——— 判断题 ———
> 自我认知的培训可以造就更成功的领导者。
> 　　□　对　　　　　□　错

另一些专注于具体技能的培训被证明能提升受训者的领导魅力、团队之间的协调能力，帮助领导者培养员工之间互动的公平感。虽然某些

培训方式特别有效，但总的来说，这类培训都有效果，因此判断题中的
观念是错误的。

最有效的培训似乎是将领导者受
挑战的经历与广泛的反馈相结合。领
导力太过复杂、情境性太强，抽象的
原则反而没有用武之地，所以最好是就现实中的问题进行讨论，并从以
前遇到过类似问题的人那里获得反馈。

判断题
领导力培训是浪费时间。
□ 对   □ 错

事后回顾的方式一直特别有效。在这种回顾中，通过聚焦于发生了
什么，什么进展顺利以及什么事情下次可以用不同方式来做等问题，对
成功和失败的案例进行评估。重点是诊断，而非自我陶醉。例如，你所
在组织的质量问题可能不像竞争对手面对的那么大，但最好还是详细分
析一下产生问题的原因，并制订解决问题的行动计划。有些组织进行
事后回顾，只分析错误和失败，而忽略了取得的成功。事实上，分析
成功的原因同样能让我们得到有价值的信息，而且深刻理解怎样做有
效，怎样做无效有助于领导者建立更全面的工作模式，培养更高效的
领导力。

| 应用 | 进行事后回顾

1. 找出需要进行回顾的事件。

2. 在事件发生过程中或事件刚结束时就进行回顾。

3. 一步一步分析结果是怎样产生的，聚焦于究竟发生了什么。

4. 使用开放式问题，并让所有参与者都加入讨论。

5. 找出哪些流程产生了好的结果，哪些产生了不好的结果。

6. 分析不好的结果产生的原因，找出另一种方案，看是否有效。

7. 将产生好结果的流程加入标准运营流程、培训项目和核查清单中。

8. 持续进行回顾，以改善和更新流程。

教练辅导

教练辅导是越来越受欢迎的一种领导力培训形式。在**教练辅导**过程中，学员能获得有关其行为的个性化反馈，这种培训方式强调学员未来行为的改善。对员工进行非正式的教练辅导一直都是管理者的一项职责，但近年来，教练辅导变得越来越专业化，许多组织让其高管去参加独立教练辅导机构的课程，或为解决某个问题，或为发展领导力。教练并非心理医生，而是组织和管理方面的专家，但学员与教练的关系有点类似病人与心理医生的关系，这两种关系都是建立在信任的基础上的。

教练与学员一起找出可以采取的行动，学员在下一次教练辅导课之前要实践这些行动。在下一次上课时，教练与学员一起分析哪些行动有效，哪些无效。教练与学员还要一起收集相关信息，并对可能有效的应对方案进行检验。在组织内部，管理者可以借助专业教练技巧对员工进行非正式教练辅导。

| 应用 |　好的教练做些什么

1. 员工向教练描述希望解决的问题。
2. 员工陈述自己对于导致问题的原因的看法。
3. 接着，员工描述已经采取的解决问题的行动以及这些行动的结果。
4. 教练与员工进行讨论，以帮助他们重新定义问题。
5. 制订新的行动计划，员工在下次上课前实践这些行动。
6. 员工陈述实践新行动的情况及其结果，教练和员工一起分析这些新信息，可能制订新的行动计划。

在你的职业生涯中，你会有很多获得新的领导职位的机会，下面是给就任新领导职位者的一些建议。

| 应用 | 开一个好头

▼ 不要等到上任第一天才开始了解情况；在你得知自己即将就任这个
新领导职位时就应该着手了解人员信息和组织情况，这样，在你上任
时，你已经有了一个初步的行动计划。

▼ 哪个/哪些人是有权力的？当然也不要忘记了解你的同僚和员工，了
解组织的社交网络、组织中人员的资源和社会资本。

▼ 在上任前要初步了解谁能解决组织最重大的难题。

▼ 你的员工也会与其他有权力的人有关系，在最初几个月了解这些
关系。

▼ 切记：正式权威并不自动赋予你权力，但快速取得的成功会赋予你权
力。新上任时优先考虑的事是，寻找能快速取得成功的机会。

第 12 章

最后的困境：解雇和留人

对于管理者而言，最棘手的三大挑战是：辞退员工、挽留高绩效员工，以及提供实事求是的推荐信。首先，无论如何极力避免，管理者迟早都要面对辞退某个员工的场面。这种情况或许是出于经济原因，比如预算削减或营业收入大幅下降，公司无力支付那么多员工的薪水；另一种原因可能是员工的表现达不到要求。告知员工他们丢了工作，无疑是管理者不得不完成的最难的一件差使。对于员工个人绩效不达标的情形，让错误的人继续留在错误的岗位上，将会伤害每个人。让他们勉强留在原岗位，无论在经济上，还是在职业发展上，对他们都是有害无益的。他们的同事不得不额外付出时间和精力帮他们收拾残局，因而心生埋怨。管理者往往感到辞退员工是工作内容中最痛苦的部分之一。如果被辞退的员工对公司提起非法解雇的诉讼，就会把每个人都拖入麻烦：必须花大量时间提供证言，并和律师们打交道。

其次，似乎与上面形成对照的是，管理者还必须打**人才争夺战**。他们必须设法留住高绩效的员工，有时需要应对竞争对手和猎头机构对员工的不断接触。经验丰富的管理者深知，员工被竞争对手"挖墙脚"尤其会损害组织绩效。最后，正如我们在第3章"如何有效招聘"中指出的，对员工未来业绩的最佳预测指标是其既往业绩。然而，管理者时常被不恰当地告诫，不要提供诚实的推荐信。关于如何提供实事求是的推荐信，我们会在本章分享相关的研究发现。本章将从组织行为学角度出发，针对辞退员工、挽留人才、获得与提供实事求是的推荐信这三大难题，给管理者提供指导。这三方面都对管理者构成实实在在的挑战，我们首先要谈的是其中最涉及情感的一方面：辞退员工。

首先，我们需要区别两种情况：第一种是**裁员**，即组织因缺乏资金或工作机会而让员工离开；第二种是**解雇**，即员工被判定为不胜任工作而被辞退。显然，在裁员中失去工作的员工是无辜的，因为他们个人无力掌控组织的经济状况，被裁掉也谈不上是什么丢人的事。然而，在实际工作中，被裁员和被解雇之间并没有一个清晰的界限。在公司裁员时被圈定离开的人员中，有许多是业绩较差的员工；公司主管会以人道主义的方式对待被解雇者，有时甚至与其串通口径，对外声称这些人是因公司裁员而离职的，好让他们比较容易找到新工作。通过这种方式换得被解雇员工的合作，亦可稳定那些未丢掉饭碗的员工的情绪，使他们继续支持管理者的工作。对于许多职位而言，管理裁员和管理解雇的方式是一样的。因此，尽管二者在法律上的区别十分重要，但我们在此将它们一并讨论，如果这种区别与我们讨论如何最好地管理员工辞退事宜直接相关，那就另当别论。

关于辞退员工的挑战，我们将依次讨论三个问题：第一，管理者必须为此做好哪些准备；第二，采用哪种做法对组织效能的损害最小；第三，如何最有效地从经验中学习。鉴于辞退员工在任何地方都受到各种法律的制约，因此管理者必须确保能够得到法律从业人员的专业建议，使自己的行动在法律上站得住脚。我们在此并不提供法律建议。然而，由于太多的管理者害怕被前员工送上法庭，而这种恐惧在实践中又经常导致不正常的管理行为，所以我们会分享一些关于更有效程序的研究成果。提供这些信息，只是为了应对管理界流行的恐慌心理，它们既不是法律建议，也不能代替法律建议。

为解雇员工做好准备

在准备解雇员工之前，讨论一下解雇员工的决策也许会有用处。读者很可能近期无须制定此类战略决策，但常常要管理此类决策对员工和组织绩效带来的影响。无论如何，更深入地理解企业为什么要裁员以及此举的后果，都会对管理者有所启发。首先，有充分证据表明，20 世纪90 年代，裁员在管理界已经蔚然成风。裁员很少是由于营业收入减少或迫不得已，更多的是出于重组或削减成本的需要。尽管有证据表明，裁员在短期会对业绩产生重大的负面影响，但裁员之风依然盛行；不过，相关研究已经发现，那些选择裁员的组织即使在时隔九年之后，业绩还是无法跑赢不裁员的组织。自然，裁员的理由会影响到留下来的员工对企业的公正性和可信度的判断，而这对于下面将要讨论的组织绩效有着重大影响。

此外，我们还有必要讨论一种令人遗憾的常见现状，即管理者迟迟不解雇那些本应离开的员工。当这种特殊形式的管理疏忽出现时，我们常听管理者说出判断题中的话，而这不过是形似哀叹，实为替自己回避棘手

> ┌─ 判断题 ─────────┐
> │ 这个组织不可能解雇员工。 │
> │ □ 对   □ 错 │
> └───────────────┘

任务找借口的辩解。解雇员工这种任务或许确实有难度，却不是根本不可能完成的。享有终身教职的大学教授如果工作表现不佳，就可以（而且应该）被解聘；政府公务员如果工作表现不佳，就可以（而且应该）被解职。当然，一些组织和地方劳动法要求经过更多的书面程序，付出更多时间和精力才能完成解雇。许多政府和组织规定，员工表现欠佳需要被记录在案，并给当事人提供书面反馈，然后给予一段改进时间。对于许多类别的雇员，在解雇时还要给予一笔丰厚的补偿金。被辞退者可以通过正式的组织途径或工会途径提出**申诉**，指控来自雇主的不公正对待。的确，在很多组织中，辞退员工可能代价不菲，然而倘若把低绩效员工留下，就有可能令其他员工和整个组织付出更大的代价。

那些对辞退员工设有重重关卡、要求在解聘前提供正式书面记录和反馈的组织，恰恰拥有实力强大而专业的人力资源部门，该部门有能力

指导管理者走完这些程序，并且在事后处理好任何员工投诉。相比之下，小企业主的处境则更为不利：他们认为自己有权解雇工作表现欠佳的员工，结果却有可能被（或许是不公平地）告上法庭，面临倾家荡产的危险。然而，管理者如果不对低绩效者采取行动，组织运营就将为此付出极大的代价。这种人会引起同事的反感，因为谁也不愿意承担额外的工作，最终导致员工的不满情绪扩散开来。不肯断然采取行动的管理者实际上是以其他员工的付出换得一己的轻松，而员工对此都心照不宣。管理者的工作充满困难，高效的管理者却能积极寻求所需的信息和支持，去完成最艰巨的任务。

在准备辞退员工之前，有两个方面的准备工作让管理者感到头痛：首先是下决心解雇某个员工；其次是应当向拟辞退的员工透露多少信息——如果是大批裁员，应当向全体员工透露多少信息。这两个方面都在很大程度上反映了管理层的可信度。本书已经指出，员工的信任对于组织绩效有着非常重要的影响。辞退员工是一种具有严重创伤性的职场事件，管理层的处理方式将在很长一段时期内成为留下来的员工讨论和分析的靶子。涉及情感的负面事件往往最引人注目，并被久久铭记。管理层此刻做出解聘决定的理由以及解聘的方式，在今后很多年里将影响员工对于组织及其管理人员的信任程度。例如，美国总统罗纳德·里根曾于 1981 年为挫败航空管制员的一场大罢工解聘了 1 万多人，此后留下来的员工对组织的信任度大幅下降，这种状况延续了数十年之久。

做出解雇员工决定的基础

领导者出于什么理由辞退某名员工而留下另一名？员工希望了解这个问题的答案，如果管理者不清晰地讲出原因，员工自己就会构想出一些缘由。如果他们认定管理层的决策专横武断，是任人唯亲或心血来潮的产物，或者仅仅是对投资界做出的一个姿态，并不考虑组织绩效为此付出的代价，那么员工对管理者连同组织的信任度就会降低。被视为不公正的辞退决策会引发员工的愤怒、报复行为，甚至诉诸暴力。它会加剧组织成员内心的焦虑、恐惧、负疚感和羞愧，留下来的员工请病假的情况也会增多。**职场攻击行为**，即蓄意伤害其他同事或组织的行为，有理由引起人们的畏惧。有证据表明，那些自感遭到迫害或受到不公正对待的人更容易攻击他人。在这种情况下，详尽的工会合同由于明确规定了辞退员工须遵循的各方面条款（如工龄条款），因此可以为高效管理提供帮助。这些条款能让员工安心，使之了解管理层的决定并不是心血来潮或出于个人偏向。组织内部的正式法规，诸如反骚扰申诉程序和正式评估政策等，也有助于法官认定组织行事公正。这样，当组织被员工告上法庭时，法官会更多地听取组织方面的陈述。尽管工龄条款可能造成无法开除绩效最差者的结果，但员工对管理层的信任至少不会遭到破坏。

你做出辞退某个员工的决定，是因为此人工作表现不佳吗？事实可能确实如此，而且管理者心里明明白白。但是，很多时候那些留下来的员工并不清楚这一重要决定依据的绩效标准。因此，关于这一决定，做到事实公正还不够，还必须让被辞退者和留用的员工都相信它是公正的。让被辞退者相信这是一个公正的决定，这一点很重要，因为他们如果感到这个决定不公正，事后大有可能对前雇主提起诉讼。同样重要的是，让留下来的员工相信这个决定的公正性，这样他们对组织的认同和信任感就不会受到破坏。要让别人相信你的决策是公正的，最好的办法就是向他们解释做出这个决策的理由。

分享信息

企业如果有辞退员工的打算，无论是出于经济原因还是员工个人业绩欠佳的原因，管理者通常在采取行动之前很久便已得知消息。那么，他们应当提前多久向受影响的员工透露多少信息呢？答案是尽早、尽多地告知他们。

首先，许多组织已经发现，以下判断题中的这种流行观念是错误的，因为分享信息和尽量不利用员工，能为管理者赢得员工的信任。关于裁员这么重大的事件，与员工分享信息要么会强化员工的信任，要么会破坏员工的信任。管理者把即将裁员的消息告知员工，就等于把自己置于危险境地，因为他们知道，许多员工会赶在裁员到来之前另谋高就。不过，由于管理者对员工坦诚又直率，因此

> **判断题**
>
> 如果把即将裁员的消息透露给员工，就没有人安心做事了。
>
> □ 对　　　　□ 错

员工更倾向于相信他们对未来的承诺。企业合并可能导致裁员，负责裁员的高管如果肯向员工解释这次合并将如何影响企业经营，他们手下的员工便能迅速恢复干劲；那些不向员工提供详细信息的高管则发现下属不再信任自己，在变革实施长达数月后一直表现不佳。高效的管理者会尽量多与员工分享信息，因为他们认识到，员工的不信任和在工作中敷衍了事的态度会严重损害组织绩效，其严重程度远远超过一部分员工利用上班时间寻找下一份工作，或者有人提前一两周离职给组织带来的伤害。

其次，如果员工因绩效差而被辞退，那么提前向员工透露消息对于管理者和组织来说也有益处。一些注重繁文缛节的组织要求对表现欠佳者先给予书面告知，再提供一段改正时间，那是因为许多绩效问题是可以纠正的。这里我们要重申第 5 章"管理绩效"中阐述的一个要点：管理者倾向于一种根本性的归因偏差，认为员工绩效问题源自他们身上的某种固有缺陷；然而，许多绩效问题实际上应归咎于错误的期待、信息不足或绩效支持系统的瘫痪。当员工出现绩效问题的时候就让他们知道，这对他们比较公平，而且能使员工少些认为管理者或组织不公正、不值得信任。

最后，当组织即将裁员或解雇员工时，员工往往会有所感觉。即使组织并未提供明确的组织或个人绩效数据，也未说明这对未来有何意义，但如果组织或单位的营业收入有所下滑，销售、市场和财务部门的员工

就会心知肚明。工程师和科研人员会知道客户是否喜欢他们的创新。这些员工在组织内部有一些朋友，他们对于任何事关自己未来工作的风吹草动都很感兴趣，这就是滋生流言的沃土。流言就是没有任何可靠数据支撑的关于事实的揣测。流言的内容或许是不着边际的胡扯，或许完全荒诞不经，又或许准确得惊人。它们可能会变得不准确，因为流言是通过口口相传扩散的，而我们在接受这样的信息时往往只能领会其中的一部分，或者误解了听到的内容，对于浸透了情感的信息就更是如此。显然，关于工作中即将发生的事，当员工听信了一些相当不准确的流言时，他们就会基于自己对这些流言的看法做出相应的举动，很可能给个人和组织造成严重的伤害。

管理者经常抱怨员工的流言，其实他们可以轻松地消除流言。该怎么做呢？只有当员工重视一些事情而得不到准确信息时，流言才会滋长。管理者可能希望员工闭口不谈工作场所中的重要事情，但那是绝对不可能的。要消除流言，一个绝对可靠的办法是向员工提供他们重视的事情的正确信息。如果他们能够从可靠的信息源头（以前没有误导过他们的人）获得真相，就不必再胡乱猜测、自己编出一套解释了。

| 应用 | 控制流言

▼ 向组织成员提供关于组织营业收入前景的信息（政府组织可提供预算信息），并说明它们对组织意味着什么。如果相关信息需要保密，不适于刊登在内部通讯上，可以通过定期召开的大型会议进行分享。

▼ 坦率说明将如何应对可能的财务赤字或绩效差距。例如，组织可能不会再招聘新人填补空缺岗位，尽量重新部署人员，从而避免裁员。如果你不计划对组织内具有关键战略意义的岗位进行裁员，就需要识别出这些岗位，并向员工解释为什么它们至关重要。

▼ 建立正式的控制流言体系。在这样的体系中，员工可以匿名提出问题，或者复述一些流言，并得到坦诚的解答。通过这些方式，管理者

可以收集各种流言，形成书面材料，在定期召开的会议上讨论，或者将流言内容和相关答复公布出来。

解雇员工

太多时候，不近人情的流程管理会让裁员和解雇带来的痛苦越发剧烈。所有员工都在注视着管理者如何处理这些重大事件，并据此对管理者和所在组织做出评判。判断题中的

> —————— 判断题 ——————
>
> 在被辞退的员工离开之前，应当派人紧盯他们，一直跟到他们的办公桌旁，对其一举一动保持严密监视，直到他们走出工作地点。
>
> □　对　　　　　□　错

表述并非普遍的管理见解，而是经常被恐惧的管理者付诸实践的一种流行的法律建议，这种做法很可能使本已糟糕的局面雪上加霜。

组织花钱聘请律师，就是为了防止概率低但代价高的个人行为，但律师没有受过专业的管理训练，不能从管理成本和组织成本的大局着眼，看待自己的行为和建议。不过，掌握组织大权的并不是律师，而是管理者，后者务必对盲目听从不了解组织的外来专家的建议带来的好处与代价加以权衡。虽然管理者必须当心，不要让保密信息被带出公司大门，但他们也需要考虑到对待被辞退员工的方式将给组织带来的后果。不尊重被辞退的员工、把他们当成罪犯，必将破坏员工对组织的信任度，理由如下。首先，如果管理者事先做了适当铺垫，大多数将被辞退的员工就有充分理由推测出将要发生的事，因此有足够的时间来删除任何信息。也就是说，粗暴地将某位员工逐出门外，只会激怒被辞退者和他们工作上的朋友，并不能真正保护组织的利益。其次，大多数被辞退的员工都会痛苦地意识到，为了获得良好的推荐信，以便将来顺利找到新工作，他们不应该破坏任何关系。因此，大多数组织内的实际情况是，极少发生被辞退员工盗取或破坏公司保密信息的事情。更大的危险反而是管理

者粗暴地对待被辞退的员工，招致报复，比如被告上法庭，并且失去留下来的员工的信任。

不近人情的离职管理造成的代价

对于员工而言，被辞退或者被裁员是他们经历的最残酷的打击之一。这不仅仅是失去一份薪水的事。在很多员工心目中，此事的严重性远远超过金钱损失。首先，对许多人来说，组织是个人**社会身份**的重要源头。我们的社会身份是我们对自己属于某个群体的一员而做出的一种自我定义。比如，某个人可能把自己定义为"巴基斯坦裔美国籍化学工程师、一位丈夫、两个孩子的父亲，就职于全球最具创新力的一家医用器材公司的光学部"。我们每个人都可能属于很多个群体（例如生于加拿大埃德蒙顿、现居爱尔兰都柏林的人群），这些群体中的任何一个对于我们社会身份的重要性都不尽相同。比如，职业光鲜的人更容易认同自己的工作。又如，当一支球队获胜时，人们就倾向于自豪地声称自己是它的"粉丝"。对于我们大多数人来说，组织可能是社会身份的一个重要来源，而在大多数国家，失业者是一种不受尊重的身份。在许多人看来，无论出于何种原因，丢掉工作都是一种公开的个人失败，是很丢人的。在一些人的心里，丢掉工作可能会强烈地打击他们的自我认知，他们必须努力地重新定义自我，试图找回自尊。在这个艰难时期，组织和管理者以何种方式对待他们，对他们来说非常重要，可能极大地影响他们未来的行为。

粗暴辞退员工的一个严重代价是，当员工感觉遭到不公正对待时，大有可能提起非法解雇诉讼。当被辞退者当着所有同事的面被人盯着回到办公桌前收拾个人物品，一直被"押送"出公司大门时，他们不会觉得受到了应得的尊重和公正对待。相反，他们会记起自己为了组织奉献的每一个加班的周末，越想越愤怒，觉得自己遭受了背叛和羞辱。很快，他们就会得出结论，认为公司辞退自己并非出于合法的商业理由，而是背后捅刀子的行径。像被辞退员工离开之际遭受侮辱这样的过分举动，会不必要地引发遭到不公正对待和背弃的感觉，而这种情况本来是可以避免的。

不近人情的裁员或解聘导致的情感代价，不仅仅由离职员工单方面承担。相关研究显示，对于那些度过裁员风暴留下来的员工而言，如果他们认为遭解雇的前同事受到不公正对待，他们就会与组织离心离德，其敬业度会降低。即使其他员工并未直接目睹被解雇者遭受任何公开羞辱，他们当中总会有一些人与被解雇者关系友好，很愿意抱着同情心倾听他们的不幸。组织中的所有同事都会对这些人的转述感兴趣。因此，被辞退者的故事（难免包含管理者无法操控的各种添油加醋）将迅速传遍整个组织。需要再次指出的是，留下来的员工关于同事受到何种对待的判断，将会影响到他们对组织、管理者的态度，更会影响他们的工作表现。

最后，做出这些决定的管理者可能受到内疚和恐惧的折磨。裁员和解聘能引发强烈的痛苦的情感。有一个现象可以说明这项工作让管理者内心何等纠结，那就是几乎所有管理者都能回忆起自己第一次解雇手下员工时的每一个细节。尽管这种悲哀属于自然反应，然而太多时候，它会促使管理者恨不得立即把蒙羞遭辱的被辞退者推出门外，以图尽快摆脱这种尴尬和痛苦。换言之，他们自身的强烈情感使他们把事情变得更糟。要知道，辞退员工是组织内的重大事件，需要给予小心谨慎的管理。

有效管理员工的离开过程

对于裁员或解聘，解释是最有效的管理方法之一。罗伯特·比斯（Robert Bies）和他的同事曾经指出，当管理者对组织的举动给予合理的解释时，他们作为坏消息的传达者不再被视为道德罪人，这有利于减轻员工的愤怒。解释确实很重要。无论是被辞退的员工还是留下来的员工都应当了解决策背后的根本原因，并且感到自己得到了公正对待。为什么这个决策是出于经营方面的考量而必须做出的？决定员工去留的标准是什么？管理者必须使用不同的方式处理自己控制下的好事与坏事。他们的一个重要管理任务是，确保员工相信这些差异化的处理是公正的。

同样，正如我们在第 6 章中看到的，只要员工认为决策过程和执行是公正的，即便是对他们个人不利的结果也会被视作公正。请记住：员工如果认为管理者和组织在程序上和互动方面行事公正，他们的工作满意度和对组织的认同度就会相应提高，起诉雇主的倾向会减弱，跳槽现象会减少，客户满意度也会提高。以下总结了令员工感到公正的组织裁员（或解聘）决策流程和实施的几个特点。

▼ **规则和政策明晰，在执行中前后一致、不偏不倚。**员工是否事先了解决定谁去谁留的标准？因个人工作表现欠佳而被辞退的员工是否知道自己在什么方面有待改进？这些规则和政策是毫不含糊地以个人工作表现作为评判基准，还是参考了其他合法的规则（如服务年资）？如果这些规则和政策没有明文公示，你如何知道员工真正理解了它们？

▼ **发声机会。**当员工有机会提供信息，并从自己的角度讲述发生的事时，他们更有可能认定相关程序是公正的。

▼ **改正错误的机会。**组织内建有申诉系统和纠错渠道，可以让员工认定组织处事公正。

面对像裁员和解聘这样令人揪心的事情，组织尤其应当采取积极举措，确保全体员工认定这一行动的公正性，这对防止遭遇非法解雇诉讼，以及增强留下来的员工对组织的认同和情境绩效都十分重要。所有人的眼睛都在盯着看组织如何对待离开的员工，同时在问自己：这是一个公正的组织吗？员工会暗暗琢磨，如果我投入大量时间，全心全意效力于这个组织，结果会不会遭到组织的背弃和利用？关键员工会因为管理层做出不近人情的裁员或解聘举动而心寒，开始另谋高就，从而加剧人才流失，对此管理层需要注意，并尽量避免此类情况。他们需要权衡一下，上述的一切考量与被辞退的员工在离开公司前几小时内删除有用信息的可能性孰重孰轻。相比粗暴无礼地对待被辞退者引发的潜在诉讼成本，以及留下来的员工离心离德、跳槽率升高以及绩效滑坡的代价，这些信息对于组织来说是否更有价值？如果回答是肯定的，那么公司的信息就必须受到保护，可以在事后向大家解释这么做的理由，以防止员工感到遭受背弃和不公平。

| 应用 |　有尊严和人情味的告别

▼ 在员工离开时，管理者要尽量做好细节，帮助他们免受羞辱。例如，你可以让他们自行起草和发布离职声明（当然要经过你的审核）；当众感谢他们的贡献（最好提及具体的项目或成就）；为他们提供为期一个月的职位搜寻服务等。

▼ 在解雇费方面尽量慷慨。向他们解释清楚公司能够给予什么，以及为什么只能给这么多。无论数额多高，解雇费总是远远低于打一场非法解雇官司的成本。

▼ 注意你自己的情绪，确保你没有抱着一种尽快处理掉这件苦差事的心理。你如果把被辞退的员工匆匆打发走，就有可能在不经意间让人觉得你对被辞退一方缺乏公正和尊重。一项针对私营公司和公立组织裁员行动的研究表明，管理者顺便拜访一下员工，和他们聊聊这件事，对改善情况颇有帮助。

▼ 一家小公司的老板在宣布裁员决定之前，先行变卖了自己的游艇和公司里的其他奢侈品，让员工看到他自己做出的牺牲，从而维持了员工对他的信任。

从员工离职中吸取教训

无论是辞退表现差的员工还是高绩效员工主动辞职，高效管理者都能从中发现学习的机会，认识到哪种工作方法行之有效，哪种无效，今后应当怎么做。正如第 11 章指出的，告别时刻是极好的事后回顾机会。

离职谈话

从员工离职中吸取教训的一个方法是进行员工离职谈话。许多大型组织都把**离职谈话**作为惯例，希望借此更多地了解究竟是什么令员工萌生去意。在离职谈话中，即将离开的员工会接受原工作团队以外人士的访谈，这些人通常是人力资源管理方面

> **判断题**
> 离职谈话是发现员工离职原因的一个好方法。
> □ 对　　　□ 错

的专业人员。此举背后的假设是，即将离开的员工再没有什么可以失去的，他们会实话实说，能就薪酬、福利和工作氛围等问题提供准确的信息。但是，令人遗憾的是，这种假设和判断题中的管理观念一样，都是错误的。在实践中，与即将离开的员工开展离职谈话中往往只是走过场。事实上，近期的研究发现，此类访谈提供的数据有所扭曲——它鼓励员工把离职归咎于工作环境欠佳，而实际上他们选择跳槽是为了追求更优厚的薪酬、福利或个人机会。

上述情况并不令人吃惊。由于预期就业流动性如此之高，因此许多员工都认识到，将来可能需要前上司或前同事为自己提供推荐材料。在离职前向陌生人倾吐抱怨和不满，很可能损害自己未来所需的职场关系，令自己付出高昂代价。

看来，离职谈话的做法实际上源于一种关于组织内部信息的错误假设。随着组织规模逐渐扩大，高管无法再像以前那样认识每一位组织成员；作为替代性的信息获取手段，他们推行各种正规体系，例如书面职位描述、绩效目标和审计体系，以及大型组织的授权体系。尽管这些正规体系对于大型组织的管理必不可少，但它们也有局限。我们大多数人都不愿把负面的或者含义微妙的信息付诸文字或吐露给陌生人。我们

不确定它们会不会被曲解，或者在将来的某个时候被用来攻击我们。大型组织需要具备比小型组织更复杂的正规管理体系，然而这些正规管理体系却无法代替那些从非正式组织渠道得来的信息，即我们俗称的小道消息。

了解非正式组织

所谓非正式组织，是指同一组织内部或跨组织范围的熟人之间的建议、交情和影响的各种网络。当然，人们会与每天在一起工作的同事建立友情，但他们也会有以往的工作经历、工作环境以外的接触，或者在临时性任务团队和各种委员会里结交其他部门或组织以外的人。我们都更愿意跟熟人分享心里话以及包含风险的信息（比如小道消息和抱怨），因为我们相信他们是自己人，不会拿这些信息做出不利于我们的举动。管理者和员工都会借助私人关系网来帮助自己解决问题、打听有用的信息，否则，如果选择按部就班地从正规组织渠道获取这些帮助和信息，即使能够达到目的，恐怕也会非常迟缓。

正如我们在第 2 章中所见，非正式组织对于管理的成功不可或缺。非正式组织的存在并不意味着错误或者组织机能不全，反而是组织应对意外情况和收集实现高效管理所需的复杂、敏感信息必不可少的。高效的管理者会打造属于自己的广泛的非正式关系网络，他们也知道，谁的关系网能够覆盖到自己的网络之外。如果一位管理者真不知道自己的手下为什么离职，也没有可信任的关系网络能联系到知情人，那便是一个很强的信号，表明他的非正式关系网还不够完整。离职谈话不能代替强大的非正式组织的知情人，每个高效管理者都离不开他们。

| 应用 |　建立高效的非正式网络

▼ **寻找"好的信息提供者"**。这是一个人类学术语，就是指那些似乎总是知道发生了什么，并能清楚地加以描述的人。在职场中，有些

人总想设法了解各种内情，而有些人若不是出于绝对必要，就会漠不关心，其他人则或多或少地介于两者之间。在不同的工作群体和部门内部，寻找好的信息提供者并不是难事：开口一问，人人都知道他是谁。

◢ 在所有关键领域中发展信息提供者。充分利用与其他部门或组织的人员的会面机会，广泛结交朋友。过后请他们共进午餐。共进午餐是获得信息的良机，高效的管理者不会日复一日地与同一批人吃午餐。他们会尽量扩展范围，同可能与自己工作相关的各个领域中的人建立友好的令人愉快的关系。

◢ 如果你的职位较高，不妨创造一些与员工进行非正式交谈的机会，通过轻松随意的午餐或闲聊，了解他们对特定话题的看法。如果你走访偏远的工作场所，可以提议四处转转，了解项目的运行情况。

◢ 如果你的职位较高，无须做出亲民姿态，用全副心思去关怀一线员工。这对中层管理者和主管来说是一种缺乏尊重的表现——他们从上级那里获得的注意至少应当与其职务相称。中层管理者和主管处于信息流的中心，相比局限于自己岗位的普通员工，接触的信息更多，因此能够成为出色的信息提供者。

留住最好的员工

怎样留住最好的员工也是管理者面临的一大挑战。任何希望完成自己使命的组织，都需要设法留住工作能力最强的员工；在众多全球性的调查当中，"怎样招聘和留住最出色的员工"始终居于"高管最关心的话题"榜单的前列。不幸的是，管理者试图挽留员工的努力常常弄巧成拙。当员工提出另谋高就的威胁时，有的管理者不顾一切地试图挽留，用加薪的方式对抗其他雇主的出价，而其他员工看在眼里，就会觉得只有拿其他雇主的录用通知跟上司摊牌，才能争取到合理的报酬。其后果就是代价不菲的恶性循环。但是，这种恶性循环是可以终止的。在这里，我们首先介绍怎样最充分地利用非正式信息，然后阐述员工为什么觉得某种工作场所富有吸引力。所谓**留住人才**，就是防止高绩效员工流失。

创建有吸引力的工作环境

正如本书所示，如果员工对自己的工作、同事、上司和组织都觉得满意，如果周围的同事都是高绩效者，大家相处融洽，又能提供社交支持，如果员工对彼此和组织抱有认同感，他们就更有可能留下来。员工如果信任自己的管理者和组织，就会认为没有必要为了自我保护而换个环境。不开心的员工会启动一种自强化的循环：他们容易把眼光投向外部，开始寻找和了解别的工作机会。寻找其他工作，会使他们在情感上远离组织，工作敬业度降低，其结果是，他们会更加积极地寻找跳槽机会。顶尖员工可以非常轻松地另谋高就，这就提高了他们离职的概率。要想避免这种循环，最好的办法就是通过实际行动培养信任感，让员工感到愉快：给他们更好的薪酬、更多的自主权、意气相投的同事，以及公平待遇。信任的确很重要——鉴于未来的不确定性，员工更愿意与他们信任的管理者和组织同舟共济。高效的管理者能够而且应当知道，自己的员工认为什么样的工作环境富有吸引力。

正在实行**精简**或按部就班大批裁员的组织，特别难以留住人才。自然，裁员会使员工对组织的未来以及自己在组织中的前途产生疑虑。这种职业不安全感会导致员工的工作满意度降低，滋生不信任感，情境绩效下

> **判断题**
>
> 关于可能进行的组织精简，我不能透露任何信息，因为最好的员工会闻讯离开。
>
> □ 对　　　　□ 错

滑，并开始寻找其他工作机会。一项针对加拿大国内众多组织的调查却发现，进行大量信息分享并且被视为公平的裁员，并不会使员工跳槽率升高，也不会造成员工生产力降低。拥有高绩效组织文化并且在精简过

程中始终如此的组织，会继续蓬勃发展。令人遗憾的是，太多管理者吝于向员工提供信息，因为他们认同判断题中的错误观念。从公共会计师到证券分析师，绩效更好的人只要工作做得愉快、信任自己的管理者和组织，反而不像绩效平平或较差的人那么容易跳槽。对组织行为进行高效管理，是留住顶尖员工的最有效手段。

| 案例 | 团队大奖

蔡司中国设立了一个团队大奖，每季度对三大生产部门以及物流仓库部打分排名，位列第一的部门将拿到团队大奖和 3 万元奖金。团队大奖的 KPI 共有四项指标：员工流失率、质量投诉、成材率和人工效率。其中员工流失率的权重最高，占 40%。团队大奖各项指标的权重是由公司所有部门经理开会讨论共同商定的，员工流失率权重最高，说明蔡司中国的管理层已经达成了这样的共识——只有留住员工，企业才能长远发展；流失率低了，成材率、人工效率等指标自然就能提高。

这一共识可以追溯到蔡司中国成立时提出的办厂理念：工厂、学校、家庭。卡尔蔡司光学集团总裁彭伟表示："我们在实践这个理念的时候是倒着做的。首先要让员工感受到这是一个大家庭，然后在这个大家庭里接受培训，成长为有用的人才，最后才是在工厂工作、挣钱。蔡司中国有 98% 的员工都来自外省市，年纪轻轻就离开父母、离开家，那种无助的感觉很不好受。即便不从社会责任、企业道德的角度去考虑，就说工厂的业绩，靠的也是员工将一片片镜片生产出来啊。"

为了更好地完成这四项指标，各部门切实从关爱员工的角度实施了不少留住员工的举措。例如，让近 40% 的员工能够回家过节——许多制造型企业根本无法做到这一点，因为生产线不能停。又如，针对员工反馈车间缺少休息场所的问题，有的部门在车间内专门开辟了休息室，让员工可以在工间去休息、喝茶、吃点心……

为员工提供有用的推荐信

大多数离开的员工都会请前雇主提供推荐信，然而许多管理者并未如实提供证明材料，因为他们认同判断题中这样过分谨慎的管理观念。

之所以产生这种畏惧，是因为太多的管理者不知道应该如何提供合法又实事求是的评价。管理者害怕打官司有诸多好处，其中之一就是能阻止那些沉醉于手中权力的家伙轻易逾越法律红线。这是无可置疑的好事——那些工作在法治薄弱

> **判断题**
>
> 当其他雇主打来电话，询问某位前员工的工作表现时，管理者不能实话实说，否则会有官司缠身的风险。
>
> □　对　　　　□　错

国家的管理者会最先站出来告诉你，他们已经从过往经历中懂得有些情况比律师上门更麻烦。在像美国这样诉讼泛滥的国家，这种原本有益的避免触犯法律的愿望，有时却会发展成害怕如实描述前员工表现的畏缩心理。这是因为，许多管理者害怕员工不喜欢他们给出的评价，因而将他们告上法庭。这种惧怕心理在大型组织的中低层管理者以及美国的小企业当中尤为普遍。大型组织的高层管理者常有律师辅佐，已经习惯了律师的那一套行事方式。在他们看来，律师不过是自己手头的另一种攻防武器而已。级别较低的管理者没有"御用"律师（他们还大有可能经常被碰到的律师指责和威胁）；律师服务费用极高，令小公司望洋兴叹。尽管我们不是律师，这里所写的一切也不应被视为法律建议，但我们仍然觉得有责任谈一谈这个让管理者无比头疼的挑战：管理者担心自己如实提供证明材料会被前员工告上法庭。

首先，管理者需要明确被起诉和输掉官司是两回事。在美国，无论是谁，无论出于什么荒诞不经的理由都可以向法庭提起诉讼。对于企业因某个愚蠢的理由遭到起诉，我们读到的大多数案子都被法庭驳回了。这类故事是新闻记者最钟爱的：诉讼案卷属于公开文件，记者不费吹灰

之力便可从电子数据库里查到，而这些故事之所以能引起读者的兴趣，也正是因为它们骇人听闻；至于起诉数月后被法庭驳回的案子，则被报刊编辑视作枯燥乏味，不愿浪费笔墨予以报道。总之，在美国任何人都可以对他人（无论是谁）提起诉讼，但管理者如果没有犯法，他们在工作中就不应当过于紧张，时刻担心什么时候会被某人告上法庭。我们这么说，绝不是要低估无谓的官司造成的烦恼和成本，只是想提醒管理者，对于那些真正荒唐的事情，他们想回避也无从回避，管理者因为杞人忧天式的恐惧而采取的行动却会使组织绩效遭受重大损害。

在索取和提供员工推荐材料时，管理者应当怎样做才能避免一不留神惹上官司？研究人员安·瑞安（Ann Ryan）和玛丽亚·拉塞克（Marja Lasek）近期对索取和提供员工推荐材料引发的诉讼案例进行了研究，二人从企业视角分析了输、赢两方面的结果，对管理者提出了以下几方面的忠告。

- 如果某个职位必须担负**特别的谨慎处理责任**（员工有接触私人住址或财产的特别权限），管理者就必须努力筛除那些可能利用上述权限伤害他人的雇员。对于这种岗位，审查申请者有无犯罪前科是适当又必要的。
- 必须核验完成工作所需的证件（如驾照）。
- 管理者不可以以书面形式（文字诽谤）或口头形式（言辞诽谤）损害任何人的名誉。关于前员工的陈述，如果损害该人名誉并且无证据证明属实，即构成**诽谤**。
- **事实真相是对指控的终极抗辩**。呈现事实或具体的员工行为和绩效结果（如缺勤天数、项目误期次数、投资决策失误导致损失的具体情况），总是比说明个人性格更容易。关于个人性格的论断（如愚蠢、懒惰、团队精神差）则很难得到确切证实，因此应当注意回避。一个很好的经验法则是，仅提供与工作相关的既往行为和绩效的准确描述，避开一切关于个人性格和为人的描述。

▼ 如果管理者的恶意能被证实，他们就将失去提供前员工信息的资格或特权。这意味着，管理者永远不要试图通过提供不利的证明信息来报复前员工；庆幸麻烦人物离开就好，到此为止。

| 应用 |　对前员工进行合法且实事求是的评估

▼ 如果你所在组织制定了一项关于提供证明信息的正式政策，那请你遵守。哪怕它是一项愚蠢的政策，你也不值得因违反政策而丢掉工作。

▼ 应该描述具体的行为，不做出概括性的论断或特征性的论断。

▼ 如果证明信息的索取者要求你做出概括性的特征论断（比如"你认为米盖尔是不是个好员工"），不必理睬。永远只描述行为和工作表现。

▼ 保证每一名可能被请求提供证明信息的员工都了解，对工作相关行为或业绩的描述与个人性格的描述是有区别的。让他们练习一下，以确保他们真的理解了这一点。

▼ 如果向你索取证明信息的管理者只是机械地履行程序，显然并无兴趣了解求职者的情况，那么你只需确认该员工曾经就职于自己的组织，不必费心提供更多信息。如果对方管理者根本对得到拟聘用人员既往工作业绩的准确信息满不在乎，你又何必为此操心呢？

总而言之，做管理者不是一件容易的事。它要求你有毅力、有勇气，要求你发展自己从未想到过会需要的技能。在所有这些技能中，最重要的一项就是对组织行为进行诊断的能力。在此要提醒读者，无论你面临什么挑战，本书的目的并不在于为你提供替代性意见，而是要敦促你自己认真对组织行为进行诊断。祝你好运！

| 应用 |　给管理者的建议

▼ 在任何职位上，都要尽量避免人际关系的永久性破坏。对于谁会负

责向你未来的雇主提供证明信息，你永远都无法完全掌控。倘若你不幸被炒了鱿鱼，这条建议就更加适用。你的理智表现能提高你在前同事和管理者心目中的印象分，他们会替你多多美言，来回报你的理智行为。

▼ 永远不要用告上法庭来威胁别人，只有蠢人才会这么做。就管理自身情绪稳定性这一重要的实际问题而言，无论员工犯了多么严重的错误，管理者对起诉员工一定要谨慎。一旦对手下员工提起诉讼，你会发现自己过后很多年都在痛苦地弥补此举造成的伤害，还有可能引起更痛苦的新创伤。你会觉得自己因此遭受可怕的切肤之痛，公司的律师却只把它当作商业经营的日常代价。那些迫于你的压力而不得不出庭作证的人，永远都不会为你提供良好的证明信息。如果你正在考虑起诉某人，最好先找有过这种经历的人谈一谈，然后再做决定。

2020年最新版

"日本经营之圣"稻盛和夫经营学系列

马云、张瑞敏、孙正义、俞敏洪、陈春花、杨国安 联袂推荐

序号	书号	书名	作者	定价
1	9-787-111-63557-4	干法	【日】稻盛和夫	39.00
2	9-787-111-59009-5	干法（口袋版）	【日】稻盛和夫	35.00
3	9-787-111-59953-1	干法（图解版）	【日】稻盛和夫	49.00
4	9-787-111-47025-0	领导者的资质	【日】稻盛和夫	49.00
5	9-787-111-63438-6	领导者的资质（口袋版）	【日】稻盛和夫	59.00
6	9-787-111-50219-7	阿米巴经营[实战篇]	【日】森田直行	39.00
7	9-787-111-48914-6	调动员工积极性的七个关键	【日】稻盛和夫	45.00
8	9-787-111-54638-2	敬天爱人：从零开始的挑战	【日】稻盛和夫	39.00
9	9-787-111-54296-4	匠人匠心：愚直的坚持	【日】稻盛和夫 山中伸弥	39.00
10	9-787-111-57213-8	稻盛和夫谈经营：人才培养与企业传承	【日】稻盛和夫	45.00
11	9-787-111-57212-1	稻盛和夫谈经营：创造高收益与商业拓展	【日】稻盛和夫	45.00
12	9-787-111-59093-4	稻盛和夫经营学	【日】稻盛和夫	59.00
13	9-787-111-63157-6	稻盛和夫经营学（口袋版）	【日】稻盛和夫	59.00
14	9-787-111-59636-3	稻盛和夫哲学精要	【日】稻盛和夫	39.00
15	9-787-111-59303-4	稻盛哲学为什么激励人	【日】岩崎一郎	49.00
16	9-787-111-51021-5	拯救人类的哲学	【日】稻盛和夫 梅原猛	39.00
17	9-787-111-64261-9	六项精进实践	【日】村田忠嗣	49.00
18	9-787-111-61685-6	经营十二条实践	【日】村田忠嗣	49.00
19	9-787-111-63999-2	与万物共生：低碳社会的发展观	【日】稻盛和夫	59.00
20	9-787-111-66076-7	与自然和谐：低碳社会的环境观	【日】稻盛和夫	59.00

包子堂系列丛书

十年磨一剑，颠覆科特勒营销思想
从大量销售方式，到深度分销方式，未来属于社区商务方式……

书号	书名	定价	作者
978-7-111-59485-7	企业的本质	59.00	包政
978-7-111-59495-6	管理的本质	59.00	包政
978-7-111-50032-2	营销的本质	49.00	包政
978-7-111-50235-7	社区商务方式：小米全景案例	49.00	张兴旺
978-7-111-50160-2	社区商务方式：B2B企业案例	49.00	李序蒙
978-7-111-50603-4	深度分销方式	49.00	王霆 张文锋
978-7-111-50604-1	社区商务方式：传统企业互联网转型案例	49.00	张林先 张兴旺
978-7-111-50045-2	大量销售方式	49.00	张林先
978-7-111-50479-5	社区商务方式：丰田全景案例	49.00	郭威